彝族审美文化

湖北省人文社会科学重点研究基地
中南民族大学中南少数民族审美文化研究中心

中国少数民族审美文化丛书编委会

主任委员：段　超
委　　员：罗秉武　冯广艺　柏贵喜　刘为钦　向柏松
　　　　　舒服明　田孟清　邵则遂　杨　彬　李庆福
　　　　　彭修银

中国少数民族审美文化丛书

彭修银 主编

彝族审美文化

彭卫红◇著

YIZU SHENMEI WENHUA

中国社会科学出版社

图书在版编目(CIP)数据

彝族审美文化/彭卫红著.—北京:中国社会科学出版社,2013.7
(中国少数民族审美文化丛书)
ISBN 978 - 7 - 5161 - 2186 - 3

Ⅰ.①彝…　Ⅱ.①彭…　Ⅲ.①彝族—民族文化—审美文化—研究—中国　Ⅳ.①K281.7

中国版本图书馆 CIP 数据核字(2013)第 044613 号

出 版 人	赵剑英	
选题策划	郭晓鸿	
责任编辑	陈肖静	
责任校对	韩天炜	
责任印制	戴 宽	

出　　版	中国社会科学出版社	
社　　址	北京鼓楼西大街甲 158 号(邮编 100720)	
网　　址	http://www.csspw.cn	
	中文域名:中国社科网　　010 - 64070619	
发 行 部	010 - 84083685	
门 市 部	010 - 84029450	
经　　销	新华书店及其他书店	

印　　刷	北京君升印刷有限公司	
装　　订	廊坊市广阳区广增装订厂	
版　　次	2013 年 7 月第 1 版	
印　　次	2013 年 7 月第 1 次印刷	

开　　本	710×1000　1/16	
印　　张	16.75	
插　　页	2	
字　　数	278 千字	
定　　价	48.00 元	

总　序

彭修银

　　2006 年农历丙戌年伊始，我有幸被中南民族大学聘为该校的第一位首席教授。我到中南民族大学以后，根据民族院校的特点和学科建设的需要，在学校领导的支持下，成立了"中南民族大学中南少数民族审美文化研究中心"。中心成立不久就被湖北省教育厅批准为湖北省人文社会科学重点研究基地。中心的主要任务：一是对中国少数民族的美学思想资源进行挖掘和整理；二是在中国少数民族审美文化整体研究的基础上，侧重于对中国南方少数民族美学和艺术理论的系统梳理和文化阐释；三是研究中国少数民族审美文化与当代审美文化建设的关系，探究适合于中国南方少数民族地区审美文化事业的发展模式和对策。为了有效地反映中心的研究成果，我们创办了《民族美学》（以书代刊），拟订了《中国少数民族审美文化丛书》（20 种）的编写方案。

　　审美文化是介于人类感性的、物质的文化活动和理性的、精神的文化活动之间的所有审美化活动、审美化事象，具体包括以下四个层面：（1）理论性、思辨性、概念性话语层面。这一层面主要以美学思想的形式表现出来；（2）体验性、文本性、形式性创造层面。这一层面主要以艺术活动、艺术作品表现出来，如绘画、音乐、舞蹈等艺术门类为主体；（3）时尚性、习俗性、风情性层面。这一层面主要以社会性、公众性、主流性文化趣尚表现出来，如言语行为、交际往来、服饰妆扮等方面的好尚为重心；（4）工艺性、器物性、设计性层面。这一层面主要以物质的形式呈现出来，如住室设计、民间工艺设计、日常生活实用品设计等。根据审美文化的四个层面以及中国少数民族审美文化的特点，本丛书将采用两种体例进行编写：一种是从挖掘中国少数民族门类艺术文化的审美意蕴的角度来编写，即"中国少数民族服饰文化审美论"、"中国少数民族建筑文化审美论"、"中国少数民族舞蹈文化审美论"、"中国少数民族音乐文化审美论"、"中国少数民族戏剧文化审美论"，等等；一种是从对中国南方各个少数民族审美意识外化的理性形态美学思想的挖掘和感性形态艺术作品的整理的角度来编写，即"土家族审美文化"、"瑶族审美文化"、"苗族审美文化"、"壮族审美文化"、"彝族审美文化"、"侗族审美文化"、"高山族审美文化"、"傣族审美文化"、"纳西族审美文化"、"白族审美文化"、"羌族审美文化"、"黎族审美文化"，等等。

中国少数民族审美文化和美学思想是在各个民族独立自存的文化背景中形成的，其历史悠久、蕴涵丰富、形态鲜活，具有"现代性"价值和东方文化特征。在全球文化不断趋向交流融合的今天，它正以深刻的思想智慧、特殊的理论形态和广泛的艺术实践，为西方美学和艺术的发展提供了丰富的思想资源和实践力量。越来越多的世界级的学者和艺术家以向往的目光投向了中国少数民族审美文化和艺术。本丛书的编写、出版，一方面向国人提供一套专门性的中国少数民族审美文化文本；另一方面向世界审美文化提供丰富的思想资源。

有关中国少数民族审美文化和美学思想的研究在我国还刚刚起步，本丛书诸多未备，甚至谬误百出，尚祈学术界同人和广大读者不吝批评指教，不胜感谢！

目 录

绪　论

　　文化是一个众说纷纭的概念，有学者统计，它有两百多个定义，可见其复杂性，但学者们普遍认为，文化不是一个自在的自然物，而是人类为了某种目的创造出来的产物，无论它是有形还是无形，无论它是以物质化形式出现还是以精神化形态出现，或者以两者混合的方式出现，它都是人类自我创造的结果，并且，人类文化的历史进程也是从物质向精神、从行而下向行而上、从单一向多元逐渐演变、发展的过程。正如英国当代著名美学家伊格尔顿所言，"'文化'最先表示一种完全物质的过程，然后才比喻性地反过来用于精神生活。于是，这个词在其语义的演变中表明了人类自身从农村存在向城市存在、从农牧业向毕加索（picasso）、从耕种土地到分裂原子的历史性的转移。用马克思主义的说法，文化这个词语使得基础与上层建筑在一个单一的概念之中得到了同一"①。同时，文化又是一个宽泛、笼统的概念，上至宗教哲学、礼仪制度、文学艺术，下至风物器皿、穿着打扮、食宿讲究，几乎都可以囊括其中，"文化可以松散地概括为构成特殊群体生活方式的价值观、习惯、信念和惯例的联合体"②。大到一个国家、一个民族，小到一个集团、一个社区，在长期的共同生活、工作、娱乐之中都可以形成独特的有某种内在的一致性的文

---

① ［英］特瑞·伊格尔顿：《文化的观念》，南京大学出版社 2003 年版，第 2 页。
② 同上书，第 38 页。

化。文化有别于人类的政治、经济、军事等活动，它是存在与意识相互作用的结果。它一方面可以通过具体的物质形式（如建筑等）表现出来；另一方面则通过某些较为抽象的、精神的形式加以表现。我们可以通过对一个时代的风尚、习俗、文艺等方面的考察来研究一个时代的文化特征，也可以深入某一个群体内部，通过田野调查、人群采访的方式，研究某个群体的文化特征。某种文化一旦形成、成熟，就可能形成一套自成体系的、约定俗成的规章制度和道德规范，它们以有形或无形的方式制约着这一群体的人的言行，形成比较稳定的内在的机制，甚至积淀到这一群体的思维、心理深处，并一代一代地传承、延续下来，即使某些以现代人的眼光看，显得愚昧、落后、保守、残忍的习俗，在没有外力作用、干涉之下，也可能对这一群体产生巨大的影响——文化的某些惰性、惯性的力量远比我们想象的要稳固和强大。当然，随着时代的进步和社会的发展，各种文化互相影响和渗透，某些文化的负面影响大大弱化，而各种文化的正面、积极因素得以传播、弘扬，从总体上看，人类自诞生以来，都是在相互学习、相互借鉴中不断完善自己。

人类在每一个时代都留下了属于那个时代的特殊的文化印记，而到了近现代，文化更是以一种繁盛、多元的姿态影响我们生活的方方面面。我们身处于各种文化圈层的包围之中，它既给我们带来极大的精神和物质的满足，同时又给我们的身心带来一些困惑与焦虑。特别是 21 世纪以来，全球化进程的加快更使我们处于多元文化的选择与冲突之中，在坚持弘扬本民族文化的同时，以兼容并蓄的姿态对待本民族之外的文化，甚至与本民族完全相反、对立的文化，显得尤为重要。宽容的文化态度能使我们在比较、鉴别之中看清自身或外族文化的优势和劣势，有利于在更高层面上建立本民族的文化立场，在新的起点上烛照中华民族的古典文化，吸取其精华，剔去其糟粕，加快中国文化的现代性转型，开拓中国现代文化的广阔的发展空间，全面复兴中国文化。

中国文化源远流长、博大精深，在历史长河中留下了许多辉煌、灿烂的篇章，当我们以全球化视野观照中国文化的特殊性的时候，不难发现，中国文化作为一种具有深刻影响、辐射整个大东亚的文化，其内在的魅力足以让世界惊叹！中国文化的开放性、包容性及亲和力是许多其他文化难以达到的。中国文化生生不息、弥久愈新的神秘魅力不仅使所有炎黄子孙引以为豪，而且也使许多外域民族、人民赞叹不已。21世纪以来，随着中国经济实力的不断增强和国际地位的不断提高，中国文化的魅力也日益受到西方世界的关注。中国文化正在融合传统文化和西方文化的基础上，创造有自己特色的现代、后现代文化。在新的世纪，新的中国文化必将是走向世界、融入世界的文化，可以预言的是，中国文化必将以更加自信、自觉、自豪的姿态，加入世界文化的多声部大合唱，在世界上发出属于中国同时也属于世界的声音。优秀的中华民族在失落了一个多世纪之后，重新回归自己应有的位置，伟大的民族复兴的梦想即将变成现实。

论及中国文化，我们必须充分而自觉地意识到中国文化的综合性和广泛性、连续性和多样性，"中国传统文化具有极强的综合性和广泛性，它融合了历史上各个民族、各个区域的文化，并对域外部不同质态的进行不断的改造，消化和吸收，中国传统文化的最主要的特点是它绵延不断的持久的生命力，中国文化体系基础统一而稳固，它从来都没有间断过，相对东方各国文化具有连续性"①。中国文化作为一种多民族的综合性文化，其文化上的多民族性、多样性一直被许多人忽视，尤其是被那些对中国知之甚少的外国人忽视。所谓民族（nation）这个词的拉丁文是 nationem，词源意是人种、种族的意思，这个词在西方13世纪已经普遍使用，意指具有某些共同种族特征的族群，在以后的历史发展中，其文化、政治意义逐渐强化，民族成为一种具有某些共同种族特征，有某些共同宗教、文化传统，有相对一致的意志诉求的共同体。中华民族作为一个统一的多民族的巨大的共同体，自古以来具有自己一致的政治、经济、文化的共性，而每一个民族作为中华民族大家庭里的平等的一员，又各自有自己的本民族的个性，有本民族相对一致的某些共性。既保持中华民族的文化共性，又充分尊重、保护、发扬各民族的文化个性，是保证中国文化持久繁

---

① 彭修银：《东方美学》，人民出版社2008年版，第39页。

荣的不二法门。

新中国成立以后，在政府的倡导之下，各民族无论大小强弱一律平等的基本共识已经树立起来，各民族之间和平共处、团结互助、亲如一家的局面已经形成，虽然大汉族主义意识已经消踪灭迹，但不可否认的是汉族文化作为一种强势文化，在许多时候，在许多人眼里被认为完全代表了中国文化，或者被认为是中国文化的正宗。这种偏见的形成有历史的因素也有现实的因素，但在当今全球化、多元化的时代，这种偏见显然与时代主潮是格格不入的，甚至显得保守、落伍。在当今时代，每一个民族、每一个民族的文化，无论在世界经济、政治上的地位大小强弱，都应该得到平等的尊重，都能给我们这个日益趋同化的时代以自己的色彩，世界也因为各个民族文化的不同而万紫千红，异彩纷呈。而中华民族大家庭，历来都有每个民族互敬互爱、和睦团结的优良传统，在文化上更表现为各个民族之间互相学习、兼容并蓄的良好品质。当今时代，在我们谈及中国文化的时候，我们是指由中华各民族、各族人民共同创造的文化，它不仅仅是指汉族及其他民族的文化，甚至还包括海外的华人、华裔所创造的文化。

当我们以一种大中华文化的概念来看待中国文化的时候，我们会发现，中国文化的发展与复兴与我们中华民族的每一个民族、每一个人息息相关，中国文化既是中国各民族文化的总和，又是我们每一个民族、每一个人的身上表现出来的各种文化信息。中国文化既有整个"大"文化的共性，又有每个民族、每个人的个性。共性是抽象化、集约化的宏观的结论，而千差万别的个性却微观的、微妙而生动地反映出一个民族的脉动与体温，并且，每个民族，甚至每个个人身上表现出来的生动、鲜活、细微、独特的个性，比那些大而化之的抽象与综合，更能反映一个民族、一个人的本来面目，在某种意义上说，后一种研究更有研究价值，更有意义。

当我们把目光聚焦于人类的审美文化的时候，我们不难发现，人类创造的所有的文化当中，有些具有典型的审美特性，有的包含一定的审美因素，有的则完全与审美无关。我们所指的审美文化是指人类创造的文化之中具有审美价值的那部分文化。人类创造的文化，无论是物质的，还是非物质的，其中有一部分并不具有审美属性，如政治制度、经济体制等，但人类文化中的某些部分，虽然具有某些宗教或实用的功利性目的，其中却或多或少含有某些审美因素，甚至其本身就是审美的对象，如宗教祭祀中的某些仪式、舞蹈或音乐等，随着长期的举行，其形式已经固定，凝定为具有某种意味的形式，包含了某些审美成分，我们从中体验到仪式之威严、宗教之神圣、形式之规范，完全可以把它们当作审美对象深究其神秘的内涵。

显而易见，审美文化是一个宽泛的概念，它是那些能引起人们审美愉悦的文化文本、活动与事象的总称，既包含了人类的理性的、精神的层面的内容，又包含了人类的感性的、物质的层面的内容。从一定程度上说，所有具有一定审美性质或审美因素的文化文本、活动和事象都属于审美文化的范畴，其中有些审美文化是以理论的、抽象的方式呈现的，这种审美文化一般以美学思想、美学理论的方式表现出来；但大多数的审美文化是以各种文本的方式加以呈现的，如文学、绘画、音乐、舞蹈等，当然也包括围绕这些文本所举行的一些相关的活动；还有一些审美文化是通过各种仪式、习俗、时尚等文化事象来表现的，如节日、人生礼仪、服饰等，它们借助于公众所公认和接受的方式加以表现，并形成某些约定俗成的审美范式；另有一些审美文化，多以物质形式为载体加以表现，如建筑、各种艺术设计、工艺美术等，它们往往需兼顾实用性与审美性。

一个民族的审美文化无疑是一个民族的审美观念、审美理想和审美趣味的集中体现。彝族是一个特别具有审美意识、审美追求的民族，彝族的审美意识大多不是依据某种抽象的理论的实践，更多的表现为一种审美的直觉，它来源于对大自然的感悟，来源于对大自然和生活的模仿与提炼，其审美文化主要是以文本、活动和事象等来加以表现的。彝族擅于从大自然中获得灵感、想象与激情，彝族的审美文化是与大自然高度和谐的文化。在万物有灵、物我合一的思维的支配下，创造出许多神奇、浪漫的神话，也生成了他们本土的宗教。彝族的宗教信仰根深蒂固地影响着他们的文化的各个方面，许多文化事象及活动都可以看作是其宗教祭祀活动演变、衍生的产物。彝族的审美文化不是为艺术而艺术的"纯审美"文化，他们的许多文化文本还没有完全从宗教的、伦理的、功利的观念中分离出来，独立出来，有的文化事象与活动或直接或间接依赖于某种宗教或其他活动，彝族的审美文化在很大程度上具有审美性和实用功利性混合杂处的性质。彝族的审美文化还保留了某种可贵的乡土性，这显然与彝族地区的欠发达的地区位置有关。彝族对歌舞的热爱是众所周知的，这种强烈的爱好在远古可能起源于彝族的宗教祭祀活动，后来逐渐发展演变成一种自娱自乐的娱乐活动，无论在空旷的草坝，还是在狭窄的田间地头，兴之所至，三五成群，即刻就可以踏歌起舞，自娱自乐。对于那些认为快乐与富裕的物质有关的物质主义者来说，可能很难理解这种在物质条件非常贫乏的环境中人们为何而快乐，但在偏远的彝族居住区，这种简单而坦率的快乐，随时随地都可能发生，有时候还会演变成一场声势浩大的自发的聚会和狂欢。人们全身心投入其中，沉湎于其中，从中获得身心的愉悦和享受。这种把自己内在的激情通过某种非物质形式无条件地释放的过程，其实质是一种淳朴而自然的审美活动，这在当今全球一体化、高度物质化的时代弥足珍贵。

通观彝族审美文化的各种表现，我们发现，彝族审美文化的最为显著的特点是其宗教性。在彝族审美文化中，无论哪种文化现象，大多都与其独特的宗教信仰息息相关，有的直接来源于宗教或宗教仪式，有的是宗教信仰的体现或象征物，有的是宗教信仰的自然衍生物，在某种程度上说离开彝族的独特的宗教信仰，就难以理解彝族审美文化的奥秘。彝族文化的宗教性特征使其在审美上具有某些超验、神秘、形而上的品质，彝族的宗教信仰渗透于其精神生活和世俗生活的各个层面，无论是物质文化产品还是非物质文化产品都深深打上了宗教信仰的烙印，我们在彝族的各种审美文化文本、活动和事象中非常容易就能发现彝族宗教信仰的印记或遗痕。

彝族的宗教信仰具有原始社会晚期原始宗教的某些特点，彝族人深信"万物有灵"，他们把自然界的一切都人格化、神圣化、神秘化，对宇宙自然怀有虔诚的敬畏之情，并在此基础上产生了他们最初的艺术形式。"从历史上看，宗教始终是艺术的泉源，而崇拜艺术则是一切艺术之母。"① 宗教祭祀礼仪在很大程度上衍生了原始的音乐、舞蹈、诗歌、戏剧等多种艺术形态，而一个民族的节日也多从宗教节日中衍化而来。彝族的舞蹈和音乐，有不少直接与彝族的宗教祭祀有关，在远古宗教祭祀活动中，歌舞是巫术礼仪的重要活动，人们通过狂热的歌舞来表达对上苍及神祇的崇拜、敬畏之情。彝族的歌舞至今还部分地保留了宗教祭祀歌舞的某些特征，只是有些歌舞的宗教色彩随着时代的推移逐渐淡化、弱化。彝族所喜爱的打歌、跳月等歌舞，其高潮处往往有成千上万人参与其中，这种集体性狂欢在一定程度上可以看作是远古集体祭祀场面的重现。彝族的老虎笙舞、原始戏剧撮泰吉、彝族神职人员苏尼打鬼时所跳的羊皮鼓舞等，其宗教性质就更加明显。彝族不少的节日都与远古的宗教祭祀息息相关，其中彝族最重要的节日"火把节"很大程度上是远古先民对太阳或火的自然崇拜的延续。彝族人普遍认为，必要的宗教仪式是祈福避祸的重要手段。彝族在举行重大的人生礼仪和重大节庆的时候，都必须由其宗教神职人员毕摩主持或参与，否则会后患无穷。虽然以科学的方式来看，似乎显得荒诞不经，但是任何民族都不是完全以科学的方式在生活，尤其是人类的精神生活，更不可能完全按照科学的方式去解析和透视，宗教作为人类把握世界的一种特殊方式，在人类的生活中起着不可替代的作用。

彝族有其自身的宗教图腾——虎，彝族自称为虎族。虎的象征物及符号至今还存留在人们的日常生活用品上，成为一种显著的标志，我们现在在彝族地区仍不难发现虎图腾崇拜的踪迹。在普通的集市中都能看到许多与虎崇拜相关的物品。小孩子穿的虎头鞋在彝族任何集市上都能买到，绣有虎图案或虎纹样的服饰、腰带、挎包、手帕也随处可见，在一些彝族地区，古老而神秘的老虎笙舞依然在固定的节日上演，彝族人以各种形式来铭记自己是虎的后裔，血脉里流淌着虎的热血。彝族对葫芦、马缨花等实物及图案的喜爱也与远古彝族的生殖崇拜息息相关。可以毫不夸张地说，彝族审美文化最重要的特点就是其宗

---

① [美] 保罗·韦斯、冯·O. 沃格特：《宗教与艺术》，四川人民出版社 1999 年版，第 87 页。

教性。

彝族审美文化的另一个显著特点是它的生态性，它的与自然高度和谐的性质。源于万物有灵的自然宗教观念，彝族文化的诞生、发展都不是以牺牲自然、与自然为敌的方式发展起来的，而是以自然为亲、为友的亲密无间的方式生发出来的，建立在这种观念上的审美文化，无疑是一种绿色的审美文化，一种较为典型的生态文化。彝族和中国许多其他少数民族一样，把自然当作孕育、养育了人类的母亲，认为自然与人之间有一种生死与共的亲缘性，"在中国许多少数民族的观念中，人和自然是不可分割的整体，人类并非天生就是万物的主宰，而只是自然共同体中的普通一员。人与自然不仅是资源关系，更是根源关系。自然孕育了人类，养育了人类，自然是人类的母亲，自然界中的生命共同体是人类的兄弟、朋友"①。这种文化心态或直接或间接地影响、塑造着彝族人的宗教观念、思维方式及风俗习惯，他们在自觉不自觉中建立起与自然宇宙和谐、和睦的生存、生活方式。这种文化理念天然带有某种原始的"天人合一"的色彩，人与自然宇宙之间有了某种双向交流、对话的互动感应的可能，这种生活方式颇有一种人在大自然中诗意地栖居的味道。比如，云南南部的哀牢山哈尼彝族把大森林称为"亲亲的阿妈"，把水称为"亲亲的水娘"，对这些滋养人类的自然物怀有一种神圣的、浪漫的、诗化了的情感，深刻体现了自然与人类的亲缘关系。

彝族把大自然看成自己的保护神，他们对宇宙星辰、山川江河都怀有神圣的敬畏之情，彝族的自然崇拜虽然带有某些迷信色彩，但这种对自然敬畏的态度是值得称道的。这种带有某种宗教情绪的感情，看似朴拙却深刻地反映出人与自然应有的感情，只是我们这些自以为先进、现代的人们忽略、漠视了这种感情，总以自然的征服者、掠夺者的姿态对待大自然，肆意破坏生态环境，其实正反映了我们自身的狂妄和愚昧。从浩渺的时空的角度来看待人与自然宇宙

---

① 廖国强、何明、袁国友：《中国少数民族生态文化研究》，云南出版集团公司、云南人民出版社2006年版，第129页。

的关系，就能清醒地意识到，人类只不过是自然界中微不足道的一种生物罢了，人类如同蜉蝣一样渺小与卑微，人"根本不是万物之冠，每种生物都与他并列在同等完美的阶段上"（尼采）。人类永远也不可能战胜自然，更不可能征服自然，人类只有怀着恭敬而虔诚的心态，与自然宇宙的其他一切物种和平、和谐相处，在不破坏生态环境的基础上发展自己，在合理、适度开发自然资源的同时，自觉保护好生态环境，才可能得以持续、稳定的发展，否则，会遭到自然的不可预测的报复与惩罚。

当我们深入彝家山寨，满眼葱绿的树木和草地，漫山遍野姹紫嫣红的鲜花，闻见若有若无的花香，呼吸如同甘泉一样新鲜、纯净的空气，路边有清澈的小溪绕道而行，我们会被这种奇特而久违了的体验所触动，我们会感受到这种与自然和谐发展的生态文化真实而鲜活的魅力。彝族的许多审美文化现象也是这种生态文化的体现，他们的艺术大多源于对人与自然的关系最亲近最朴素的理解和表达。他们的神话传说来源于他们对宇宙自然最朴拙最奇特的想象，他们习惯于用如同大自然的鲜花一样浓烈明艳的色彩把源于宇宙自然的万事万物都绣织在服饰上，他们会随心而动在青山绿水间载歌载舞，他们喜欢在某些节日在野外森林里、草坝上搭棚野炊，甚至在某些节日和牛、羊等动物一起共餐，如此等等，无不反映出他们与自然和谐、亲密的关系。

彝族审美文化的第三个显著特点是审美性蕴涵于实用性之中，审美还未具备完全独立的价值。彝族的许多审美对象，在某种程度上都是在具有某种可用性基础上的衍生物，或者实用和审美的混合物，完全作为纯粹审美对象的专供欣赏之用的艺术品比较少见。众所周知，人类的审美活动从一开始就不是独立存在的，也不是专门为了供人们审美而存在的。"就整体看，从古至今，可说并没有纯粹的所谓艺术品，艺术总与一定时代社会的实用功利紧密纠缠在一起，总与各种物质的（如居住、使用）或精神的（如宗教的、伦理的、政治的）需求，内容相关联。"[1]即使那些放在艺术博物馆里的专供欣赏的艺术品，

---

① 李泽厚：《美的历程》，安徽文艺出版社 1994 年版，第 534 页。

其原有的实用功能被现在的欣赏功能所遮蔽，但人们在欣赏时仍能窥见其过去实用的遗迹，仍能引起人们对其实用性的联想。

彝族审美文化作为来自民间也服务于民间的文化，其审美功能、认识功能及日常生活功能是一个密不可分的整体，"民间创作保留着原始艺术所固有的那种'实用的'、复功能的和艺术功利的性质"[①]。彝族文化中的许多被当作审美对象的精神和物质产品，从神话传说、宗教故事到音乐舞蹈，从人生仪式到服饰工艺，都不是专门用来欣赏的对象，在它们身上都负载着各自不同的实用、功利的功能。彝族的那些神话传说常常在婚丧嫁娶时由长者讲述，内容多是对彝族自身起源的追忆和缅怀，其目的是在寓教于乐的同时加强本族的认同感。我们当作文学文本解读的《指路经》，实为彝族葬礼上念诵的为超度亡灵的经书，只是它比彝族其他宗教经典更富有文学性，更能激发本族人的凝聚力。彝族的音乐舞蹈，大多不是为了专供舞台表演的节目，而是集体自娱自乐的一种形式。彝族的那些宗教仪式、人生礼仪，只是彝族代代相传的宗教祭祀的形式或生老病死的习俗，只有我们把它们当作具有某些有意味的形式来阐释的时候，才显示出它们的审美意蕴。彝族的女式服饰以其华丽惊艳而闻名于世，尤其在某些固定的节庆时节，还有地区性的赛装节，五彩缤纷的服装把节日渲染得万紫千红、溢彩流光。但是与大都市的时装秀迥异，彝族妇女并不是把自己的服装当作纯粹艺术品来看待的，这些节日的服装是她们花费了许多日夜辛勤缝制出来，在节日时节穿出来，或在赛装舞台上表演，是希望本乡本族人认可自己的心灵手巧，甚至是为了赢得本族未婚男子的青睐，有的未婚少女是为了在婚礼上能穿上自己制作的衣服，展示给男方亲眷，表明自己的贤惠能干。这些功用性或功利性想法，虽然不是现代意义上的"为艺术而艺术"的纯审美心态，但是彝族妇女在长期生活实践中所积累的审美经验，使得她们的每一件嫁衣，都精美得如同一件可以供人欣赏的艺术品，虽然是在继承传统服饰制作工艺的基础上自我发挥的产物，服饰整体上不具备太多的个人独创性，但

---

① ［俄］卡冈：《艺术形态学》，学林出版社 2008 年版，第 190 页。

在花色配搭、构图方式、边角点缀上却仍能发出每个人的独特的审美趣味和个性色彩。从这些例证我们可以看出，彝族审美文化的审美性和实用性就像盐溶入水一样融会于某一审美对象之中。

彝族审美文化的第四个显著特征是它的乡土性，即某种土生土长的自给自足的原生态性质。费孝通先生认为，以某个集团为单位的人群由于其与本土关系密切，人口流动性不大，很容易形成乡土性文化。"不流动是从人和空间的关系上说的，从人和人在空间的排列关系上说，就是孤立和隔膜。孤立和隔膜并不是以个人为单位的，而是以一处住在的集团为单位的。"① 彝族居住大分散、小聚居的分布特点是构成彝族文化乡土性的地理基础，这种地域性特点极易形成一种自成一体的相对独立的本土文化。彝族自然村寨作为相对固定的、延续性的基础社群，在彝族的宗教、节庆，或偶发事件中起着重要的作用。由于每个村寨的乡亲长期居住、生活在一起，并且有的村寨就是同一家支的或几个家支组成，所以极易形成一致的思想观念和共同的利益，当然，也有可能两个或几个家支之间由于世代的矛盾和纠纷，形成根深蒂固的矛盾，甚至会因为某件偶发的小事情酿成家支间的械斗或丧亡事件。但总体上其一致性、共同性的利益还是占上风，村民共同恪守某些村规民约，传统的道德伦理和社会责任得以持续的维护。在婚丧嫁娶或遭遇天灾人祸时，同一村寨人们齐心协力、同舟共济的凝聚力得以充分发挥，这种靠地缘性、宗教信仰、传统道德、风俗习惯维系的稳定社区比靠政府、政治的力量所建构起来的社区更牢靠，也更持久。

由于彝族多居住在较为偏僻的高山峻岭之间，路途崎岖，交通不便，过去在很长的历史时期，与外界甚至各支系之间的交往、交流甚少，使得各个相对稳定的居住区的文化具有其相对的独立性，它们在"闭关自守"的环境中独自生长、发育、发展、衰变，更新，几乎各自为政，自成体系，这种文化上的比较完全的独立性、原生性，直到如今，在某些偏远、闭塞的山寨某些特异的文

---

① 费孝通：《乡土中国》，生活·读书·新知三联书店1985年版，第3页。

化现象仍比较完整地保留了下来，为研究少数民族的社会学、民俗学、文化学等提供了一些具有珍贵价值的"活化石"。同时由于彝族支系众多，来往不很密切，使得其文化特征在大致的家族相似性之外，又呈现出千差万别的个性，特别是服饰上，我们会发现，各个支系之间差别巨大，其鲜明的支系特点和地方特色也是彝族文化的乡土性的典型例证。

建立在这种以自然村寨、相对固定的社群为基础的彝族文化显然具有较典型的乡土性特征，其审美文化也具有某些自给自足、自娱自乐的性质。彝族文化根基在大大小小的山寨与村落，虽然在历史上也有一些宫廷艺术曾经辉煌一时，但从总体上看，其"乡土性"特征十分明显。彝族文化很大程度是在一个相对固定的、封闭的小范围内，由有地缘、族源关系的一群人创造出来的供自身娱乐的一种文化，它是这群人共同创造、共同享用的一种地缘性文化。这种文化汇聚了这个区域内的民众最广泛的智慧，区域内的人们几乎每一个人都是演员，也是观众，或者时而是演员，时而是观众，身份和角色没有严格细分，尤其是在那些具有全民族或全地域性质的节日时段，这种身份和角色的混淆更加明显，整个区域内或全体成员都加入到这种与自己相关的活动中去，用自己的行动、身体去表现、表演这个节日应有的一切，每个人都是节日的一个个活动的具体的表现者、体现者。在许多重大节日，彝族都有歌舞表演，在表演现场，人们随时都可以自由、自愿加入或退出歌舞表演的行列，没有任何限制，人们在某种程度上真正体验到一种集体的狂欢、自由的释放和身心的愉悦，这种节日体验是许多外域的人难以体验到的。

彝族文化的乡土性在现今时代，如同稀缺资源一样，需要重点保护和合理开发。其文化上的乡土性和原生态从某种程度上说，和其他少数民族的文化一样，正是彝族文化的特殊魅力之所在。在当今日益全球化的时代，如何保护彝族文化的乡土性，如何使彝族文化的原生态不被外来的文化所濡染、所侵蚀，以原汁原味的形态保持、传承，是一个严肃而迫切的现实问题和理论问题。

彝族审美文化是中华民族审美文化中不可或缺的重要组成部分，它以它深厚的内涵、丰富的资源、鲜明的特色、绚烂的色彩，丰富了中华民族的审美文化色谱，它以边缘化、非主流的姿态，为中华民族的主流文化填补了某些文化缺失，提供了某种从边缘处观照主流文化的可能。彝族审美文化和其他少数民族审美文化一样，以其特殊的形态和广泛的艺术实践，为中国美学乃至西方美学及艺术的发展提供了新鲜的、丰富的思想资源和审美参照，可以预言的是，随着时代的发展，在越来越重视人类文化生态的多样性和特殊性的时代，中国的少数民族审美文化必将越来越受到学者及世人的关注，彝族的审美文化与其他少数民族审美文化一样，必将在中国乃至世界艺术之林中大放异彩。

第一章　彝族的历史与宗教

彝族是中华民族大家庭中具有鲜明民族特征的少数民族，它有悠久的历史和古老的文化，有自己的语言和文字，有独特的宗教和风俗，勤劳而智慧的彝族儿女在中国历史的各个阶段都留下了自己闪光的印记，彝族人民与其他兄弟民族一起扎根于祖国的西南，守卫和建设自己的家园，为中华民族的繁盛与统一作出了重大的贡献。

彝族人口众多，据 2000 年第五次人口普查统计，彝族现有 776 万多人，居全国少数民族人口的第 7 位，主要分布在中国的西南地区，集中分布在云南、四川、贵州、广西 4 省（区），大多居于乌蒙山、无量山、哀牢山及大小凉山地区，其中云南是彝族最集中的地区，几乎云南所有的县、市都有彝族居民，红河流域、哀牢山区及滇东北小凉山地区是云南彝族最为集中的区域。新中国成立以后，政府在这些地区先后设立了楚雄彝族自治州、红河哈尼族彝族自治州等 8 个彝族自治州和多个与其他民族共同管理的联合自治县。另外，北至四川、云南交界，南至云南国境线，东至云南、贵州、广西相连区域，西至澜沧江流域都有以村落为单位零星分布着的彝族居民。由于历史、地理、气候、经济、文化等原因，彝族人口分布具有较典型的大分散、小集中的特点，这种分布特点直接地影响彝族的文化构成，彝族文化在大的方面的统一性和小的方面的多样性，民族基本特征的一致性和各地、各支系之间的差异性，使得彝族文化呈现出错综复杂、异彩纷呈的格局。

第一节　彝族的族源及历史演进

彝族到底起源于何时何地，是外来迁徙于此地还是原本就根生于此，它是怎样形成的，这些问题一直困扰着与其相关的研究者。有关彝族起源问题一直是中外学者争论不休的问题，一直是历史学、民族学、彝学研究领域的一大难题，众说纷纭，却没有完全令人信服的定论。

现今彝族的一些主要居住区域，在远古时代就存在着人类生存的各种迹象。1965 年考古学家在云南元谋发现了大约生活在 170 万年前的"元谋猿人"的化石，并在附近区域发现多处"旧石器"时代的打磨石器；1975 年考古学家在云南楚雄彝族自治州禄丰县境内发现了距今 800 多万年的腊玛古猿的化石，腊玛古猿被认为是从猿到人的过渡、"正在形成中的人"；1980 年又在昆明市呈贡县南发现了已经进化到现代人阶段的人类化石，被命名为"昆明人"，"昆明人"已进入"新石器"时代，至少已有上万年的历史，此外在云南其他地方也发现了多个人类早期活动的遗迹。这些发现充分说明，在中国西南从远古开始就有人类在此地生存，虽然我们不能由此断定这些人类早期遗迹与彝族有直接的渊源关系，但毫无疑问，这是一片值得众多不同专业的专家学者深入研究的具有古老文明的神秘、神奇的区域。

有关彝族族源的学术研究可以追溯到 19 世纪末 20 世纪初期，当时一些法国人、英国人为了各种目的进入我国西南边陲地区，从事宗教、商业、探险等各种活动，有些人根据自己的见闻、考察及相关的资料，在 20 世纪初发表了一些有关彝族的调查研究的著作，其中一些涉及彝族族源问题，有观点认为彝族不是本土原居民，是从西方东迁的外来人种，这种暗含有某些西方殖民主义的因素的观点，其可信度值得怀疑。自 20 世纪 30 年代以来，我国学者对彝族族源也进行了深入研究，提出了许多种看法，其中影响较大、也较有说服力的是东来说、南来说、氐羌北来说和土著说。东来说认为彝族来自战国时期的楚国，南来说认为彝族是古代越人的后裔，这两种说法证据都不是很充分，影响也不是很大，未得到学术界普遍认可，而氐羌北来说和土著说这两种看法得到学术界的普遍重视，被认为是两种重要的学术观点。

彝族氐羌北来说提出较早，于 20 世纪 50 年代末 60 年代初，我国学者江应梁、方国瑜先生先后提出，彝族渊源于古代北方的氐羌族，这个观念被学术界广泛认可和接受，曾是彝族族源问题上影响最大的一种说法。该观点认为，古羌人是彝族的祖先，他们从祖国的西北迁到西南，"早期居住在西北河湟一带的就是羌人，分向几方面迁移，有一部分向南流动的羌人，就是彝族的祖先"[①]。此观点被众多学者接受并采纳，许多教科书也把它当作彝族起源的定论加以接受，普遍认为彝族是以"旄牛徼外"南下的古羌人为基本群体，迁徙到金沙江两岸之后，融合了当地众多的土族群体，逐渐发展起来的。

众所周知，氐羌是我国西北高原上的一大部落，他们生性剽悍，居无定所，以游牧为生，"任随所之"。持彝族北来说观点的学者认为，有一部分羌族向南迁徙然后定居于金沙江南北，与当地土族杂居，成为彝族人最早的先民。现今彝族的一些风俗习惯，还或多或少保留着古羌人的特点，比如古羌人父子连名制命名方式，在现今的彝族某些地区仍然沿用，其他如语言、婚俗、葬礼等也存在一些相似或相同之处，从中似乎可以窥测出古羌人与后来的彝族有某种一脉相承的联系。有关彝族源起古氐羌的看法在彝族的彝族文献及民间传说中也可以找到一些依据。云、贵、川彝族的一些民间传说中有彝族祖先原先居住在"世界的北方"、"彝族最初住在西北高原某处"的说法，也在某种程度上支持了彝族古羌人北来说。

彝族土著说又可分为西南土著说和云南土著说两种。西南土著说认为，彝族自古以来就生活、居住在中国的西南边陲，历经人类发展的不同阶段演变为现今的彝族。这种观念依据了某些古彝文文献资料、汉文文献资料、彝族的某

---

① 方国瑜：《彝族史稿》，四川民族出版社 1984 年版，第 14 页。

些神话传说以及最近的一些考古发现，该说法认为虽然彝族先民与古代氐羌有某些联系，但彝族的主体不属于氐羌民族系统，形成彝族主体的是根生于西南地区的彝族先民。这种观点在近十多年的彝学界逐渐被接受，成为彝族族源问题中可能取代彝族氐羌北来说的一种说法。云南土著说认为，云南自古是彝族的发祥地，现在散居于川、黔、桂等各地的彝族都源于此，最早的彝民就生活在这里，并从这里向西南各地区扩展、发散开去。此说法的有力证据之一是各彝族居住地流传至今的洪水故事的传说，以及故事中所指认的彝族共同的先祖仲牟由（或称笃慕勿、觉穆乌），虽然传说中的故事具有某种神秘、超验、想象的成分，但还是可以推测出那个洪荒时代某些真实的历史断片，而且据汉文和彝文记载，仲牟由确有其人，他的原住址就在现今的昆明滇池附近（古易门县），他曾为躲避滔天洪水暂居据易门县治南五十里的蒙低黎岩山上，洪水退后移居滇东北洛尼白（今昆明市东川区），仲牟由生有 6 个儿子，后分支为"六祖部落"，彝族从此兴旺发达、代代相传。

综合以上的几种说法，我们可以看出，彝族源于土著说、氐羌北来说立论都有其比较合理的根据，但从最新的一些考古发现来看，西南边陲人类早期活动的遗迹比我们想象的要早得多，范围也大得多，彝族的族源很可能是在本地土族和西北迁徙而来的民族融合之后形成的一个群体，一个以本土民族为主，兼容、乳化了外来民族特性及习性之后形成的新的群体。当然，这只是一种假设与猜想，有关彝族族源问题还需要更多的史料、考古发现来揭开她的神秘面纱。

早在两汉时期彝族及其他西南地区少数民族在汉族文献中开始频频出现，在《史记》、《后汉书》等典籍中也不乏对他们的描述，《史记·西南夷列传》还专门为这一地区的民族立传。汉代时期彝族及其他许多徙居在西南边陲的少数民族，都被称为西南夷，即汉族史书上常出现的称谓"越嶲夷"、"僰"、"昆明"、"靡莫"、"劳浸"、"叟"、"濮"等部族，在滇池、曲靖地区常住着 10 余个部落，其中一支重要的少数民族被称为"昆明"。昆明在当时是颇为强大的一个族群，他们人数众多，分布范围广泛，有学者认为，"昆明族是形成近代

彝族的发祥地之一——洱海

彝族的核心"①。到了三国、魏晋时期，"叟"这个称谓成为西南诸多民族最普遍的称谓，史书对"昆明"、"叟"的服饰、脾性及习俗的记载与现今的彝族基本相同，昆明和叟可以看作是彝语各族共同的祖先，随时间发展演化成彝族的核心主体。隋唐以后彝族先民有乌蛮和白蛮的分化，并与其他民族相融合，乌蛮成为彝族及彝语支系的前身，白蛮的后裔发展演化成当今的白族。

　　到元代，彝族虽然居住地日显大分散、小集中的特点，但作为民族共同体的特征更加明显和突出，宗教信仰、习俗风尚、语言文化及民族认同等各方面都呈现出一种内在的同一性和相似性，另一个彝族族名被广泛而普遍接受和使用，即"罗罗"，这个称谓作为彝族的被广泛接受的主要称谓一直沿用到中华人民共和国成立之后，从很大程度上说，"'罗罗'的出现和使用，标志着彝族作为一个民族共同体已经完全形成了"②。

---

① 尤中：《中国西南民族史》，云南人民出版社 1985 年版，第 57 页。
② 白兴发：《彝族文化史》，云南民族出版社 2002 年版，第 21 页。

在历史上，由于各地彝族所处的自然环境、地区方言、社会结构、经济与文化发展水平的不同，形成了不同的支系和称谓。彝族有许多自称和他称，据有关调查，彝族的自称、他称多达两百多个，有的带有明显的民族歧视和大汉族主义的贬义，新中国成立之后根据新的民族政策被废止使用，但"罗罗"作为最有影响力的一个称谓（有的写作"倮倮"），自元代开始一直沿用到新中国成立之前。从元代开始，罗罗人（彝族）在宗教信仰、生活方式和文化习俗等方面逐渐相对稳定，民族共同体已基本形成，在某种程度上可以把罗罗看作是新中国成立之前彝族的共名。罗罗这一称谓来自彝族一些部落的自称，"罗"在彝语中是"虎"的意思，"罗罗"叠加在一起意为"虎族"，彝族自认为是虎的后代，这显然与彝族对虎的图腾原始崇拜相关。在罗罗的称谓之前还有许多不同的修饰性的定语，来标明罗罗所处的地方或特征，但罗罗这一词逐渐演化成彝族各支系拥有的共名，得到彝族各支系的广泛认同和普遍使用，也不含任何贬义和歧视的成分。新中国成立之后，根据我国的各民族无论大小一律平等，禁止使用有歧视性、大民族主义的语义的政策，废除了许多民族歧视性的称谓，在对彝族分布区深入调查研究的基础上，以"名从主人"的原则，在尊重广大彝族人民的意愿上，取"鼎彝"之义，决定以"彝"来作为彝族各支系的统称，这一美丽而庄严的称谓得到广大彝族同胞的认同与欢迎。鼎彝是我国古代青铜礼器的共名，自古以来鼎彝以古雅、庄严、华美而闻名，用它来命名具有悠久历史、深厚文化的彝族，恰如其分，也喻示着这个古老而优秀的民族和其他 55 个民族一起，携手走进了一个崭新的时代。

虽然彝族先民与其他少数民族很早就生活于西南地区，但一直处于氏族部落的散漫、原初状态，大约在公元前 3 世纪后期到公元前 1 世纪前期，彝族先民滇人部落以滇池平原为中心，建立起一个地方性王国——滇国。滇国是当时颇为强大的政治军事实体，它的强大及其与周边部落的关系在《史记·西南夷列传》中有较详细的描述。汉武帝元封二年，滇王降汉，后又多次反复。三国时期，诸葛亮南征大获全胜，七擒孟获的故事就发生在这个阶段。南征胜利之后，诸葛亮进行了一系列地方政府的建制和经济改革，并大量起用夷人的上层人士为官入仕,大大改善了民族关系,稳定了当地的局势,对当地的政治稳定、经济发展起到了积极的作用,但后继者未能继续贯彻诸葛亮的和抚政策,导致南夷复反,民族关系一度处于紧张状态。后来两晋南北朝时期,南夷和蜀汉的关系时好时坏,纷争持续不断。在梁王朝时期,该地区的爨氏家族利用当时中国南北对峙、四分五裂的局面,发展、壮大自己的实力,最终称霸于南中广大地区,在这个家族统治南中地区长达近四百年的期间内,与汉族关系处于相对稳定状态。虽然爨氏家族内部矛盾复杂,劫篡交织,但期间社会秩序相对稳定,畜牧业、商业有长足发展,为唐代南诏地方政权的建立奠定了物质基础。

在彝族形成和发展史上,唐朝时期建立的南诏政权是具有历史性意义的政权,在某种程度上,可以认为是彝族各部实现了内部大统一的象征。唐朝初期,在云南洱海地区有 6 个相对独立自治的地方性政权,史称"六诏",其中位于巍山南部的"蒙舍诏"(史称"南诏"),在唐王朝的扶持下日益强大起来。在唐开元年间,南诏王皮罗阁统一了六诏,公元 738 年(唐开元二十六年),唐王朝分封皮罗阁为越国公,后又以功策授云南王,皮罗阁迁都大和城(今大理),南诏成为雄踞西南的最大的地方政府。南诏政权存在了二百多年,基本上和唐王朝共始终,对西南地区政治、经济、文化等方面均有重大的影响。南诏和唐王朝的关系时断时续,时好时坏,和平与战争交织,但南诏作为彝族历史上最为强大的地方政权,它直接或间接地影响到当时唐王朝的政治、军事、民族诸多策略。南诏灭亡之后,更迭了几个短命的政权,公元937年,白蛮贵族段思平建立大理国,施行封建农奴制,王国延续三百余年,期间与宋王朝始终保持着紧密的臣属关系,后被元朝忽必烈所灭。元朝时期彝族分布区分属云南、四川、湖广等行省,各行省在该区实行军屯和民屯,彝族地区的经济结构发生重大变化。元朝、明朝在一些经济落后的少数民族地区开始推行土司制度,促进了彝族地区及其他少数民族地区封建化的进程。所谓土司制度是一种由中央王朝册封,由地方上有影响的少数民族首领担任当地长官的一种世袭制封建领主政治制度。明清时期中央政府废除土司世袭制,改为中央直接委派并定期轮换的流官，即史书上所说的"改土归流"，逐渐取代了彝族长期以来的封建领主土司统治方式，与汉族居民区一样，封建地主制成为彝族分布区主要的政治制度，只在某些地区还保存着土司农奴制度。

南诏王朝遗址南诏碑

彝族历史上其政治制度长期保持着奴隶占有制。在西汉之前，彝族先民已经出现了游牧部落和定居农业部落的初步分化，在东汉到魏晋期间，昆明部落已基本上完成从原始部落向奴隶占有制的过渡，8 世纪初，蒙舍诏统一六诏，标志着南诏奴隶制政权确立。后经宋至元代，以各族首领世袭官职的土司制度逐渐建立起来，到清代康熙、雍正年间，清王朝在彝族地区推行"改土归流"制度，给奴隶主势力以沉重的打击，彝族一些地区开始由奴隶制向封建制过渡，到清朝晚期彝族地区封建制已基本形成。但在大小凉山地区，黑彝奴隶主的势力非常顽固，清朝甚至动用武力配合，土司势力也无法到达凉山腹心地区，土司和黑彝奴隶主的斗争，每次都以黑彝奴隶主的胜利、土司的失败而告终，黑彝奴隶主对所属奴隶的剥削和压迫日甚一日，奴隶们联合起来反抗奴隶主的斗争也愈演愈烈。在凉山地区，黑彝为贵、白彝执赋役的奴隶社会状况，直到近代才有所改变。

1840 年鸦片战争后，彝族分布区也遭受了西方资本主义侵略，尤其是中法战争（1884 年）《中法简明条约》签订以后，法国帝国主义在彝族主要居住区取得了商品输入权、铁路修筑权和矿产开采权等强权，给广大彝族地区带来了沉重的灾难。与此同时，地主阶级、残存的土司及土目，也加强了对广大彝族同胞的盘剥，土地占有的不平衡状态十分严重。到民国时期，这种状况仍未得到改变，相反有封建军阀和国民党腐败官员的支持，彝族土司和贵族占地敛财更加嚣张，广大彝族同胞生活在水深火热之中。

由于彝族大多居住在地势险峻的山区和河谷地带，交通极为不便，居住的大分散、小集中的特点极易造成各自为政、老死不相往来的社会格局，各地、各支系彝族的社会发展、经济水平、文化水平极不平衡。在新中国成立之前，彝族山苏支系几乎还处于原始社会后期阶段，大小凉山地区实行的是奴隶制，乌蒙山的一些彝族实行的是封建领主制，云南、贵州的大部分彝族实行的是封建制，云南个旧等地还出现了某种资本主义萌芽的征兆，总之，不同的彝族居住区在社会发展进程中呈现出不同的社会形态和文化样貌，这为我们研究彝族文化提供了十分丰富、复杂的样本。1949 年中华人民共和国成立，彝族人民的历史也翻开了崭新的一页，在各少数民族不分大小一律平等的民族政策的指导下，彝族与其他少数民族一样，在政治、经济、文化、教育各方面进入了一个快速发展、全面提高的阶段，虽然"文化大革命"十年由于受到极"左"路线的影响，某些方面也出现过这样那样的问题，尤其是宗教文化方面受到某种不应有的冲击和压制，但新时期以来，随着民族政策更加科学化、合理化，彝族和其他少数民族一样，又迎来了自身发展的第二次春天，特别是21世纪以来，各级政府加大了对原生态文化、多样性文化保护的力度，民族地区的许多具有民族特色的文物以及非物质文化遗产得到相应的保护和维护，彝族文化开始走向健康成长、持续保护、和谐发展的快车道。

第二节　彝族的宗教信仰

彝族有自己本民族独特的宗教信仰——毕摩教，在汉族文献上常被称作"鬼教"，现代一些学者称之为"巫教"，其宗教信仰具有较为浓重的原始宗教色彩，因其神职人员被称为"毕摩"，故称之为毕摩教。毕摩教信奉多种神祇，在万物有灵的思维的支配下，对大自然、图腾、鬼神、祖先等都怀有原始的信仰与崇拜，即使对自然界和日常生活中某些奇异或自己无法解释的现象也怀有浓厚的迷信的观念，一旦发生某种异象，就必须通过宗教法事来趋利避害。宗教普遍存在于彝族社会生活之中，影响着人们的世俗生活和精神生活，彝族的风俗习惯、文化娱乐、民间艺术及文人创作等诸多方面都或多或少打上了宗教的烙印，有的节庆娱乐活动直接就是宗教活动的一部分或是由宗教活动演化而来。要研究彝族文化审美问题，彝族的宗教信仰是一个绕不开的话题，甚至可以说，理解彝族的宗教信仰是打开彝族复杂而神秘的文化生态的一把万能钥匙。

彝族本土宗教毕摩教，基本上还处于原始宗教后期的发展阶段，具有较为典型的氏族部落宗教的特征，万物有灵这种物我不分的混沌的原始思维方式还支配着彝族的宗教思维模式，自然崇拜、鬼神崇拜、图腾崇拜、祖先崇拜等形式还普遍存在于彝族人的宗教生活之中，专职的神职人员毕摩和苏尼在宗教活动中起着重要作用，各种宗教仪式、祭祀、巫术、法事等仍在一些特定的事情、时间或场所举行，宗教仍然是彝族生活中不可或缺的重要部分。佛教、道教作为外来的宗教，自传入以来就对彝族的社会生活产生了一定的影响，试图影响统治阶级的思想，或直接为统治阶级服务，或影响下层民众。南诏时期佛教和道教都极力为南诏统治者提供神学依据，南诏王曾封过高僧为国师，也信奉道教的神祇，南诏王朝明显试图利用佛教、道教为自己的统治披上一层"君权神授"的光环。南诏以后佛、道的影响才逐渐减弱，只对民间的少部分人产生一定的影响，一些地方修有佛教寺院或道教道观，有些彝族的节日还含有某些佛教、道教的因素。近代西方的天主教和基督教也在部分彝族地区传播，也有少数信徒，但影响甚微。总体来看，外来的宗教对彝族生活影响不是很大，未造成根本性的长久的影响，彝族本民族的宗教信仰毕摩教仍居至高无上的地位。

毕摩教产生于彝族本土，自古以来被彝族人所信奉，在秦汉时代已经作为具有国家宗教性质的宗教，为当时众多地方王或侯国的首领所推崇，其神职人员毕摩作为国家官员，负责主持国家的各种宗教事务，并参与国家的重大决策，享有崇高的宗教地位和政治地位。彝族地区的统治模式基本上是国王—臣子—毕摩构成的政权组织形式，这种形式一直保存到土司制度实行之前。随着彝族奴隶制向封建制度的转变，土司制度的实行及后来的"改土归流"的实行，地方王、侯国被取消，毕摩在国家政治中的地位逐渐式微，作为地方王国、侯国国家宗教的毕摩教被迫下降到民间宗教的位置。虽然毕摩还具有很高的社会地位，但他们已经不再是国家官员，不再具有以前显赫的政治地位和政治影响力，他们的生活来源主要靠做法事后的捐赠，毕摩走下高不可攀的神坛，以平民的姿态从事着神职人员的事务，毕摩不再能全职担任神职人员，原先的毕田、毕地也荡然无存，他们只能边从事生产劳动边从事宗教活动，但作为一个具有深厚宗教传统的民族，毕摩在彝族社会生活中仍然起着重要的作用，受到彝族人民普遍的尊敬和拥戴。到了近现代，从事毕摩职业的人员锐减，水平也越来越低，许多法事今非昔比，毕摩后继乏人。新中国成立之后，由于宗教政策的偏差，毕摩教被当作封建迷信和糟粕对待，毕摩教几近泯灭，德高望重的毕摩更是屈指可数。新时期以来，随着国家新的宗教政策的落实，毕摩教开始有了新的转机，毕摩又开始频频出现在许多场合，现今在彝族各种大型节庆活动中，装扮特别的毕摩所主持的宗教祭祀活动成为一道特别引人注目的民族风俗现场秀。

壮观的大理古城门楼

毕摩教是一种具有早熟性神学特征的宗教，其中包含了原始崇拜的诸多因素，和其他宗教一样，毕摩教的宗教信仰首先也体现在自然崇拜上，即对宇宙自然及其象征物的崇拜上。自然崇拜是宗教信仰中最为原始的一种崇拜，也是人类最早也最普遍的宗教信仰，反映出原始人类在宏大神秘的宇宙自然面前的无力感和谦卑意识。自然崇拜最主要的特点是人类对自己可以感知的自然物或自然力怀有神秘、神圣的崇拜之情，对那些看似能主宰他们命运、威胁他们生存、生产的自然物或自然力怀有恐惧、敬畏和膜拜的心理，人类对这些自然物及其象征性的替代物有着莫名的崇拜和毕恭毕敬的迷信的态度。宇宙自然作为人类的异己的不可征服的力量，足以令原始人类诚惶诚恐，匍匐在它的脚下，原始人类希望通过某些特殊的仪式使宇宙自然感知他们的敬仰之心，借助自然神力庇护自己的部落和族群获得生存与生产的恩惠。彝族毕摩教的自然崇拜也不外于此种情形，彝族先民对日月星辰、天地山川、风雨雷电等自然物都有一种原始崇拜心理。毕摩教认为，宇宙自然初始混沌一片，天地万物和人类都是由天神天帝策耿纪创造的，策耿纪是宇宙中最大的天神，是众神与万魂的君主，是自然和人类的缔造者、主宰者和保护神，他具有随时毁灭人的能力和权力，人类只能臣服于他的威力之下，才能获得存在的可能。彝族对天神的崇拜表现在多个方面，毕摩每有较大法事，大多法场都设有天神位，要做祭天神仪式，遇到某些天灾人祸，也必祭天神消灾禳祸，在大的节日（如火把节）也会有祭天的仪式，有些地区在山林里还建有供奉天神的庙宇。天神在凡间最典型的象征物是大小凉山地区彝族成年男子头上所缠的"天菩萨"（英雄髻），它是彝族心目中天神的代表和象征，彝族人认为它能主宰一个人的祸福凶吉，外人严禁触摸，外人一旦触摸就会被认为触犯了天神，按当地的习俗，违者必须交沉重的赔礼，否则就要将摸了"天菩萨"的那根手指砍掉，这种惩罚无疑是严重的，由此可见天神观念对彝族人来说具有何等重要和神圣的意义。彝族对养育人类的大地的崇拜主要表现在对土主神的崇拜上。彝族对土主神的崇拜与汉族对土地神的崇拜有相似之处，土主神主要保佑一个地域生产的丰收、人畜的兴旺、村寨的太平，彝族许多村寨都建有土主神庙供人祭祀。彝族对土主神的信仰还反映在祭地习俗上。祭地的习俗在彝族各居住地都有所表现，一般是在某一个节期男子携祭品（酒、肉食等）到田间地头，杀鸡祭地，焚香祷告，祈求地母田神保佑自己能有好的收成。彝族许多地区现在还保存着祭山神的习俗，不少地方还建有山神庙供人拜祭，如巍山彝族每年农历二月初八、六月二十五和腊月初三都有祭山神的习俗，对山神的敬奉主要是希望山神保护族人出入平安，牛羊无险，不受虎狼的侵害，彝族的谚语"山神不开口，老虎不食人"就是这种意识的反映。彝族对水神以及它的化身龙神的崇拜也由来已久。由于水旱灾害一直是农牧社会最主要的威胁之一，古代人们对水神的敬畏表现在狂热的祈雨仪式之中。彝族也不例外，他们不仅在天旱之时祈雨，而且还在一些祭祀活动中设有专门的祭水神仪式，在一些彝族居住区有祭水塘（龙的象征）的习俗，有的地区还有龙日或祭龙节。人类对火的崇拜与生俱来，与人类进化的历程密切相关，人类学会燧石取火是人类生存能力的巨大飞跃，火不仅给人带来温暖和光明，也使人类脱离饮血茹毛的时代，对人类的进化有非凡的作用。彝族对火的崇拜更是痴迷，农历六月二十四前后是彝族的祭火节（即火把节），全民族都以最为隆重而热烈的方式对待这一盛大节日，虽然火把节的来历有各种各样的民间传说和神话故事，但它显然与彝族先民对火的崇拜有极大的关系，这一点是无法否认的。

彝族的土主庙

彝族还对日月星辰、风雨雷电及宇宙天象加以崇拜，在远古就有一些针对这些事象的祭祀活动，彝族认为日月星辰能保佑凡间百姓的平安，奇异的天象是人间灾祸的预兆，必须通过祭祀的方式趋利避害。彝族对其他自然物同样也怀有莫名的崇拜之情。有些地方对路神、桥神迷信，有些地方对莽神、羊神崇拜有加。总体来看，彝族毕摩教的自然崇拜具有某种原始的万物有灵的泛宗教色彩，在这种理念的支配之下，彝族对宇宙自然的许多事物怀有其他没有宗教感的人不可理解的敬畏之情。

彝族的崇拜还具有比较典型的图腾崇拜的特征。一般认为，图腾崇拜源于某一氏族部落把自然界的某一种动物或植物当作自己的本源或始祖，这个氏族部落与这一动植物之间具有某种血缘关系，这个部落的成员都是他的子孙后裔。"大致说来，图腾总是宗族的祖先，同时也是其守护者。它发布神谕，虽然令人敬畏，但图腾能识得且眷顾它的子民。同一图腾的人有着不得杀害（或毁坏）其图腾的神圣义务，不可以吃它的肉或用任何方法来以之取乐。任何对于这些禁令的违背者，都会自取祸端。"[①] 这种动物或植物被抽象化为某种标志或者符号（图腾），成为这个部落顶礼膜拜的对象，图腾如同一支军队的战旗一样，具有聚集、发动、指挥、号令氏族部落每一个成员的功能，并且它还具有某种神圣而神秘的灵性和禁忌，它能保护维护它利益的人，惩罚违反它旨意的人，尽管这一切都是原始氏族部落奇思妙想虚构的产物。

彝族文献中有大量有关图腾崇拜的史料，在广大的彝族民间，20世纪50年代前后仍残留着某些图腾崇拜的遗迹。由于彝族地域分布广，支系繁多，各自的图腾不一而足，据学者考证，被彝族各支系奉为图腾的达60多种，而龙、虎、马缨花、葫芦、竹等是彝族各支系信奉的比较多的图腾。

彝族自称"lolo"或"lolu"，彝语"lu"既有龙的意思，也有虎的意思，两个的音节一样，只是声调不同，在彝语中是两个不同的字。彝族对龙的崇拜早在《后汉书》中就有记载，据称有一位居住在深山老林里的妇女，在水中捕鱼的时候，腿碰触到一块沉木，因而受孕，生了十个儿子，后来沉木化为龙，欲召回十子，其他九个儿子看到龙都惊慌而逃，唯独小儿子不惧怕，龙舔舐其后背，起名九隆，长大后小儿子九隆因被龙父舔舐格外聪明，被推举为王，牢山下有一夫妇生有十女，嫁给了九隆家里的十个弟兄，生儿育

---

① ［奥］弗洛伊德:《图腾与禁忌》，中央编译出版社2005年版，第3页。

女，世世相继。这一则神话故事反映出彝族对自己祖始的幻想，彝族自认为是龙的后代和传人。彝文《祭龙经》中也称，龙是彝族的祖源，彝族是龙的后代，彝族人因为龙子龙孙而在人间享受福禄与威荣，死后也要归于祖源，和龙在一起。

彝族对虎的崇拜也是由来已久，且更深入人心，虎是彝族人普遍认可的图腾。据彝族史诗《梅葛》所述，在天地混沌之时，神为了创造万物，把虎的尸体一一分解，虎的左眼变成了太阳，右眼变成了月亮，牙齿变成了星星，油脂变成了彩云，内脏变成了大海，血变成了海水，肠变成了江河，毛发变成了森林，身上的虱子变成了家畜，虎是自然界繁衍生殖的一切的起源和始祖，可见虎的威力和神奇，彝族人自然把它当作他们的崇拜物来看待。古代彝族的人名、地名、官名、国名多以"罗"（虎）命名，彝族的首领、祭司常身披虎皮表明自己是虎族的传人，许多部族都以"虎"或者"龙"作为本部族的族徽。哀牢山一带的彝族自称"罗罗"，每家每户都敬"孽罗摩"（即母虎祖先），都相信彝族是虎的后代，彝族人死后火葬灵魂会转变成虎。现今云南楚雄彝族自治州双柏县的一些村寨还有过虎节、跳老虎笙的习俗。流传于乌蒙山广大彝族地区的"母虎舞"，据称已有上千年的历史，每年正月的第一个属虎的日子，当地彝族居民要过母虎神祭祀节，跳母虎舞。彝族对虎的图腾崇拜在彝族的宗教生活及日常生活中能找到许多踪迹，我们在以后的章节中还会经常涉及它。

彝族对马缨花的崇拜与人类的繁衍生殖神话有关。传说在上古时候，洪水滔天，淹没了一切，仅有一对兄妹躲在葫芦里随波逐流，最后在山顶获救。为了繁衍后代，他们不得不占卜成亲，一年以后妻子生下了一个肉乎乎的圆球，金龟爷爷用刀劈开，里面有 50 个童男，50 个童女，后来这 50 对童男童女长大后婚配繁衍出人类。金龟爷爷把满是鲜血的胞胎甩到一颗小树上，小树开出了血红色的马缨花。马缨花在许多彝族人眼里，是人类最早的胎胞的化身，马缨花被当作彝族生殖繁衍的图腾加以崇拜，彝族各地有关赞美马缨花的歌曲也非常之多，许多彝族妇女把马缨花或象征马缨花的图案绣在衣服的显眼部位，以表达自己对马缨花的崇拜和喜爱之情。

有些彝族支系把葫芦当作自己的保护神,这也是图腾崇拜的一种表现。哀牢山地区的彝族有供奉祖灵葫芦的习俗,也有相关的神话传说,这在一定程度上也是人类早期生殖崇拜的历史遗留。

有些彝族支系对竹崇拜,认为竹子和自己的祖先有关,在一些彝族神话和传说中,他们的祖先和竹子之间存在着生死存亡的关系,有的从竹中生,有的因竹而得救,竹作为图腾有拯救和庇护生命的功能。有的彝族村寨把一片竹林当圣地保留,严禁砍伐或破坏,每年定期举行祭祀活动,认为竹林的茂盛和衰败与本族的兴旺和灾祸有直接的联系。有的彝族妇女生产之后,把胎血胎衣取一部分放在兰竹制成的竹筒里,让丈夫把它挂到那片竹林的兰竹枝上,以示孩子是兰竹的后裔,有的不孕的妇女会向竹林、竹山求子。有些彝族人相信自己的祖先源于山竹,希望死后化为竹,有的死者家属把死者的骨灰放在一节竹筒里保存,因为他们是竹子的后代。彝族许多地区都有用竹子制作祖灵位,供奉竹灵牌的做法。由于彝族支系繁多,地域分布广泛,虽然在对竹的祭祀与禁忌上各有不同,但对竹的图腾崇拜是大体一致的,这种崇拜有久远的历史和神话来支撑,彝族人大多对竹都怀有敬畏的迷信。

还有一些彝族村落,对一些年代古老的树木也有狂热的崇拜之情,有些树被认为是族树或神树(多为松树、栎树等),它们的枯荣象征着一个家族、一个村落甚至整个彝族的命运,所以每到某一固定节气,族长就会带来所有的族人或已成年的男子,举行盛大的祭祀仪式。这种比较典型的树崇拜,反映出人类早期还没有从自然界分化出来之时,万物与人类同生同类的思维理念,尽管人类已经走出洪荒的时代,我们还是可以从一些图腾崇拜的仪式中窥见人类早期的某些思维特征。

彝族的祖先崇拜大致产生于母系氏族社会向父系氏族社会过渡的时代。从图腾崇拜发展到祖先崇拜是社会整体水平有了巨大进步的表现,一方面人类开始意识到自然界与人自身的区别,人开始较为独立地看待外在于自己的宇宙自然,另一方面氏族成员开始对氏族内的那些德高望重、具有某些神奇、神秘的才能和智慧的人加以崇拜，从专注于宇宙自然到转向对氏族内部成员的崇拜（对人自身），不能不说是人类的巨大进步。随着时代的发展，彝族开始由仅对自然崇拜、图腾崇拜发展到对先祖的崇拜，进一步发展到对有血亲关系的祖辈的崇拜，这与人类宗教的进化历程基本吻合。彝族祖先崇拜建立在"三魂说"和"祖界"的观念之上。毕摩教认为，人是有灵魂的，生前灵魂在活人体内，人死后变成三个灵魂，各有不同的归宿，一个滞留于焚场或坟墓，一个回归祖界与先祖灵魂相聚，一个在家中供奉的祖先灵位上，无论哪个灵魂，如果得不到安稳、清洁、恭敬地祀奉，都会影响后辈子孙的祸福兴衰。所谓的祖界是彝族祖先的发祥地，是彝族始祖笃慕和后世各代祖先灵魂聚集的地方，据彝文宗教文献《指路经》所描绘，祖界是一个美轮美奂的天堂，是始祖的最后的归宿地，也是凡人去世之后最理想的栖息地。彝族人认为，人活着的时候，人的灵魂附于肉身之内，人死后则灵魂不灭变成鬼，鬼在阴间暗中对阳间的人、物施加影响，有的依附于他物，有的往来于阴阳之间，有的飘忽于死者生前的住所或村落。人死后好人变成善鬼，坏人变成恶鬼，不好不坏的变成"相间鬼"，另外，因凶杀、暴亡而死的人到阴间会变成凶鬼，他们往往会在阳间兴风作浪，作恶多端。彝族把善鬼称为神，善鬼中最善的就是自己父母灵魂的化身，彝族人以非常严肃神圣的心情对待自己的祖灵，对祖灵的崇拜超过对其他诸神的崇拜。为了不使那些坏人变成的恶鬼加害于人，彝族人想方设法去制服他们，并通过各种祭祀活动来安抚善鬼，宽待相间鬼，降服恶鬼。彝族人认为，人世间的一切祸患灾难，如水旱灾害、疾病瘟疫、仇家斗殴等都是凶鬼作祟所致，都必须请毕摩、苏尼来作法驱鬼，即使无灾祸发生，为了预防凶鬼作祟，彝族人也会定期请毕摩作法。祖先崇拜在彝族人的葬仪得以充分的表达，整个丧葬过程完全是宗教化的，所有的活动都是围绕让祖先的灵魂升天成仙展开，所有形式都被赋予一种庄严、神圣、神秘的色彩。所以彝族人无论家境贫富，都会竭尽所能办理父母的丧事，做好一切相关的祭祀活动，心理上才安妥平静。"毕摩教认为人死后经子孙们请毕摩为其超度即可成仙升天。升天成神仙的祖先与后世子孙不仅有历史的血缘关系，而且有现实的人神关系。祖先神决定或影响着世俗子孙们的生命以及经济、政治和精神生活。世俗的子孙只有为死去的祖先超度，向祖先神献祭，才能得到他们的保护。"① 所以祖辈的葬礼显得尤为重要。彝族的葬仪烦琐而奢侈，葬礼之后的各种定期的祭祀活动也很频繁，有的家庭甚至散尽家财来做祭祀，这种过分的隆重与讲究，一方面是彝族人对已逝先辈的孝敬之情的表达，另一方面也是希望在阴间的先人能庇佑子孙平安祥福、富贵通达的一种方式。许多民族都或多或少有这种愿望，而彝族人的方式比较充分地体现了祖先崇拜的特征，从一定程度上说，祖先崇拜是整个彝族宗教信仰最重要也最直观的体现。

彝族有自己专职的神职人员毕摩，毕摩在历史上还有师、法师、耆老、鬼主、祭司、奚婆、巫师、白马等多种称谓，因彝族各地各支系方言不同，称呼各异。毕摩产生于氏族社会后期，由宗教祭祀人员演化而来，毕摩的社会角色在漫长的历史中不断发生着变化，他们的社会角色大体经历了执政、佐政和从事专业神职人员三个阶段，总体上其政治权力日趋淡化，政治地位逐渐下降。在唐、宋以前，毕摩多称为耆老或鬼主，担当氏族的酋长，元明清时期称为奚婆，一方面辅佐酋长处理氏族事务，另一方面从事宗教活动，地位高于一切庶民，到了清代"改土归流"之后称毕摩，成为专职的神职人员，不参与政务。毕摩教的经文都是用彝文写成，经文作者至今无可考证，经书浩如烟海，大致可分为作祭经、作斋经、指路经、百解经、占卜经、福禄书及其他7类，不同的法事只能按经书的有关规定举行。有关毕摩经书的来历在民间传说中称，远古洪水泛滥之时，天神派三个毕摩带着彝文经书来拯救百姓，三个毕摩各骑一头黄牛，把经书挂在牛角上，在渡水中由于洪水太大，把经书打湿了，毕摩下凡后，把经书放在青树枝上晾晒，却被飞来的老鹰抓破了一些书页，粘在树枝上的书页也被撕坏了一些，所以流传下来的彝文经书不完整了。现在毕摩念经作法时，都带着牛角、鹰爪和竹签作为法器，在祭坛上插上青树枝，用以弥补经书的不足。

---

① 张建华主编：《彝族文化大观》，云南民族出版社1999年版，第147页。

毕摩作为宗教祭司，除了主持宗教活动以外，还参与讲解彝文、撰述与翻译彝族经文的工作，对彝族宗教文化作出了杰出的贡献。一个优秀的毕摩需要长期的勤学苦读才能通晓经书的奥义，并且毕摩教所信奉的神基本上是抽象化了的人格神，没有感性的、具体化的存在形式，很大程度上只能通过神秘、超验的宗教仪式，赋神于某个可感的对象之上，使神附着于眼前的具体物象之上，才能达到使人膜拜的效果。所以毕摩在做法事的时候，如何按照教义和道场图本设立神座，附灵其上，就显得尤为重要，插神座成为考验一个毕摩道法是否高深、仪式能否灵验的试金石。彝族人认为越"古"的神座（按彝族最古老宗教典籍图式插的神座）越具有法力，插"古"神座是一门艰深复杂的学问，毕摩非凡的魔力在很大程度上靠道场上繁复而神秘的神座图形体现出来。因为毕摩被认为是天神遣降下凡的，所以享有凡人不可企及的法力和特权，作为毕摩，必须具备专门的宗教神祇知识和与鬼神沟通的技能，毕摩"一般必须熟知天文、地理、谱系、伦理、史诗、传说、神话、医药、祭祀和占卜等数百种彝文典籍，当然在知识的深度上各有侧重。毕摩实际上是彝族中掌握本民族古代文化知识、传授典籍的知识分子"①。在某种程度上说，一个合格的毕摩就是彝族人的精神领袖和知识权威，他用他的言行影响着彝族人对现世和来世的看法，在许多重要的人生仪式上都发挥着他人不可替代的作用。毕摩身兼巫、医、文、史、法数职，在彝族人心目中享有较高的社会地位，在彝族人看来他掌握着凡人生死祸福的大权，每个传统的彝族人无不对毕摩怀有神圣的敬仰之情。

毕摩的主要职责有司仪式、决占卜、主盟诅、行巫医等。毕摩主持或参与彝族各种祭祀和其他重要活动，即使一些非宗教活动，如果当事人认为事关重大，也必请毕摩参加或主持。彝族人作斋祭祖祭、节期祭祀（如火把节等），遇到灾祸、疾病及丧事，都需要毕摩来主持相应的仪式。彝人在遇到各种凶吉未定的事情，都会请毕摩作法占卜以作决断。在遇到战争、议和、个人恩怨化

---

① 韦安多主编：《凉山彝族文化艺术研究》，四川民族出版社 2004 年版，第 67 页。

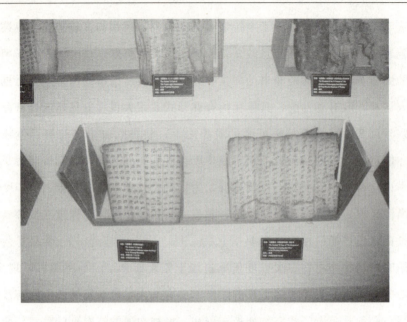

博物馆展出的毕摩手抄的经书

解、与外民族交往签订协议等重大问题时，必须由毕摩主持，双方盟誓，借助神灵的力量约束双方。此外，毕摩熟读医书，除了作法驱祟治病之外，还自配药剂，为本族人治病。

毕摩的选拔与传承有一定之规，一般须遵循以下原则：一是奉行传男不传女的原则，因为在彝族宗教观念中，女性身体污秽不洁，不能充当人、神、鬼之间沟通的媒介；二是以毕摩世家家传为主，因为在彝族人看来，家传毕摩因有自己毕摩祖神的庇护，法力高，信誉度高。另外，也有一些自愿当毕摩的人拜师学习，学成之后从事宗教活动，但彝族人显然更相信那些出身于毕摩世家的毕摩。毕摩教育属于一种私塾性质的方式，通过师父的传帮带来完成必要的学业和技能，到毕摩家中住学的，需缴纳一定的学费，一般为期三到五年，有的会达七八年之久，学业结束时，经考核，通过领职仪式之后成为正式的毕摩，开始独立从事宗教活动。

苏尼也是神职人员，也称"苏额"、"苏耶"或"锡别"等，比毕摩社会地位低。苏尼的主要职责是跳神驱鬼，与毕摩的主要职责是诵经祀神祭祖相区

云南楚雄彝人古镇上负责宗教仪式的毕摩

别，所以彝族有谚语称："毕摩坐着祭，苏业跑着撵。"男女都可以担任苏尼，
一般成为苏尼的人是因得了某种久治不愈的疾病，当地人会认为是曾当过苏尼
的亲戚或是某个先人的灵魂附在他（她）的身上，必须做了苏尼才能痊愈，于
是就请毕摩做法事，授予羊皮鼓和法铃，痊愈之后，他（她）接受了苏尼祖神

"阿萨"的指挥，会念咒语和做法事，成为一名合格的苏尼。苏尼的主要职责是跳神、禳鬼、占卜、招魂、治病。驱鬼治病时，他（她）左手执鼓，右手拿鼓槌，闭目击鼓数下，全身随鼓点开始颤栗，然后边跳边唱，口里的唱词来自神谕，他（她）的动作越来越激烈，边跳边大喊大叫，厉声驱鬼，同时为那些病人或亲属代神答疑，他（她）口里唾沫横飞，嘶声力竭，动作幅度越来越大，如痴如醉，接近疯狂，最后突然扑倒在地，法事完毕。苏尼驱鬼会耗费其极大的体力，有时候甚至累得精疲力竭，令主人和在场的人无不感动，有些苏尼还有一些舌舔烧红的铧铁、口嚼火炭的绝活等，更是令在场人惊叹不已，肃然起敬。在做法事的场合，一般会有左邻右舍的村民观看，并呐喊助威，到高潮时会放枪鸣炮，威慑厉鬼，众人手持点燃的木柴、皮绳、大刀等，在屋内每一处追打砍杀，一直追杀到门外，如同与真人打斗。有的苏尼特别善于装神弄鬼，假戏真做，率领一大帮人，手握刀棒，喊声震天，挨家挨户一片乱打，搞得全村鸡飞狗跳，人心惶惶，而苏尼会因此获得善于捉鬼的名声。一般而言，女苏尼舞蹈动作比较轻柔，男苏尼动作粗犷，但作为苏尼，他们在做法事时的言行都带有某种神秘而疯狂的意味，与他们平时的言行判若两人，完全陷入了某种真正的宗教迷狂状态，看他们做法事时的表演颇有原始舞蹈的魅力，给人一种惊悚而震撼的深刻体验。

毕摩教的神职人员没有统一的组织和机构，只是一个职业特殊的社会阶层。近现代以来，毕摩的政治地位今非昔比，在平时他们也只是社会中的一个普通成员和一个村民，并无特殊优待，只是他们的身份和地位比一般人要高。在一些宗教场合和其他人生礼仪的重大场合，才能显示出他们的特殊性、专业性和重要性。在一些重大的法会上，有时会有十余名毕摩共同主持宗教仪式，他们分工协作完成必要的法事，结束后各自回到各自的村寨，他们虽然有品级的不同（上、中、下三个品级），但之间并无主从、上下级之分别。古代领职的毕摩有专门的神职经济收入，毕摩有毕田、毕地，甚至村民要向毕摩缴纳赋税，而现在毕摩一般只能靠做法事获得财物馈赠。毕摩教没有其他宗教那样的教会组织，也不必经过特殊的仪式成为其教徒，也没有信徒和非信徒之分，简言之，毕摩教是内化在彝族人心目中的一种普遍性的信仰，通过毕摩和苏尼的法事、约定俗成的习俗和崇拜与禁忌等来维持。与基督教、佛教、伊斯兰教那种有严格教义教规的宗教相比，毕摩教更具有某种族源性、地缘性和松散性，但它的影响力和其他宗教一样巨大而深入人心。

总体来看，彝族的毕摩教是以祖先崇拜为圆心，以自然崇拜、图腾崇拜及多神信仰为半径的复杂的宗教集合体。它有烦琐的仪式、神秘的祭祀、诡秘的法事和艰涩难懂的宗教经文，有专门的神职人员毕摩和苏尼。彝族的宗教信仰不仅仅是彝族精神生活的一部分，它还对彝族的政治思想、文化艺术、风俗习惯、服饰器皿等有着重大的影响，渗透于彝族日常生活和精神生活的各个方面，在一定程度上可以说，不了解、不理解彝族的宗教信仰，就不能很好地了解和理解彝族人们的生活，也不能深入地研究细致的彝族的文化艺术，更不能把握彝族文化的审美特性。充分了解、理解、尊重彝族的宗教信仰，细心感受宗教信仰在彝族文化中的审美表现，会使许多看似神秘莫测的文化现象迎刃而解，因为宗教信仰在一定意义上说，是一个民族文化的重要的基石，只有从这里出发，我们才能按图索骥走进彝族文化的内部和深处。

第二章　彝族的人生礼仪

人生礼仪是习俗文化的重要部分，它主要通过一个人在一些重要时刻或关键点举行某些仪式来体现。一般而言，诞生礼仪、成年礼仪、婚礼和葬仪这四种礼仪是一个人一生中最重要、最基本的礼仪，每个民族都通过成文的、非成文的、约定俗成或习得的一套具有一定象征性的礼仪形式来获得自身民族的认同感和亲缘性，强化同宗共祖的意识。"仪式是由社会来规范化的、重复的象征行为……仪式行为带有正式的品质，是一个高度结构化的、标准化的系列，并常常在自身也带有特殊象征意义的特定的地点和时间被上演。仪式行为是重复的，因此也是循环往复的，但这些都服务于重要意义并用于疏导感情、引导认知和组织社会群体。"① 这些礼仪形式作为一种已经模式化、程式化的文化传统，包含了宗教、历史、习俗、审美等诸多内涵，一旦形成一般很难根本性改变，即使改变也需要一个漫长的历史过程，或某种外部压力的强制。一个民族的这些仪式，作为该民族每个人共同遵守的规则，内在地、潜在地制约着人们的思维方式、人生态度和行为方式，对这些礼仪的遵从被看作是道德的、良好的、分内的，必然会获得同族人的尊重和赞誉，反之，就会被看作是缺德的、败坏的、大逆不道的，必然遭到当地舆论的非议、诋毁甚至实质性的惩罚，尤其是处于传统时代或地处偏远闭塞的乡村，礼仪力量的巨大、可敬甚至

---

① 王霄冰主编：《仪式与信仰——当代文化人类学新视野》，民族出版社 2008 年版，第 6 页。

可怕的影响力可能会影响一个人的一生，甚至决定一个人的生死。因为"每个人之所以经历人生礼仪，决定因素不只是他本人年龄和生理变化，而且是在他生命过程的不同阶段上，生育、家庭、宗族等社会制度对他的地位规定和角色认可，也是一定文化规范对他进行人格塑造的要求。因此，人生礼仪是将个体生命加以社会化的程序规范和阶段性标志"[1]。作为习俗的最重要部分之一的礼仪，它习以为常的惯性和惰性，跟崇拜和禁忌一样，既有它好的一面，也有它不好的一面，它既是美的荟萃，有时候又可能是恶的渊薮。由于每个民族的风俗习惯不同，许多人都习惯于以自己本民族的礼仪为优，他民族的礼仪为劣；本民族的礼仪为是，他民族的礼仪为非；本民族礼仪为美，他民族礼仪为丑来判定习俗及仪式的好坏优劣美丑——这显然是一种先入为主、自以为是的谬见。在不违反普世价值观、不违背人类共通的人性基础上的习俗和礼仪，无论多么千奇百怪、不合大多数民族的胃口，它都有它自己的合理性，都有其存在的价值，尤其是在当今全球化的时代，保护民族的多样性、保持文化的独特性成为人类共识的今天，就更不应该用某个大民族或强势民族的习惯思维来判定某些少数民族、弱势民族的风俗习惯合理不合理，对或者错，好或者坏，更不应该抱有用所谓先进的习俗去改造落后的习俗的想法，这种人为的所谓的"移风易俗"的改造在某种程度上是一种文化入侵，是二元对立思维方式下的文化暴力和强权。以宽阔、包容、分享的心态去接纳每个民族文化的差异性、习俗礼仪的多样性，人们会发现，人类的每个民族创造出来的文化真正如同万紫千红的百花园，以各异的色彩、芳香美化着我们共同的家园，人类的精神世界和世俗生活也因此而更加丰富、精彩。

彝族是一个非常注重礼仪的民族。彝族在日常生活往来上十分讲究礼数与分寸，彝族具有较完备的礼仪规范和良好的道德意识，在一些重要场合有充分的表现。彝族的这些礼仪被一代代人沿用、效法、传承，积淀了一个民族对人生与世界、生存与死亡、此生与彼岸的理解和感悟，包含了彝族文化方方面面

---

[1]　钟敬文主编：《民俗学概论》，上海文艺出版社1998年版，第156页。

的内容，其中一些礼仪具有非常独特的审美价值和文化内涵，值得我们深入探究。我们选取诞生礼仪、成年礼仪、婚礼和葬礼这四个重要的人生仪式，来窥测其礼仪的基本面貌。

第一节　庄严的诞生礼

众所周知，传统彝族社会是以家支谱系制为基础构建起来的。彝族的家支谱系结构呈树状结构，即从根部及主干向上生发出无数的树枝及枝节，一个家支的族谱可以层层推算出其先祖的起源。"与汉族孤立的一个宗族的家谱不同，汉族的宗族家谱一般不管旁支之间的关系。彝族则根据血缘分为不同的家支，因血缘的远近家支内又可分为若干大支和小支。"[①]每个人都被固定在家支谱系的某一点上，无力挣脱家支谱系的束缚——这显然是一个具有强烈中心主义的、循规蹈矩的、一元化的封闭系统。在这个系统中，家族利益和荣誉成为支撑整个家支的核心，森严的等级制与苛刻的家法族规维护着整个家支的正常生存与发展。人们对同一个家支的血缘性认同也深深地印在同族人的脑海里，在婚丧嫁娶等重大场合，家支成员之间通力合作、同舟共济的凝聚力表现得异常强大，尤其是遇到天灾人祸或发生战争之际，家支为了保存自己家支的血脉得以延续、发展，家支内部成员肝胆相照，舍生取义，会做出许多惊人之举。但对家支以外的排斥、隔膜甚至敌视也根深蒂固，特别是那些先辈有过节、有矛盾的家支之间，他们的隔膜、敌对状态会世世代代延续，在发生某个有意或无意的事件、冲突之中，双方的矛盾会强烈地表现出来，出现两个家支之间的械斗，甚至酿成巨大的伤亡事件。这种具有某种强烈血统论倾向的家支结构其保守性、封建性显然是消极的，有时候为了维护家支的荣誉与名声，会严厉惩处

[①]　韦安多主编：《凉山彝族文化艺术研究》，四川民族出版社 2004 年版，第 180 页。

那些违反家法族规的同族人，而其所谓的家支荣誉与名声以现代人的眼光来看，无非是一些在某些道德上出格的言行（如越级通婚、通奸等），可能以现代国家的法律不一定能构成犯罪，但按家法族规可能会施以刑罚，甚至因此丢掉性命。家支结构影响着彝族每个家庭的方方面面，对每一个人的一生也有着重要的影响，特别是在人生的一些重要礼仪时刻，家支或家族力量得以充分体现。

任何传统社会都十分注重一个家族（家支）的人丁的生产与再生产，因为这关系到整个家族的香火及命脉，进而关系到一个民族的兴旺发达。生殖作为一个家族、一个民族命运的象征形式，寄托了一个家族、一个民族的最原始、最淳朴的希望，理所当然被高度重视。彝族和其他民族一样，为了保证孕妇安全、顺利地生产，有孕妇的家庭成员在言行上有各种约定俗成的规矩和禁忌。孕妇一般不下地干活，一方面便于安心养胎，另一方面可以避免把不洁之物带出家门；在孕妇分娩前的十来天，需在家门外挂上树枝，禁止外人进入家门，以防不吉利的事情发生；丈夫在分娩前三天只能待在家里，且禁止到井里打水，以免不洁之物外泄。接生婆一般是本村寨有这方面经验的老年妇女或女性亲戚。如果孕妇不能顺产，还需请巫师做法事，场面严肃而诡异。无论是在母亲胎中，还是诞生后，整个家庭及亲友都对孩子倾注了无限的希望和祝福，为了给孩子祈福，以免夭折，他们会采用各种他们认为"科学的"方式去避免。彝族人认为，人是有灵魂的，人一出生灵魂就随之来到阳间，人死之后，灵魂就返回鬼界。刚刚出生的孩子之所以容易夭折，是因为他由鬼界来到人间，阴气太盛，阳气不足，灵魂还处于飘忽、微弱状态，需要通过某种方式加以稳定和固化，使之"人"化。民间认为给孩子取名是"拴住"孩子灵魂的好方法，所以彝族特别注重婴儿的诞生礼和取名。

由于彝族长期实行的是结婚以后女方仍在娘家居住，直到第一胎出生为止的习俗（即"不落夫家"的习俗），所以新婚夫妇的夫妻生活并不像其他民族的新婚夫妇一样随手可得，男方只能借故（节日及农事等）请女方来家里小住，见机行房，并且彝族有女方必须在行房过程中拼力反抗才能显示自己的贞洁的习俗，这使得男方要想成功行事尤为困难。这样的后果是新婚夫妇因性生活次数过少，往往要在婚后两三年女方才可能怀孕。彝族对第一胎的重视程度非同小可，当头生子降临时，举家欢庆，大宴宾客是必不可少的，以后其他几胎就不必如此隆重了。

孕妇生产一般要在自己家，不准在娘家或别人家，否则犯忌（现今大多在产院）。降生后，男婴的胎盘要埋在自家门槛下，表示男孩长大之后要理家守财，女婴的胎盘埋在门外，表示女孩将来会出嫁，是屋外的人。孩子出生当天，家人就要在自家门前挂一把树枝，男左女右，表示家中刚生婴儿，生人免进，以防踩断乳线，孩子就会没奶吃。女人生产后，女婿要马上去岳丈家报喜，一般要带一瓶酒、一只鸡，生的男孩带母鸡，生的女孩抱公鸡，生双胞胎，抱一公一母。岳丈家看到抱来的母鸡，就知道生的是儿子，反之，生的是女儿，岳丈家收下公鸡或母鸡，把自家的母鸡或公鸡交给女婿回去喂养（一般需与抱来的相反），忌宰杀食用。岳丈家拿出早已准备好的贺礼，一般是一坛煮酒、一个背单（背被）、一套衣服、多片尿布、上百个鸡蛋。值得一提的是给孩子的背单，都绣有各种美丽吉祥的图案，以示祝福，同时女儿女婿应给岳母做一套衣服作为答谢。不少地区的彝族会为婴儿准备虎头帽、虎头鞋和虎纹肚兜，或绣有各种虎纹图案的衣服，以表明身为虎族后裔的彝族又添了一个新成员。

在凉山彝族，新生儿出生后，要举行"洗头礼"，杀鸡打羊请来亲朋好友欢庆新生命的诞生，吃完洗头饭之后，客人们在门口的清水盆里洗一把脸，净身离开。此后，还得请毕摩或会占卜的人算一算婴儿第一次出门见日头的日子，当天有的人家还会请毕摩作除污道场，这就是所谓的"出门见天仪式"，彝族称之为"德保堵"。婴儿满月时，还需带婴儿去拜祖求名，俗称"讨饭"。一般是父母把孩子带到男方的父辈或叔伯家门口，大喊："阿普，一个沾着狗屎的来讨饭了！"阿普则命家人挑一点鸡屎沾在婴儿的头上，然后敬酒祭祖，祈求祖先赐福于婴儿。喝酒之后，赐予婴儿一点旧物或传家宝，表示他必将继承先辈的福寿，前途无量。回家之后，要请乡邻吃酒打歌，以示庆祝，来客要

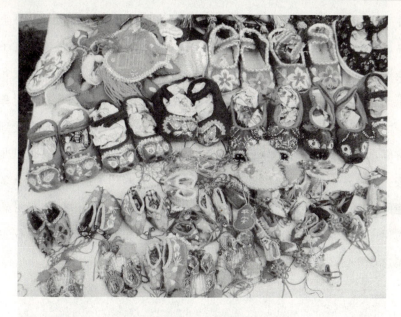

彝族儿童穿的虎头鞋及其他饰品

赠送一些钱物给婴儿，用一些肮脏、恶心的话恶评婴儿，越是难听、卑贱越讨主人家喜欢。因为在彝族眼里，对小孩的昵称越美好，越会引起妖魔鬼怪的注意，会招来不测之祸，越难听、恶心的昵称妖魔鬼怪听了会避之不及，反而有利于孩子安全、健康的成长，所以在这种场合，越令人作呕的昵称反而会博得新生儿父母的满心欢喜，交口称赞，被当作孩子平安成长的护身符。

母亲在孩子满月，自己身体得以基本恢复之后，还必须背着孩子，带着鸡肉、猪肉和酒等礼物回娘家走亲访友，让娘家亲朋看看孩子，娘家亲朋也会带着礼物来看望母子，这就是彝族"认娘亲"的风俗。这些仪式之后，母子回到自己的家，孩子主要由母亲一个人照看，母亲用背单将孩子背在身上，无论是在外劳作，还是在家做家务，都背在身上，直到他（她）能下地走路为止。母亲在抚养孩子成长过程中所付出的心血和精力显然是父亲的好几倍，也足见彝族妇女的勤劳、耐心与伟大。

过去彝族一直以来都有男尊女卑、重男轻女的观念，并且认为生男还是生女取决于女方。如果一个已婚妇女连生三个女儿，不能生儿子，就可能导致离婚。在1949年以前，由于婴儿成活率低下，每个已婚彝族妇女一生要生十胎左右，成活率在一半左右，多子多福的生育观念是其主因，另外家无儿子，无人养老送终的观念，也影响着他们的生育方式。对于一些生了许多胎女儿，一直想生儿子的夫妻，更是生生不息，直到生了儿子才罢休。因为在当时彝族人眼里，"女儿是代养的畜，儿子是家存的根"。没有儿子的家庭甚至会受到村寨人的羞辱，而那些儿子多的家庭，即使穷得衣不蔽体、食不果腹，也以儿子多而自豪。这种观念的形成，与长期的奴隶制社会有密切关系，在家支众多、纷争不断的时代，男性人丁数量上的优势在战争、掠夺、械斗时具有明显的优势，对保证一个家支的兴旺发达起到了关键性的作用。这些陈腐的男权主义的生育观念现今仍在影响一部分彝族人对生男生女的态度。

博物馆展出的精美的婴儿背单（背被）

对于彝族来说，给新生儿命名是一件非同小可的事情，绝非几个字那么简单，它甚至涉及彝族的历史、宗教、语言、习俗、地理等方方面面的内容。彝族对新生儿的命名颇有自身民族的特点。一般是在婴儿出生一个月后，请来德高望重的毕摩念经，请求神灵赐名，或请本村德才兼备的长老起名。名字起好以后，还需择吉日宴请亲朋好友、左邻右舍，向大家公布新生儿的名字，从此这一名字被大众认可、呼叫。

在四川、云南大小凉山地区和贵州的部分彝族，至今还采用父子连名制的方式给孩子起名。父子连名制产生于母系氏族社会解体、父系氏族确立之后，原先按母系计算世系的方式被按父系计算所取代，父系连名制可以确保父系血统按直系血亲传承，也便于区分直系血亲和非直系血亲的远近。在私有财产出现之后，父子连名制也有利于父系直系亲属，特别是直系子孙享有财产继承权。在中国不少的少数民族都有采用父子连名制的命名习俗，父子连名制既保存在某些私有制还未完全确立、阶级分化尚不明显的父系氏族时代，也部分地保存在早已进入奴隶社会和封建社会的时代，是许多民族（包括世界其他民族）在子女命名问题上较为普遍的一种民俗事象。所谓父子连名就是儿子的名字的一部分取自父亲的名字，一般有以下几种方式：第一种为正推顺连法，一般是父亲名字的最后一个字或两个音节放在儿子名字之前，以此类推，代代相连，环环相扣，形成世世代代永不间断的家族谱牒。这种谱牒因为前一个名字字尾和后一个名字字首叠韵，背起来朗朗上口，便于记诵和流传。第二种为逆推反连法，把父名的一个或两个音节放在儿子名字之后，即子名在前，父名其后。第三种为冠姓连名法，即在名字之前或名字之后加上姓氏，儿子的名字中总有父亲名字中的一个字。彝族多采用正推顺连法命名。

由于彝族居住分散，不同地区、各支系在具体命名方式上差别也很大。小凉山地区彝族人的名字由三部分组成，即姓名、性别、尊称。当地彝族不分男女都有两个名字，本名和尊名。本名即学名，对公众使用，尊名多家中排行名，在家族中呼用。性别称谓上，男性都称"忍"，女子都称"嫫"，放在名字字尾。本名大多有一定的寓意，或按孩子出生年命向的方位命名，如补都忍，意为东方之子，或以某一尊神的命向方位命名，如鲁底嫫，意为龙神女，或按某一图腾命名，如拉嫫阿依，意为虎儿，或按婴儿出生时的生肖属相命名，如鸡年生的男孩叫网落忍（小鸡儿），女孩叫网落嫫（小鸡女），或拜物为"父"，如日火忍（柳树儿），拜他人为"父"，如毕摩忍（毕摩儿），或以食物、家用器皿、数量单位亦可命名。为了让孩子好养，不让鬼神掠走，许多孩子还起有

穿民族服装的彝族儿童

贱命，如吾且（猪屎）、咱磨（乞丐）等。

　　云南永胜地区彝族他鲁支系给孩子命名比较特殊，其姓氏多为图腾或氏族名号的遗留，故姓氏不多，命名也比较固定。一种按出生顺序命名，男孩都是"骨某"，女孩都是"刷某"，"某"字代表出生顺序，另一种按孩子出生时家中最年长一辈的年龄命名，男孩称"某诗"，女孩称"某弟"，"某"一般是数字，代表家中最年长的一辈是多少岁开始有孙子，女孩亦可以不按长辈年龄数字起名。由于他鲁人的起名方式过于固定，不少人名字互相重复，许多人都起有特别的绰号或小名，以示区别。

　　云南昆明东部的撒梅人特别注重给孩子取名，往往孩子还在娘胎中，孩子的父母就去结拜儿女多、家底殷实的人家为干亲，请干亲为孩子赐名，为即将出生的孩子带来福气和好运，干亲也会郑重其事地为义子起一个富贵吉祥的名字。如果一个家中孩子很难成活，就要请巫师杀鸡作法，把一根红布条挂在路边的树上或石头上，巫师代表树或石头为孩子命名，或在小桥边设祭，请第一个过桥的人起名。这样所起的名字是孩子日常叫唤的小名，等上学之后，见先生时先生给他起学名，不过，现如今一般出生不久就给孩子起了学名。

云南元阳彝族一个人一生有多个名字，不同的时段有不同的名字。一般男孩出生 9 天、女孩出生 7 天时由其舅舅取乳名（小名）。孩子到了要发蒙读书（现今一般是到上幼儿园或者更早）的时候就给他取一个带姓氏的名字，即大名（学名）。到了成年之后，开始谈恋爱的年龄，恋爱双方都不叫对方名字，小伙子叫姑娘妮勒（美女），姑娘叫小伙子查勒（帅哥），或以表妹、阿哥互称。热恋中的男女互相给对方取一个很私密的爱称，只有他们俩知道或好朋友知道，成亲以后不再使用。有的孩子父母与其他父母结拜干亲，为了表达双方亲如一家的关系，孩子的名字可以取双姓，把干亲的姓氏加在本姓之前，以示尊敬。

为了让新生儿平安地长大成人，彝族人常常通过认干亲、补阳气的方式来为孩子的健康保驾护航。彝族普遍有拜干亲（干爹、干妈）的习俗，一般多是体弱多病的小孩子，家人希望他强壮起来，需要找人补充"阳气"，以免夭折，所以为他拜干亲。在云南东北部，如果孩子不满一岁身体虚弱，久治不愈，其父母就会到村外的山路上去"撞名"。在去之前，孩子父母事先会造一座可携带的独木小桥，到一处有水沟的地方，安放在水沟之上，抱着孩子躲在一边等过去的行人，一旦看见有成年男子从桥上经过，他们会立刻跑过去，扯下该男子的一颗扣子，然后抱出孩子来认干亲，请求赐名。此人会遵从习俗就地给孩子取名，取好名字之后还得把孩子抱过来，朝东南西北四方各拜三拜，仪式完成就意味着建立起干亲关系，此人即成了孩子的干爹，日后像亲戚一样常来常往，亲如一家人。孩子的父母拿出准备好的酒、熟鸡和饭，一起喝酒吃饭以示庆贺。在云南富民一带，是毕摩通过孩子的生辰八字推算吉日，孩子父母在当天用树枝在一条小路上搭桥，谁第一个经过这座桥，就拜他（她）为干爹或干妈，当场举行结拜仪式，给孩子取名，用事先准备好的酒菜招待干亲。如果第一个经过小桥的是小孩子，就拜孩子的父母为干亲，如果没有人经过，只有牛、羊、猫、狗等家畜经过，亦可拜其为干亲，如果无任何人或动物经过此路，也可以拜路边的树木、石头为干亲，给孩子以此物的名称起一个小名。从这种结拜干亲的方式和仪式上，人们可以发现，在婴儿存活率很低的时代，孩子的父母为了保全孩子的性命，为了孩子的健康成长，都希望借助外人或外力的作用，让他们能平安、顺利地长大成人。干亲关系的存在，也为孩子及孩子父母，在血亲、家支之外建立良好的社会关系起到一定的作用。对于过分依赖血亲及家支力量的彝族社会网络来说，这的确是一种外援的非血缘的社会关系的有益的补充，有利于孩子的精神成长和社交关系的建立。

彝族孩子在以后的成长岁月里大多在父母的身边平安度过，没有特别需要举行的重要的仪式，等他们长成十二岁、十三岁的情窦初开的少男少女，另外一个重要的人生仪式——成年礼在等待着他们。

第二节　成人礼与性习俗

成人礼是孩子们告别懵懂无知的孩童时代、踏入成人之门的一条分界线，标志着孩童时代的结束，成人时代的到来，成年礼无论对于男孩还是女孩，无论是从象征意义，还是从孩子的心理意义上，都是他们人生之路上一次重大的转折和更新。彝族的成人礼与性意识的萌动和发育有密切的关系。性从表面看来是一个私人性的领域，但究其实质却是一个包罗万象的文化领域，性自从脱离原始社会以后，就成为宗教信仰、道德伦理、风俗习惯甚至意识形态等诸多社会意识争夺与博弈的场域。"在一个社会中，性的规范与该文化中的道德观念、价值观密不可分。这些道德观念和价值观念是该文化对于人性的基本假设，社会依据这些基本的假设对行为做出正常与反常、正确与错误的定义。"[①] 彝族对性的态度既不像汉族那样由于受到封建礼教的过分压抑而晦暗不明，规避而禁忌，也不像某些民族那样过分的开放和随便。总体来看，彝族青年男女对性生理和性心理知之甚少，且对性知识的了解大多来自已婚者。彝族有些特

---

①　李银河：《性的问题福柯与性》，文化艺术出版社 2003 年版，第 8 页。

殊的宗教仪式中带有性成分的一些内容，对青年尤其是男性青年的性启蒙和性教育起到了一定的作用，其中一些性器官的模拟道具及性行为的模拟表演，虽然出于宗教性目的，参与者怀着虔诚、庄严的心态去表演，丝毫没有猥亵之意，但客观上起到了形象化启蒙、教育彝族青年人性知识的作用，对于彝族青年人来说，这些场合具有不可替代的示范、教育效果。

在一定程度上说，彝族少女的成人礼也是她的性的开禁礼。彝族少女在这一天会举行换裙仪式，对于彝族女人来说，这个仪式具有转折性的象征意义，它是彝族女人从童年步入成年的标志性的仪式，因为"穿裙成为妇女进入成年，取得'处女开禁'的权力。以解除处女之禁为目的的改饰换装仪式，不仅象征着亲长对少女监护的结束，人们对少女婚恋权利的认可，更关键的是象征着灵祖或神鬼对其性的权力的认可"①。换裙的具体时间一般根据少女的发育情况而定，大多选在 15—17 岁，由于彝族人认为，双岁换裙会有祸患，终身不吉利，所以以单岁换裙居多。在选择哪一天换裙的具体日期上，一般要请当地德高望重的老人卜算吉日，最后才能确定日期。因为换裙是彝族女儿童年结束、成年开始的标志性事件，一般作为家长的父母特别重视，尤其是母亲，更是关注备至。她们会密切关注女儿的生理变化（如初潮来临的时间），在基本确定换裙时间之后，精心为女儿准备好一切换裙必备的物件。仪式当天，与这个女孩有关的乡邻、亲友如过节日般赶到她的家中，殷实的家庭甚至会杀猪宰羊来款待宾客，一般的家庭也会杀鸡设酒款待。有些地方仪式开始之前要驱鬼驱邪，以羊肉祭神鬼，仪式开始以后，男人们规避到另外一处，女性亲友们围绕在少女的周围，一边祝福，一边给她传授相关的性知识。这些知识中会涉及男性阳具及性爱中的常识性技巧等，在比较轻松愉快的氛围中成年妇女把一些必要的性知识传授给她。仪式一般分四个步骤，第一项是挥扎尼（一件红黑两色织成的羊毛裙），主持者（一般为已婚的德高望重的女长者）用扎尼绕少女的头部和大腿部挥动，绕几遍，喻示有福和开禁，口中念叨"愿月经调和，性

---

① 钟敬文主编：《民俗学概论》，上海文艺出版社 1998 年版，第 87 页。

生活美满，生儿育女"等相关的祝词。接着第二项是改变发型，戴头帕。仪式之前，女孩的发型为单辫自然垂于脑后，现在要把头发从头顶中分成两股，在两耳后梳成双辫，头上戴绣花黑头帕，发辫交叉盘在头帕之上，此后忌讳垂发于脑后，额前的刘海用油水打湿抛光，修剪整齐，看起来清爽明丽，喻示少女情窦初开，含苞待放。第三项，剪耳线，戴耳饰。彝族小女孩童年时一般多用绿色丝线穿在耳眼上作装饰，现在要把它剪下来，戴上漂亮的耳饰。第四项，脱下童裙，换上彩裙。女孩脱下浅色的两节裙，穿上用红、蓝、黑等色彩织成的三节或四节的长筒百褶裙。在换裙的过程中，主持者口含冷水，一边把水喷在少女身上，口中一边念叨："少女彩裙往下穿，姑舅之子往上来，莫乱摸，莫降级，同姓家支防在外，姑舅之子向里来……"这些祝词里面包含了诸多彝族婚俗的规则与禁忌，如少女嫁人严禁与家支发生性关系、婚姻对象应以姑舅之子优先，等等。完成这些仪式，意味着少女已经长大成人，可以自由的恋爱，找情人，享受成年人的种种乐趣。仪式结束后，男性宾客也加入祝福道贺的人群，一起席地而坐，共享家宴。

彝族男孩的成年仪式相对简单，云南西北地区的彝族男孩在 10 岁左右的单岁，如 9 岁、11 岁、13 岁时进行，举行时间一般要通过毕摩测算而定。当日大家聚集在家中堂屋火塘边，火塘里点燃熊熊大火，毕摩或家中长者担当主持人，主持人把一块石头放进火中，等到石头烧得火烫后取出来，马上往石头上泼一瓢凉水，石头会散发出大量的蒸气，主持人把预备好的男孩的裤子放在蒸气上反复熏蒸，以驱邪秽之气，同时口中念叨祝词，然后迅速给受礼的男孩穿上，在场的成年男子都围过来向他表示祝福。这个仪式完成之后，就意味着这个男孩已经成长为一个男人，有了一个男人应尽的义务和责任，也可以尝试去交异性朋友。在有些彝族居住地，男孩长到 13 岁左右，就要举行"带刀"仪式，由一个德高望重的成年男子给他佩带上彝刀，并向他讲述本族辉煌的历史和男人神圣的职责，通过这种庄严的仪式促使一个少不更事的男孩向一个成熟稳重的男子汉的转变。

彝族男子的性教育往往通过某些宗教仪式中的某些内容来启蒙，特别是彝

穿节日盛装的彝族少女

族人在父母都已去世之后，后辈子孙要为他们举行超度送灵仪式，彝族人称之为"作帛"，这一仪式含有大量的性交与生殖崇拜的内容，它相当于是给在阴间的父母的魂灵举办婚礼，不过与阳间男主女次正相反，在这个仪式中，女为主，男为次，这与彝族的宗教习俗有关，彝族的谚语"活在世上，父亲为大，去世之后，母亲为大"就体现了这一规矩，这种规矩的形成可能与彝族曾经历过漫长的母系氏族社会有关。作帛仪式颇为隆重，程序繁多，耗资巨大，在过去少则九天九夜，多则达数十日，现今一般为一日或三日，仪式由毕摩主持，需念多场经书，做多场法事，其中与性相关的场面主要表现为夫妻在阴间相逢之后，回忆过往的夫妻生活，模拟夫妻交媾的场面。女性一般不参加这样的仪式，在场的男性会随着仪式的进程，随心所欲地喊叫出交合之声，其目的是祈求天神给予儿孙旺盛的生命力，使自己的子孙后代生生不息，使自家的家畜兴旺，五谷丰登。作帛仪式的"治著"，是一种祈求生育的仪式，希望通过这种仪式，把祖先旺盛的繁殖能力传给子孙后代。这个仪式通常是在毕摩的指导下，先用神枝和白布搭建一座小屋，象征结婚的新房，把新娘、新郎的灵牌放在灵架上，女上位，男下位，然后选一棵粗大笔直的松树（或柏树、杉树等）作为阳树，彝族称之为治博，显然它是男性生殖器的象征，在小屋外挖一个洞孔，洞口还放一圈招魂兰草，彝族称之为治足，它是女性生殖器的象征，把混合的白酒（代表精液）和泡水酒（代表卵子）倒入洞内，洞的上方还放有用兰草扎成的九头九尾的生育魂，彝族称之为治依，其腹部微微凸起，象征有身孕。仪式开始后，毕摩开始念《传宗接代经》，成年的男性子孙们按长幼之序用肩扛起阳树，树的顶端抹上一层猪油，环绕小屋和传宗接代洞转九圈，每到洞口，就把阳树反复插入洞中，同时口中发出绵羊交配时的叫唤声，在场的男人们还不时用嘴去接毕摩用树叶舀的传宗接代水和麦片，用母猪油涂抹生育魂隆起的腹部，用小木棍反复戳其下腹，形似性交动作。这一仪式完毕后，杀鸡为阳树除污禳秽。另外彝族还有一种叫"波"的仪式，也是一种直接模拟交媾场景的仪式，通过表现亡灵的交媾来祈愿子孙后代人丁兴旺、生生不息。这些与性和生殖有关的宗教仪式，显然对彝族男性的性启蒙、性知识的普及起到了一定的作用。

　　经过成人礼之后的彝族男女青年在婚前有恋爱和社交的自由，家人一般不横加干涉，"只要不违反婚姻禁例，未婚男女可私自苟合。特别是姑舅表兄妹

彝族壁画《你弹琴来我跳舞》

因有优先婚姻的权利，又因亲戚往来密切的关系，彼此自由恋爱，暧昧之事在所多有"①。有些地区对婚姻和性行为持比较开明、开放的态度，有的地区还有专门的社交场所。在撒尼、阿细彝族居住区，一个村寨或几个相邻的村寨集资在村外建有供青年人社交的场所——公房，它是专门为未婚青年提供的聚会、娱乐的处所，青年人比较多的村寨，会修建好几处公房供年轻人使用，这种公房相当于一个免费的青年俱乐部或活动中心。节假日或农闲时候，村寨的年轻人三五成群地来到公房，找来一些干木材，在公房中间架起篝火，年轻人开始拉歌、对歌，或载歌载舞，情投意合者就走出公房，去上山林间幽会，开始一段浪漫的情缘。在公房对歌的双方，必须是来自不同家族的青年，同一家族的男女禁止在同一公房对歌，以免发生近亲之间的恋情，即使同一家族相隔八代的男女，也不能对歌，否则会被认为伤风败俗，引发一些伦理上的非议。当然，村寨里的青年人也可以去相邻的村寨公房里对歌或跳舞，有缘的话还会发生一段恋情。

---

① 林耀华：《凉山夷家》，云南人民出版社 2003 年版，第 50 页。

爬草楼的习俗在云南大姚、昙华一带比较盛行。所谓草楼是彝族人用来装牲畜粮草的地方。草楼一般分两层，下层是牲畜晚上歇息的牛羊圈，上层放供牲畜冬春缺粮时食用的干草。彝族家家户户都有草楼，当地的青年男女随意结成几个大小不等的团伙，领头的一般是有经验并且愿意负责的女孩子，这些精力旺盛的未婚青年人在领头的带领下，经常去一些比较大的草楼上群居过夜，唱歌聊天，但大家都穿着衣服睡觉，不会发生任何性行为。如果同伙人中已经开始有明确的婚配对象，领头人要劝其退出，不再参加爬草楼活动。这种习俗有利于同村男女青年人增进彼此的了解，培养男女之间和谐相处的能力，对其以后顺利进入恋爱和婚姻有一定的益处。

吃山酒是彝族男女青年交流感情的一种特殊的方式，在某些彝族居住区流行。彝族小伙子在放牧、串亲戚、赶街或出门办事的途中，如果中意某个姑娘，不管他是不是认识那个姑娘，他都可以故意抢走姑娘的帽子或其他饰物，也有少数姑娘看中了某个小伙子，也可以抢小伙子的东西。如果被抢的对方无心和他（她）来往，就不必追赶，抢东西的人只好把东西归还给主人，如果被抢的人对对方有意思，就会追来，双方开始拉家常，情投意合的就会商量在何时何处聚会，男的买糖，女的买酒，双方约三五个好友，到山坡上点燃篝火，喝酒吃糖，载歌载舞，向大家公开恋爱关系，当地人把这种方式叫做"吃山酒"。

通过彝族青年的婚前社交考察，我们发现，相对于深受封建礼教禁锢的汉族青年的男女授受不亲，彝族青年男女在婚前的交往比较自由、随意，性禁忌也没那么严格，尤其是在云南地区，更是没有任何性的禁忌，婚前男女两相情愿发生性关系，被认为是再正常不过的事情，女人没有贞操观念，男人也没有处女情结，从中我们可以窥见人类的性道德、性伦理在某种程度上说是社会附加于性的产物。彝族青年在大型的节庆、红白喜事及其他社交活动中，能自由地交往，如果遇到自己心仪的对象，可以坦率、自然地向对方表达爱慕之情，双方感情发展到一定程度后发生性关系，也是情有可原的事情。只要双方社会等级、阶层属于同一级别，社会及家族一般不横加干涉和无理指责，尤其是姑舅表兄弟姐妹之间，被习俗认为是天然的婚配选择对象，他们之间的交往比较随意，偶然发生性关系的概率也比较大，家长一般不会干涉，而会顺手牵羊引导他们步入婚姻的殿堂。不同社会等级之间的男女在婚前交往中，也有可能发生性行为，如果不被察觉，他们一般不会受到处罚，但由于等级内婚的铁律及血统等级的歧视，他们感情再深也不可能结为连理，痴情者会遗恨终身，甚至会殉情自杀。当然，即使同属一个阶层的青年男女，他们婚前的恋爱也不一定必然就会修成正果，父母、亲友、家族之间的种种不利因素都可能断送一桩美好的姻缘。

尽管彝族在性方面的约束相对宽松，但对于那些违反性道德、性伦理的人，彝族社会对他们的惩罚也是相当严厉无情的，一旦认为他们的行为有辱祖先和家支，不配做一个彝族的后人，他们不仅会受到精神、肉体、经济上的惩罚，还会受到宗教上的惩罚。彝族往往通过一些特殊的宗教赎罪仪式来拯救这些被认为是恶鬼附体的人，比如对于那些在婚前有过性行为或婚后曾经与他人私通、婚后不能生育的女人，家支会请毕摩做清净乳裙仪式。毕摩为她在一条小溪上搭建白、花、黑三座桥，让她先从黑桥走过去，从花桥返回原地，最后经白桥走过去，与坐在溪边的丈夫会合等仪式来清除她身上的邪气，祈愿她能顺利生育。对于那些被成年男子强奸或奸污的幼女，她们也必须通过驱邪消污仪式来赎罪，毕摩会一边念《驱污除秽经》、《阴阳交错经》，一边为幼女自上而下消除污秽，最后把象征男性阴茎的木棍折断、剖开挖坑埋掉。彝族人如果在路上无意之中看到蛇、青蛙或其他动物交配，或看到非正常的性行为（如强奸、通奸等），都要请毕摩念经做法事，举行除污驱秽仪式，他们认为只有如此方能消灾禳祸，否则会祸患无穷。凉山彝族对于那些违反性习俗、性禁忌、乱伦的人，无一例外都要通过复杂而隆重的宗教仪式为他们赎罪。

广大彝族居住区，除了所在地区的青年人婚前的性行为开放自由以外，其他地区并不是人们想象的那么自由，即使有些年轻人在恋爱时偶有性行为，双方一般也会秘而不宣。过去奴隶主包办、父母包办的婚姻大量存在，多数青年人并无婚姻的自主、自由权，青年人直到举行婚礼也不知道对方的长相、面貌也是常见的事情。婚礼上唱主角的是新娘，新郎反而是配角，甚至有的还不能露面。婚礼第二天，新娘必须回娘家居住，开始"坐家"生活。坐家时间一般为1—2年，有的长达3—5年或者更长时间。在此期间，婆家的亲戚或丈夫会以各种理由请她回婆家小住，有的新娘会欣然接受邀请，有的则与新郎没多大感情，往往会找借口拒绝，所以在过去时代彝族新婚夫妻发生性关系的概率非常低，怀孕的概率也就更低。新娘每次去婆家也一般独居一室，不和新郎同寝，新郎只能在夜间潜入新娘房间行事，但彝族新婚夫妻的第一次性行为往往以失败告终，这几乎是彝族公开的秘密，其中最重要的原因是新郎在行事过程中往往会遭到新娘强烈的反抗——这是彝族特有的性风俗。这种风俗似乎与女人维护贞洁有关，但彝族青年男女在婚前有自由交往、恋爱的权利，这种交往本身就意味着婚前可能发生性行为，本身就无法保证对方的身体的原初性。据有关调查表明，彝族男子一般没有处女情结，不追究妻子婚前与异性交往的经历，新娘在新婚时一般也没有因自己不是处女而被丈夫歧视、羞辱的担心，但新婚之夜，或第一次行房之时，新娘的反抗是必需的，而且是约定俗成的，这种仪式化的行为可能与彝族抢婚习俗中女人的抗婚表现相关，是一种反抗抢婚、反抗包办与强迫性行为等观念的历史遗留。显然，彝族新郎要完成第一次性交具有相当的难度，而且以后的性生活也多在迫使和抗争的床笫之战中进行。妻子怀孕定居婆家之后，情况有所好转，夫妻开始比较正常的性生活，但也有不在少数的夫妻，即使有了孩子后，性生活往往也是在迫使与抗争中进行。男子的主动性与女子的被动性成为某种固定的性爱模式，暗自操纵着男女的性爱方式，男性在床笫上必须通过体力和脑力的博弈，才能战胜对方、占有对方，从而获得性的享乐。行房对于彝族男人来说，简直就是一种艰难的享受或享受艰难的过程，其中的苦乐作为一种隐秘的内心体验，是外人无法感受的。当然，随着外来影响的日益渗入，当代彝族青年男女的性爱模式也在潜移默化地发生变化。

第三节　奇异的婚礼

　　彝族的婚姻习俗比其他民族的婚姻习俗多样而复杂，在对恋爱、婚姻、性的态度上不同地区、不同支系各有不同，有的支系比较开放、自由，有的支系保守、禁闭，但一般彝族在恋爱和婚前性行为上，与其他民族相比，在维护一些人性的基本准则的基础上，显得开明而自然，有些婚姻形式相对特殊，但从另一个角度来看，何尝不是对男婚女嫁、一夫一妻、男尊女卑这种固定婚姻模式的补充和反动，其中所包含的人类学、社会学价值是不能用世俗的、所谓正统、正确的婚姻观念来解释和评判的。彝族婚姻形式的多样性和复杂性对于研究人类的婚姻家庭的形态与发展史具有重要的参考价值。在一夫一妻为主流的婚姻家庭制度之外，多元的婚姻家庭关系，作为一个文化现象和民族习俗，依然存在并将长期存在于一些少数民族地区，它们的存在具有一定的合理性。我国政府也尊重这种长期形成的婚姻习俗，它们的存在在一定程度上反映出我们社会对多元性文化、多样性婚姻关系的宽容、开明的态度。

　　彝族传统婚姻基本上实行一夫一妻制，这种产生于原始社会后期父系制的婚姻模式，作为人类的最为常见的一种婚姻形式，通行于大多数民族，成为一种被社会广泛认可的社会性的契约关系。但究其实质，它只是适应了父权制男性为主导的社会的一种婚姻惯例。人类的其他婚姻形式，以一种所谓非法定的、"另类"的形式，寄存于某些少数民族、非主流人群和晦暗不明的地区，因为无法找到现代法律和宗教的支撑，被视为不合现代适宜的婚姻与性的"奇观"。

　　彝族虽然一直实行一夫一妻制，但也有少数贵族或富裕阶层的人士，会因为妻子不能生育或只生女儿或转房等特殊原因，另娶妻妾。但另娶之前，必须经原配妻子的同意，还必须杀牛宰羊宴请原配妻子的娘家亲友，向他们赔礼谢罪，经他们首肯，才能迎娶新人，否则会遭到各方谴责，甚至引发械斗。一般后妻的地位及其所生子女地位在家中都较低。

彝族由于长期处于奴隶社会形态，在婚姻形式上具有某种典型的奴隶制婚姻的特点，但在某些方面，也还存留着母系氏族社会的一些遗俗。在通婚时彝族一般须遵循以下三个基本规则：

首先必须遵循族内婚姻，即只在彝族本民族内部发生婚姻关系，严禁和其他民族联姻，不同血缘不予婚配。新中国成立前小凉山彝族贵族严格执行彝族内部通婚制，严禁与外族通婚，即使奴隶的婚姻对象，也须考虑血缘的因素。这种婚姻的法规一方面是为了保证本族血缘的纯正和"高贵"，是某种民族自尊、自恋的表现，另一方面是长期的民族战争和民族歧视造成的盲目排外、敌视外族的心态在作祟，可以看作是某种民族自卑和自守的表现。新中国成立后，在新的民族政策的指导下，族内通婚的规则大大弱化，不同民族之间的通婚被认为是民族和睦、民族团结的表现。

第二个原则是等级内婚、家支外婚，即在同一阶层等级基础上，实行家支血缘以外的人择偶通婚，这是奴隶社会森严的等级制度在婚姻上的具体体现。过去凉山彝族通行这种通婚规矩，社会阶层不同、身份等级不同的男女之间严禁通婚，各种阶层、等级之间界限森严。贵族和平民百姓之间、黑彝与白彝之间根本不可能缔结姻缘关系，即使在黑彝、白彝内部，也按血统的贵贱分有不同的等级，婚配时也应该加以慎重考虑，否则就会被视为大逆不道，特别是自视血统高贵的土司和黑彝阶层的人，更是严禁和下层被统治阶级的人恋爱、结婚或发生性关系，有违者会受到习惯法的严厉惩罚，轻者开除出家支或受其他惩罚，重者会被勒令自杀以谢罪，"黑女私通白男者，男女双方皆处死刑。处死之法，男子被迫跳河或跳崖自杀，女子则命之服毒或悬梁自尽。凉山中执行此刑甚严"[1]。同理，同一个男性始祖所形成的血亲群体（家支），只要未举行过分家仪式，无论血缘相隔多少代，如有丝毫的血缘关系也严禁通婚，本家支

---

[1] 林耀华：《凉山夷家》，云南人民出版社 2003 年版，第 44 页。

男女只能与其他家支的男女通婚。家支外婚，作为彝族血缘婚姻禁忌的一种基本形态，现今仍然是凉山彝族婚姻关系中必须遵守的基本原则。新中国成立之后，在新的民族政策的指导下，彝族的等级观念日趋淡薄，但在一些比较保守、偏僻的彝区，婚配时等级观念仍起着一定的作用。

由于实行森严的等级内婚制度，彝族中的农奴阶层属于典型的"属下阶层"，他们没有任何人身自由和自主的权利，他们的行为受到彝族贵族集团的支配，在文化与宗教观念上也依附、顺从于统治阶级。这些默默无闻、逆来顺受的"贱民"最大的特点就是"顺从性"，一切以彝族贵族的指令是从，没有任何个人意志，婚姻对象也一般由其所依附的贵族指定，农奴所生的孩子是下一代农奴。从性别上说，女性农奴的地位更加低下，她们的人生完全不属于她们自己，她们的感情可以忽略不计，她们的身体可以被指定给任何一个男人，她们只是性和生殖的工具而已，没有任何权利表达自己的情感和欲求，始终处于沉默喑哑的生存状态，她们完全是"他者中的他者"，按照贵族及男权社会的法则传宗接代，生老病死，如同野草。美国后殖民批评家斯皮瓦克认为属下最显著的特征是"不能说话"，是无权表达也无法表达、完全失去了自身主体性的群体，深刻揭示了这一群体的内在本质。

第三个原则是姑舅表优先婚，姨表禁婚。彝族婚姻中比较特殊的一个现象是姑舅表优先婚，在彝族居住区各地，都盛行姑舅表兄弟姐妹之间有优先选择对方婚配的权利。彝族"有女先向舅家嫁，有亲先攀舅家亲"，"河水向低淌，姑娘向家嫁"这些谚语都是这一习俗的生动反映。在小凉山彝族，这种方式几乎被认为是天经地义的事情，即姑妈的女儿生来就是舅舅的儿媳，姑妈的女儿长大成人后，首先应恳请舅舅说媒纳聘，如果舅舅家没有娶姑妈的女儿做媳妇的打算，才能考虑嫁给别家，并且别家男方所给的聘礼，也须送一份给舅舅家，否则，舅舅有权终止这一婚姻，或通过抢婚娶姑妈家女儿为媳。姑舅表兄弟姐妹之间的通婚在该地区颇为常见。在云南石林、楚雄、昆明等彝族居住区，一般仅限于姑父的儿子娶舅舅的女儿，而姑父的女儿嫁给舅舅的儿子被认为是回自己家，是不允许的。无论哪一种姑舅表优先婚的方式，都是母系氏族

山边彝家

社会的遗风流俗的体现，但这种近亲结婚的发生从遗传学、优生学的角度来说，显然不利于一个家族的健康发展。

姨表禁婚。在彝族看来，姨母就等于母亲，姨表兄弟姐妹之间就如同一母所生，唯一的区别是不吃一母之奶，不在一个家庭中生活，他们之间严禁恋爱、结婚，也绝对不能发生婚外性关系，一旦有此类事件发生，将被视为乱伦，按习惯法规将被处死。从这种婚姻禁忌中，我们可以看出，母系氏族社会所遗留的族外婚姻的传统，一直影响着彝族对婚姻的规范。这种婚姻禁忌也防止了近亲结婚带来的一系列道德、伦理及健康的问题，有利于一个家族甚至整个民族的兴旺和健康发展。

新中国成立后，在广大彝区推行贯彻《婚姻法》，但也在一定程度上尊重彝族的婚俗习惯。现今许多地区的彝族同胞已按《婚姻法》相应的权利和义务缔结婚约，但在一些地区，古老的婚俗和规矩，依然具有顽强的生命力，制约和影响着人们的爱情、婚姻和性关系的选择。

彝族婚姻中另一个比较特殊的现象是转房婚。大小凉山地区在新中国成立前，还实行转房婚。转房婚是过去彝族社会一种重要的婚姻形式，凉山人称之为"喜玛石"。所谓转房，就是在一个家庭中，如果丈夫去世之后，遗孀还在生育年龄，子女尚未成年，其同胞兄弟可以娶嫂嫂为妻，亡夫的上辈或晚辈也可以娶之为妻，但亡夫生前留下的遗产按规矩由丈夫生前所生的子女继承。转房再嫁的规矩一般是由亲及疏，先紧自家兄弟，如果自己兄弟都有妻子，就转房于亲房的兄弟，如果亲房也都成婚，就嫁与远房兄弟，一般转房平辈优先，在特殊情况下也可以转与长辈或晚辈，但上下不得超过三代，有时候后母可能会转嫁给儿子，儿媳可能会转嫁给公公，但此种情况必须排除姑表婚，因为在这种情况下，儿媳就是公公的亲外甥女，如不排除，必然发生乱伦行为。如果娶此妇的男子已有妻室，转房结婚时男子须宰牛杀羊打酒请客向原配妻子及家族给予赔礼，同时给予转妇的娘家一定的财礼，这叫做"尼尔木"，意为转换钱。对于那些转嫁给上辈或晚辈的妇女，她和后夫所生的子女，母亲的称谓一致，但对她的前夫和后夫的称谓上各不相同。这些子女之间虽然可以按一母所生论兄弟姐妹，但长大之后入家谱算辈分的时候，则以其生父的辈分来算，因此就可能出现这种特殊的情况，虽然是一母所生，但由于生父的辈分不同，明明应该是同胞的兄弟姐妹，却成了有上下辈之别不同辈分的人。

转房制度的形成可能与过去彝族实行买卖婚姻，或女子出嫁时男方须给女家一定的身价钱（聘金）相关。在他们的观念里，妻子是丈夫家出钱买来的，是丈夫家财的一部分，丈夫死后妻子理所当然地要在丈夫家支内部进行转让和承继，女方也认可这种制度的合理性。彝族谚语"兄死弟在，牛死圈在"就是对这一制度的形象的阐释。转房是家族内部的事情，一般由亡夫的父亲或兄弟与家支头人商议，确定合适的人选，一般不征求妇女的意愿，一旦决定人选，由家支头人向家族宣布。如果在家族中找不到合适的人选，或人选不愿意承担其子女的抚养责任，寡妇未能达成在本家支转房意愿，男方应准许寡妇回娘家，不得索回身价钱（聘金），其以后是否改嫁、嫁与谁人都由妇女自家决定，男方家支不得干涉。如寡妇坚拒在其原夫家支内转房，执意回娘家居住者，女方须退还原夫家的全部身价钱（聘金），若此女再嫁，新夫应通过岳丈家退还前夫的身价钱。转房后从夫居住或从妇居住均可。转房结婚时一般不举行迎亲形式，但男方要设宴招待乡亲以示新的家庭已经组建。

转房婚制度一方面保证了该家庭、家族的财产不外流，也保证了他们的孩子不会因为母亲的再婚无法妥善安排，同时也保证了将来所生的孩子血脉的纯正。转房制婚姻在当地彝族被广泛认可，男方家庭认为这一制度理所当然，女方也只能照章行事，哥死弟娶嫂被认为天经地义，女人也随从习俗，听天由命。但从现代婚姻的角度来看，这种带有买卖婚姻特点的形式显然既不尊重个人意愿也不合理，不值得提倡和推崇。

彝族婚姻另一个特殊的现象是抢婚。在新中国成立以前，彝族社会中一直还保留着抢婚这一习俗，这一习俗可以追溯到远古战争时的掠夺对方的妻女作为战利品的习俗，因为抢婚所用的婚姻花费、女子的身价钱比较少，结婚仪式也相对简单，一般被家境贫寒者采用。旧时凉山地区彝族的抢婚习俗大致有两种情形，一种为强行抢婚，一般是同一等级的青年男女在某一场合相识、相爱，希望结成连理，但由于社会地位、经济状况的差异等原因遭到女方家长的拒绝，男方只好铤而走险，通过抢婚达到目的。也有某些好色之徒，因贪恋某一女子的美色，但这一女子已有意中人，对他无任何好感，男子为了一己私欲，伙同七八个壮汉，在该女子出嫁的路上骤然行劫，成功之后即占为己有。彝族习惯法上承认抢婚的有效性。此种行为有时候会赢得有情人终成眷属皆大欢喜的喜剧结局，有时候却酿成一生一世受尽折磨与凌辱的悲剧苦果。因此在旧时彝族成婚接亲的路上，接亲的男子们要特别小心此类事件的发生，不然男方家的婚礼会因为抢亲事件的发生，陡然变得难以收场，骑虎难下。还有一种形式是假抢婚，是一种假借抢婚的形式来实现一些其他目的的方式。比如男女双方情投意合，家长也同意这桩婚事，但双方都认为婚礼礼仪繁杂，花费太高，难以招架，经双方家长同意，采用抢亲的形式举行婚礼，这样就省掉了许多礼节上的程序和招待的花销。另有一种特殊情况是，男方或女方已有婚史，但配偶已亡，为了化凶为吉，采用抢婚的形式"冲喜"，也不失为一种美好的愿望，但这些假抢婚只是借用了抢婚的形式而已，并无太多的实质性内容。

抢婚形式在彝族各地也有不同表现。大小凉山地区的抢婚热闹而文明，而云南东北部抢婚的方式显得原始而粗鲁，抢亲者几乎毫无顾忌，往往纠集一大帮亲友，持械擅自闯入平时就艳羡的女子的家中，把女子强行带走，不从者甚至捆绑挟掠，或者在该女子去夫家的接亲途中，伺机劫持女子，把女子捆绑起来，搭在马上，一路高歌猛进，不管不顾女子叫骂哭号，反而时不时以调戏女子为乐，毫无羞耻、愧疚之色，反有旗开得胜、凯旋而归之态。如果接亲的人追来抢夺，必然会有一场厮战，如接亲者获胜，女子被夺回，女子按原计划成亲，如抢亲者获胜，即把女子挟入家中，强行婚配，待到女子完全归顺于他才给予其自由，准许回娘家，然后男方找媒人正式提亲择吉日成婚，正式结为夫妻。如果媒人说合不成，也可能因此结下仇恨，有的甚至男女两家进行械斗，结成冤家对头。

新中国成立以后，抢亲形式逐渐没落，现如今的抢婚已经演化成一种带有嬉戏成分的娱乐表演。有的女方家把女儿送到半路，男方迎亲者躲在树林里一拥而上，左搀右扶着新娘，一路上欢歌笑语，抢亲实际上已经变成了一种喜剧化的迎亲仪式。抢亲也成为一些民间歌舞剧中最热闹的表演场面，会情不自禁地引起观众对一个已经逝去的时代的浪漫的怀想。

彝族的某些支系还存在一些比较特殊的婚姻形式，比如尼查玛婚姻就是其中一种。这种婚姻制度在新中国成立之前，一直存留在云南永胜县彝族他鲁支系的婚姻关系中。他鲁彝族的女子长到十五六岁之时，被认为已经长大成人，已有资格享受自由的性生活。父母会专门为其搭建一座"诺马锡格"（意为姑娘的小屋，即姑娘房），这种房子一般单独建在正房以外，如果家中是一个独立的院落，小屋就建在院落之外，或有避父母之嫌的意思。他鲁青年主要通过两种方式结交尼查玛关系，一种是通过对唱情歌的方式，如果男女双方情投意合，就可以偶居于小屋。到 20 世纪 40 年代后，对歌的情况相对减少，一般通过隐讳的暗语互问互答来试探对方的心思，如果女子同意，男子即可不时地来姑娘的小屋居住。另一种方式是三五个小伙子一起到姑娘的小屋去唱歌跳舞，聊天玩耍，姑娘中意于哪个小伙子，即与他缔结尼查玛关系。尼查玛关系维持的时间长短由男女双方的意愿决定，少的一两天即终止，长的则达十几年。从这种习俗中我们会发现他鲁人的性关系显得开放而自由，没有多少道德和伦理的约束，一生中一般会同数十个异性发生关系，多者达上百个。当然，女方的意愿在这种关系中一般占主导、优势地位。

尼查玛婚姻的主要特点是以女方为主，男子可以到女方家中偶尔居住，但男女双方没有婚姻形式作保证，他们所生的孩子一般只知其母不知其父，但他（她）与那些正式结婚所生的子女一样，完全不受社会及家族的歧视。女子未出嫁先生子，或者携带孩子出嫁都是极为普遍、平常的事情，女子与男方正式结婚之后，这些非正式婚姻所生的子女，丝毫不受男家的歧视，也视如己出，将来同样可以分得家财。这种婚俗可以看作是原始母系氏族时代群婚习俗的一种遗存。

彝族他鲁支系的姑娘房标示

彝族婚姻的一般程序大体包括相亲、合婚、订婚、接亲、婚礼、回门等传统仪式。

　　彝族相亲的一对男女一般是在一些聚会场合相识，彼此有一定了解的基础上，或是男女双方家庭门当户对，具备开亲换亲的条件，有意缔结姻缘关系，找媒人去说亲，即使女方有意，女方家长一般在媒人第一次提亲时也会表现出一定的矜持、审慎的态度，如果男方的确有诚意，会找媒人三番五次去恳求，女方家长也在这个过程中了解男青年的品行、为人和诚意，如果觉得合适，最后才会答应，但双方是否能缔结姻缘，还需要合婚。合婚是彝族比较讲究的一种规矩，所谓合婚就是看恋爱双方的生肖属相是否相合，如果相克，就无缘结合。小凉山地区特别注重生肖的对应关系，生肖相合可通婚，相克就不能通婚，比如猴与虎、羊与鼠、猪与蛇相克，所对应的男女就不能结婚。有些地区会请毕摩合命，命相不合，就无缘结婚，命相和合，可成婚，答应之后就会选择吉日吃定亲酒，举行订婚仪式。订婚（定亲）是双方即将正式缔结婚姻关系的重要仪式，彝族有谚语说："祖灵可戏，婚事不可戏"，可见订婚具有庄重、严肃的意味。一旦举行了订婚仪式，双方就不得随意反悔。定亲当天，男方带着八色清水礼去女方家（即糖、烟、酒、茶、鸡、肉、布、钱），一同去的还有媒人和男方的亲朋好友，少则两三个，多则十几个，一般多为九个，皆为男性。女家的姑娘们早准备好大罐的清水，等客人们一靠近就劈头盖脸地泼过来。男方的小伙子们要迎着"倾盆大雨"勇敢前行，冲进屋内，姑娘们仍然不会善罢甘休，会趁其不备，把锅烟灰摸在小伙子们的脸上，小伙子们被作弄得狼狈不堪，但还得笑脸相迎，因为这些带有恶作剧式的嬉戏其实是男女之间表达爱意的方式而已。在家宴上，媒人与女方家长互相敬酒，互道祝福，有的地方还请来毕摩或村寨中德高望重的老者念祝词敬婚神。宴会进行之中，男青年拿出事先准备好的身价钱放在盛烤肉的盘子里，恭敬地端给女方主人，女方主人把钱拿起来，并不点数，随手抽一份回赠给小伙子，表示女方只收自家女儿的身价钱，并不把男家的财神也拿走。身价钱钱数最好带"六"字，如六千六百六十六，彝族以"六"字表示吉祥如意。之后商定酒、肉的数量，最后商定完婚日期，具体结婚日期一般由毕摩占卜择定。仪式结束后，大家开怀畅饮，为这桩婚姻送上自己美好的祝福。

第二天吃完早饭客人们就得离开。告别之前，女方人家会给每个客人一点钱，以表心意，彝族俗称"卡巴"。未来的女婿和媒人会得到比其他客人多一些的礼金，媒人还会得到半边猪头和羊皮等作为酬礼。男方客人还会带一些酒肉饭菜，回去给邻居亲友分享。之后的三五天，女方也会应男方家人之邀去男方家里做客，仪式大体相似。

彝族结婚的形式多种多样，礼仪也繁多复杂，但彝族普遍认同"早结婚，晚成家"的婚俗，一般在 17 岁就结婚，有的甚至更早，只有少数因某些原因（如生病、为父母守孝、命相不宜）会推迟到 20 岁以后结婚。具体结婚的日子，一般由当地毕摩或算命先生测定，婚礼举行的时间，多选择秋后或冬闲时节，因为对于村民来说，春秋忙于农活，且一般人家在这个季节都缺粮，青黄不接，只有到了秋冬时节，人们才有多余的时间、食物来筹备婚礼。新娘在结婚的前一段时间在娘家要减少饭量，嫁的远的节食时间要长一些，嫁的近的时间要短一些，越能节食族人越会认为她知礼节、有耐力，将来一定是一个会持家的主妇，否则，会招来非议。减少饭量节食的习俗可能与过去的父母包办婚姻，女子为命运忧虑不思茶饭有关，也可能与送亲、接亲的人多为男性，新娘在路上不方便有关。

在婚礼的前一天，男方会派两个年轻力壮的小伙子去接亲（一般是新郎的亲弟弟或叔伯兄弟），把结婚用的酒、小猪或其他礼品背到新娘家。女方村寨里的姑娘们在他们必经的路上设路障，在迎亲的人必经的路口准备好几大缸清水，躲藏在暗处，只等他们一出现，就向他们泼水、抹锅烟，尽情折腾一番才肯罢休。彝族人认为，泼了水，姑娘到男家之后，就不会到很远的地方去挑水，这意味着即使天旱的年成，这家人也有吃有喝，不会受穷挨饿。给迎亲的人泼水越多，将来的婚姻就会越幸福，所以即使在寒冬腊月，迎亲的人也免不了被泼得浑身湿透，脸上被抹得一团漆黑。这天晚上，新娘的好姐妹们会带上鸡蛋、糖果、点心来到她家，依依惜别，通宵达旦地唱《哭嫁歌》，歌声哀婉缠绵，感人肺腑。

哭嫁是彝族婚俗中最有民族特色的一项活动。自称纳苏、尼苏操东部方言

彝族的酒

的彝族在婚礼前夜，新娘会在女伴的陪同下边哭边唱《哭嫁歌》，以这种方式表达对亲朋好友的感恩之情。一般在婚礼前一天，待嫁的新娘和女伴们会被安排在屋外用树枝搭建的"青棚"里住宿，姐妹们一边聊天叙旧，一边开始长歌当哭，表达自己百感交集的心绪。《哭嫁歌》的歌词有的是固定的唱词，有的是即兴发挥，歌词多用比兴手法，婉转而深情地唱出自己的心思。一般开始会唱自己作为女儿不能留在父母身边享受父母的呵护、被迫出嫁的感伤和无奈。"大片田地里，谷稗一起长。留谷作种子，稗子被抛弃。""留子守家业，把女嫁出去，子留固得意，女嫁心不甘！"中间段落一般唱父母的恩情和兄弟姊妹、亲朋好友的情意，希望苍天能多给自己一点时间待在家人身边。"但愿鸡莫叫，鸡若肯不叫，炼银镶鸡嘴，炼金镶鸡冠，炼金铺天宫，炼铁铸天城。但愿日不出，太阳肯不出，背泥补山孔，挑水洗山峰。"最后的段落一般唱母亲的仁慈、在娘家生活的幸福时光及对未知的婚后生活的担忧。"生长母家时，睡时枕母臂，饥时食母饭，寒时穿母衣，不下塘汲水，不上山砍柴，挖菜不攀篱，慈母为照理。嫁到夫家去，砍柴登高山，汲水下池塘，挖菜攀刺篱，菜叶若枯黄，夫家说闲话，汲水水浑浊，夫家闲话多……"总之，在家千般好，离家万般难，娘家再穷，却温暖亲切，夫家再富，也冷漠无情。《哭嫁歌》悲音凄切，一唱三叹，长歌当哭，哀婉动人，表达了农牧时代彝族少女无法把握自己的命运的辛酸与无奈，在感叹与倾诉的歌哭之中，无数的彝族儿女在痛苦之中默默地度过了他们平凡而艰难的一生。彝族的《哭嫁歌》为我们研究彝族女性的历史和婚俗提供了悲喜交加的民间文学范本。

婚礼当天，一大早新娘由自家的表兄弟背到门外的一把竹椅上坐下，然后由一个儿孙满堂、德高望重的本家老奶奶先用酒和点心为她祈福，然后帮她换上婚礼的彩裙，解散她的头发，把头用一块红布罩住，一切准备完毕之后，娘家给接亲的那两位小伙子和背新娘的表兄弟一些礼钱，新娘或骑马或由迎亲的小伙子轮换背，送亲的人可多可少，少可只两三人，多可达上百人。快要到达新郎家门口时，娘家送亲的会派一个能说会道的小伙子前往男家讨礼物，男家会马上送来烟酒副食和一些礼金，送亲的人派几个猛将去男家"抢肉吃"。等这几个小伙子到男家坐定，男家人把一篮子热腾腾的肉端上桌，男家的姑娘们一拥而上，和他们抢夺起肉来，场面热闹火爆，人声鼎沸，结束之后把新娘迎进门来。新娘给送亲的人敬酒，完毕之后由男方家的一位儿孙满堂、德高望重的老奶奶用酒和点心为她祈福，然后将新娘的散发梳成双辫，用红丝线扎好，盘在前额上，完毕之后，给她吃男方家的第一餐饭。晚宴时，主客之间互相祝福、敬酒、猜谜语、赛歌、摔跤、跳左脚舞等，往往通宵达旦，尽情欢娱。

由于彝族遵从"不落夫家"的婚俗，在婚礼第二天吃完早饭，新娘必须同送亲的人一起回娘家，新郎一同前往岳家"回门"（有些地区三天后回门），男家要送一块猪前脚肉、一坛酒和一块烤荞饼带给亲家，给新娘的主要长辈亲戚送一只羊或同等的礼金，给媒人一些酬金，送亲的人也会得到一些小额礼金。午后新郎独自归家，新娘仍留在娘家，这就是所谓的"坐家"。新娘在娘家住七天或九天之后，由娘家兄弟或男性亲友送回婆家，婆家在新娘到来的当天要请毕摩举行祝福仪式。毕摩念完一段祝词，手拿一碗酒走过全家人面前，每个人包括新娘都要伸手沾一下，以示新娘从此是家中一员，没有分别，从此开始在夫家的新生活。但是在不少彝族地区，如小凉山及云南东南部地区，新娘回娘家回门之后，就开始过"不落夫家"的坐家生活，只能在农忙或节日期间才能去夫家小住几日，这种情况一直会延期到怀上第一胎或生育时才结束，这个时间一般一两年，多者三五年不等。在整个结婚仪式中，新郎不占重要地位，一般彝族人在新婚之夜新郎新娘并没有实质上的性行为，在过去时代黑彝女子出嫁的当晚，一般和她的侍女同住一室，与新郎没有任何接触。大多数都是在新娘回门回来之后才初次同房。当夜，新娘必须通过各种方式尽力拒绝新郎的示好，甚至动手打新郎、动口咬新郎也情有可原，新郎也要想方设法努力战胜、"制伏"新娘，占有对方。女方如果投怀送抱，毫无反抗意识，会被认为不贞洁，而男方在床上的不畏艰险"死缠烂打"、以刚克"刚"被认为是孔武有力的表现。彝族女子结婚一般不必备嫁妆，只有等她生了孩子之后，娘家才会给她置办一些嫁妆，嫁妆视家庭条件而定，一般多为粮食、牲畜及金银首饰等。

第四节 悲喜交集的葬礼

　　彝族是一个特别注重死者葬礼的民族，在他们的观念中，婚礼与葬礼是人生中最大、最重要的礼仪，前者代表一个人真正的成年生活的开始，后者代表一个人世间生活的结束，都具有非凡的意义，彝族有谚语云："父母为儿背上账，是为儿子讨新娘，儿为父母欠笔账，是为父母办丧葬"就充分反映了他们对这两件事的态度。在彝族人看来，对死者的厚葬不仅仅是对死者的尊重，而且关系到其子孙后代的平安、兴旺和幸福。彝族的葬礼一般都办得特别隆重、铺张，有的家庭甚至倾其家当也要把丧礼办得隆重、奢华，虽然不无虚荣、体面的想法，但绝大多数彝族人认为，厚葬长辈可以让逝者安息、让生者幸福。

　　彝族在葬礼上的奢华、惊人的耗费，是一种不具有生产性的无太多功利性的行为，与那种为了积累财富的功利主义的消费行为有明显的不同，这一行为暗合了法国哲学家乔治·巴塔耶有关非生产性的耗费观念。乔治·巴塔耶认为，一些民族或地区的人们为了某种精神上的荣誉，往往通过丧失巨大的财富来获得一种非理性的震撼体验，一种缺失的心理经验。在对逝者的祭奠的过程中，大量的杀生，奢华地招待宾客，浓重的祭祀等活动，所耗费的人力、物力、财力在很大程度上说都是一种非理性的行为，这种倾家荡产似的耗费，它不是一种权衡了得失利弊之后的行为，而是一种为耗费而耗费，它本身就是目的，如果说有目的的话，也是出于纯精神情感的目的，即通过财富的耗费殆尽，使整个家庭获得孝子贤孙的名声与荣誉，以求光宗耀祖。这种带有炫耀性的把家产一次性耗费掉的行为，虽然从世俗的物质主义观念来讲，是一种蛮愚的行为，但其家庭因此获得的精神上的慰藉与荣誉上的补偿，却是任何物质不能替代的，从长远来看，也许是值得的。当然，进入新的时代以后，政府的移风易俗、反对铺张浪费的号召，契合了我们这个时代普遍注重现实物质利益的心理诉求，得到许多人的响应也是理所当然的。

彝族的丧葬活动之所以如此隆重，还与他们的宗教信仰有密切的关系，亡灵的家属显然希望通过这种盛大的仪式使逝者被祭奠者牢牢记住，永世不忘，逝者肉体从世间消失了，但其灵魂被祭奠者所拥有、所分享，融入了活着的人的精神世界，如同另一次投胎转世。当然，这些仪式大都只具有慰藉家属的想象的功能，但想象中的拥有也比永远的失去更能安抚人心，更能让人从伤痛中释怀。

彝族人认为，人死后他的灵魂会沿着《指路经》所引导的路线返归祖界。祖界作为一个想象中、象征性的祖先生活、栖居的所在，一个无迹可求却又被彝族人深信不疑的乌托邦，为彝族人的精神生活提供了一个虚无缥缈的形而上的空间，与基督教的天堂、佛教的极乐世界相似，都以某种虚幻的形式为生者提供了一个可以寄托灵魂的地方。在人世间的各种苦难都是有尽头的，死之后能进入祖界，对人是一种极大的安慰。虽然彝族宗教没有基督教那样的原罪之说，也没有佛教所宣扬的色空观念，但对一般彝族人来说，在环境恶劣的高山深谷里生活，生活的艰辛是无法逃脱的宿命，但彝族是一个豁达乐生的民族，享受生活中平凡而真实的快乐，善待家人，注重亲情，尊老爱幼，珍惜友谊，追求爱情，一切发自内心的真、善、美的本能在这里得以发扬、传承。我们在许多彝族居住区看到，尽管生活不算富裕，甚至有的地区依然贫穷、落后，但在各种重要节日，他们照样欢歌笑语，载歌载舞，眉飞色舞，其乐融融。乐观、开朗的生活态度支撑着他们的基本生活观念，现代都市里普遍的因为经济的贫困而备受压抑、困扰的现象，在这里并不普遍。与许多生活在大都市的人相比，这种贫穷而快乐、不因贫穷而不快乐、快乐与贫穷富裕关系不大的生活，其实才是人类应有的心态，只是物质化、拜金主义盛行的城市截断了这种朴素、真实的快乐生活的源泉。彝族的乐生其正面价值是不可忽视的，它如同一面透亮的镜子，反射出一些民族、一些地区人类生活因各种原因造成的阴郁、压抑的生活态度。

同样，彝族对死亡的坦然、顺应自然的态度也是与其他民族迥异的，在彝族丧葬活动中，"可以说，生者是利用死者祝福生者，死者或者祖先是通过生者自然地完成作为祖先或死者的职责。彝族的丧葬仪式中对死的乐观和对生的讴歌是以相互支撑的形式达成"①。他们似乎并不害怕死亡，在他们的观念中，有生就有死，生老病死是再自然不过的事情，如同"笋壳离开竹笋，枯枝离开树枝"那样自然而然，人老了，或者患了重病，死亡会随之来临，家人要做的事情就是尽自己最大的努力，办好丧事，告慰死者，安抚生者，虽然也有丧亲之痛，但只要做好自己该做的事情，心理上就可以得到安慰。我们会在彝族丧葬现场，看到一些可能无法理解的甚至难以接受的现象。来参加吊唁的亲朋，并没有我们想象中的沉痛和悲伤，他们带着家眷和礼物参加吊唁，许多人聚在一起，可能会谈及与丧葬无关的事情，甚至有说有笑，谈笑风生，好像不是在一个吊唁现场，而是在某个节日的盛大集会，年轻人甚至可以趁此机会与自己心仪的人眉目传情，打情骂俏，小孩子更是在场地上打闹嬉戏，无所顾忌。彝族尔比有言："老人去世之日，便是年轻人玩乐之时。"许多年轻人把去吊丧看作是去死了人的家里玩，年轻人穿着各自最美的衣服，像过某个重要节日一般去丧家，所以在彝族丧葬现场，人们常常看到的情形是，一边是吊唁的人们的呼天抢地的哭喊声，一边却是形如节日的喧闹声，两种声音就这样奇异又和谐地融合在一起，这种悲喜混杂、亦悲亦喜的场面是在许多其他民族同样的场合很难感受到的。而丧家并不会干涉年轻人的行为，反而觉得场面越热闹自己越有面子。有的地区、支系接待来吊丧的亲友用完餐之后，还会举行说唱彝族史诗《勒俄特依》的节目，其内容涉及天地日月的诞生、人类及万事万物的起源及彝族的变迁等内容。丧事期间，还可以举行赛马等娱乐活动，且获胜者有奖品颁发，这些习俗在外族人看来是匪夷所思的事情——他们对生的热爱与对死的乐观如此奇妙地结合在一起。

　　古代彝族的丧葬方式有多种，据汉文史料及彝族传说故事记载，彝族曾有过野葬的习俗，即将尸体用披毡裹卷之后置于野外树下，任由鸟兽啃噬。树葬

---

① 巴莫阿依、黄建明主编：《国外学者彝学研究文集》，云南教育出版社2000年版，第225页。

也是彝族曾有过的一种丧葬方式，即把人的尸体用布帛裹卷后放置在松树枝桠上，腐烂后把掉在地上的骨头用桶装下，放在树洞里或灵屋里。陶葬也是彝族的一种丧葬方式，即人死后，把人直立放入六尺高的陶罐里，然后埋在土里，地上的部分堆成半圆形的坟堆。岩葬也是彝族常见的一种方式，有的是把棺木放在岩洞里，洞口用石头垒砌，有的直接把棺木或装有骨灰的陶罐放在岩洞里。

彝族的丧葬习俗有一个不断变化的过程。随着宗教观念的日益深入人心、私有和家族观念的确立、"人"的意识的逐步觉醒，石棺葬开始出现，即"父死装石棺，母死盖石板"的丧葬方式。到了奴隶社会，随着宗教观念的进一步强化，家庭、家支及社会阶层观念的发展，奴隶主贵族的观念意识成为社会的主流意识，他们对丧葬的想法和做法影响着社会的风气，随着时间的推移，也逐渐固化为一种风俗。在强大的宗教观念的支配下，图腾崇拜、祖先崇拜、灵魂不灭、因果报应等观念普遍被人们信奉，并从根本上改变了人们对死亡的看法和对丧葬的态度。在以前，可能认为死者无非就是一具无用之躯，人死后有碍观瞻，尸体的腐烂恶臭令人厌恶，把尸首抛入林中或简单掩埋即可，任飞禽走兽啄食撕咬也无所谓，但现在这样做被认为是冒犯天神、大逆不道、没有人性的，会遭到天谴和报应。彝族开始用各种仪式和祭祀来对待死者，而彝族选择火葬为主要的葬礼方式，大概与他们相信灵魂不灭、人的灵魂在烈火中可以重生有关。火葬曾是彝族最为盛行的丧葬方式，到明末清初，随着各民族间的文化与人际交流的加强，主要受汉族丧葬方式的影响，彝族也逐渐改火葬为土葬（大小凉山地区一直沿用火葬），但是彝族葬礼的仪式、祭祀及禁忌仍保持着自己的特点。现在政府号召彝族重新恢复火葬之俗，火葬在一些彝族居住区开始流行。

彝族丧葬仪式程序和其他民族的有相似之处，大体可分为停尸、入棺、祭奠、送殡、下葬五个部分，但由于彝族居住区广布而分散，各居住区往来不便，自然环境各异，且支系繁多，在丧葬习俗上各有差异，很难逐一描述，但对死者的尊敬和孝侑之心却一脉相连，不分彼此。

彝族丧葬用品

　　各地彝族在人即将死亡的弥留之际，多有将之转移位置的习俗。阿细彝族会把将死者从卧室转移到厅堂，给他（她）擦洗面部和全身，换上新衣，按头朝神龛脚朝堂外的方式摆放躯体。停尸时间一般为 3—10 天，期间会请神职人员为他（她）念经超度，经文一般是赞颂死者一生的清明和美德。在大、小凉山地区，如果有家人病重，要特别小心谨慎，时时留神，在家人弥留之际，必须将之抬到户外，若死在家中，会被认为是最坏的凶兆，死者的亡灵停留在家里，会带来灾祸，喻示这个家庭可能还会有人死亡，一旦发生此类情况，必须请毕摩做法事消灾禳祸，甚至要拆除房子另建新房。凉山彝族死者一般停尸3—5 天，请毕摩为死者开路念经，女儿或远处的亲人应赶回瞻仰死者遗容，如果日子不吉利，甚至会停两三个月才烧尸。巍山彝族在人死后，家人必须去请死者的上辈或直系平辈亲人来瞻仰遗容，查看是否死于夫家的谋害，查验其穿戴及包殓之物，否则会被村民指责。其他地区的彝族也非常注重死者亲人在葬礼上的表现，一般无论远近，一旦家中有亲人去世，所有直系亲属必须到场吊唁尽孝。

吊唁祭奠也是必不可少的环节。彝族有的支系在屋外广场上搭建布棚作为公祭灵堂，有的在厅堂内设置灵堂祭奠。阿细彝族一般会在摆放祭品的桌子下面铺一张刚刚宰杀的黄牛皮，以供死者在阴间耕田使用。如果家人无钱置办黄牛皮，来吊唁的亲友就会对死者家属表示不满。来吊唁的亲友有的会请来舞狮队和吹鼓手来烘托气氛，亲友们每人手拿三炷香敬拜，女眷会拿彩色布盖在棺椁上（送葬时各家取回布匹，这是给死者享用之物，不是给死者家属的礼品）。凉山彝族来吊唁的亲友会送来牛羊、布匹、白锭、酒等礼品，丧家会杀牛宰羊，以隆重的方式宴请宾客，感谢亲友对亡者的祭奠。各地彝族办丧事都很铺张，晚辈以此显示自己对逝者的尊敬与感念之情。

送殡一般多在下午，彝族对送殡颇为讲究。阿细人如果死者为女性，必须经她娘家人过目查验，证明确为病逝，才能钉钉子下葬，如果因夫家虐待致死或死因不明，必然会引起巨大的纷争，夫家绝对不可擅自下葬。即将上路时，抬棺者要相互摔跤，直到摔倒在地为止，意思是把鬼魂赶出村外，以免危害人畜。阿细人的墓地一般设在临近村寨的半坡上，在掩埋棺椁之前，死者长子须用后衣角兜起一捧土，从棺椁的左侧走到右侧，边走边抖动衣角，把里面的泥土均匀地撒在棺木上，这是阿细人埋棺前的"垫土"仪式，此仪式结束之后，方可用石头和黄土掩埋棺椁。

凉山彝族实行火葬，死者的女婿必须到场，但其子女不能参加，遗体放在柴火之上，必须侧卧，男子面向东，女子面向北，烧尸应一次性完成，中途加柴是不祥之兆，意味着家中还要死人。骨灰或撒于旷野，或埋于土中，或用白布包好放在防雨的岩洞里。在火葬之时，请毕摩念经为死者指路，同时需用竹子为死者扎一个马都（即灵牌），以供过年过节祭祀时供奉。

需要指出的是，彝族人正常病逝或寿终的人，葬礼非常隆重、奢华，但那些夭折、自杀、被杀、孕妇难产死亡等被认为是非正常死亡的人，一般只停尸三天，请神职人员念经超度，即可埋葬或火葬，丧礼异常简单。孕妇死亡，要剖腹把胎儿取出，必须洗干净胎儿的血污，然后单独土葬于专葬夭折孩童的墓地，否则按照当地的迷信说法，胎儿身上沾有血污，日后会浑身长毛，变成妖精，祸害村中人畜，孕妇另外火葬或土葬。对于那些因麻风病或其他传染病死亡的死者，一般要把死者的心脏挖出来，装在坛子里深埋在地下，火化尸体。之所以对这类人如此简单与草率，可能与彝族把这些死者看成灾祸的根源，死后会变成恶鬼祸害人畜、扰乱村寨的宗教迷信有关。

毕摩在做祭祀仪式

彝族对已逝先辈的祭奠活动也非常频繁，这与彝族宗教教义中，认为祖灵在阴间也会受苦，也可能会变成恶鬼害人，只能不断地进行各种祭祀活动，祖灵才能变成神灵庇佑子孙有关。彝族祭祀除了以家庭为单位的私祭之外，还有整个家族、家支聚集在一起的公祭活动。祭礼可分平日祭、节日祭和超度祭祀三类。彝族人在平日吃酒肉之食，都要把酒肉在锅庄火塘上绕三圈，然后供在灵牌前，过几个时辰再拿下来享用，平时也会经常查看灵牌是否安好。彝族人认为，如果不善待灵牌，就可能导致家人灾祸，那些奇异的凶兆都是祖灵未得到安抚，鬼祟作怪的表现，必要时还得请毕摩做法事除祸安灵。节日时，更要虔诚地对待祖灵祖先，特别是重要的节日，如火把节、彝族年、密枝节等，彝族人都要杀牲祭祖，在灵牌前供肉酒肉饭，请其享用，希望通过祭祀保佑家人平安，风调雨顺，五谷丰登，六畜兴旺。超度祭祀，彝族称作斋，凉山彝族称之为作帛，另有一些彝族支系称之为耐姆或打嘎仪式，是一种大型的公祭仪式。这种仪式相当复杂，但一般经济条件尚可的家族都得举行此仪式，因为彝族人认为，死者经过超度可化作神灵，魂归祖界，未经过超度的死者的灵魂，会滞留在家中，经常做鬼作怪，给家人带来灾祸。亡灵举行超度仪式之后，把灵牌焚毁，把名字记录在祖灵筒里，由毕摩把刻有新的名字的新祖灵筒送到崖洞中安放，仪式完毕，意味着亡灵魂灵已归祖界。

彝族人的生仪与葬礼等人生仪式，其实质上包含了彝族对人的生与死、存在与再生、此岸与彼岸世界的理解和追问，成人礼、婚礼等仪式包含了对人自身发育、成熟、性及性行为的伦理意义上的诉求。这些仪式，不是某个人的发明创造，而是一个民族或某一地区共同遵守的规矩和法则，其中有合乎人性和科学的一面，也有压抑人性、非科学的一面，甚至某一个礼仪之中同时就包含了美与丑、人性与反人性、科学与反科学的因素，它们混织在一起，如同人身体上的经脉，自成一体，悄然运行，维护着一个民族或地区内在的稳定与协调。所谓德高望重者，是那些一板一眼按照这些古老的规矩和法则行事的人，他们是这些代代相传的规矩和法则的体现者和最好的继承人；所谓伤风败俗者，是那些不按照这些固定的规则与法则行事的人，他们的恣意妄为会招来道德和舆论的谴责以及宗教因果的报应。一个民族就是在这些大大小小的仪式中年复一年地繁衍、承续、嬗变和发展，一个人也在这些仪式中诞生、成长、成熟、死亡，人类也因为有了这些仪式而与动物界区别开来，并且各自以自己独特的方式形成各自的文化。

第三章　彝族的节日

　　所谓节日就是某一集体（国家、民族、社群等）按某种固定的方式有规律地重复某些具有特别意味的节目、活动或仪式，使其所包含的文化象征内容得以传承和延续。节日一般起源于宗教仪式、神话传说、历史或政治事件以及天文地理的节气等。节日为具有某种共同宗教、文化、政治记忆的人群提供了聚集或纪念的机会，人们在某一时刻或时段，在相同或不同的地点为了某种共同的记忆一起参与某些节目、活动或仪式，共同温习他们所属的文化记忆，分享某种共同的情感体验，参与或观看某些具有象征意义的表演或展示，从中获得某种心理的归属感和认同感，也由此确立或加固自己的文化身份，获得某种"我"属于比我更大、更有价值和意义的团体的尊严和荣誉感。这种感受可能与人在走出自然界时，氏族成员生死与共，一起为生存与自然抗争，一起分享劳动成果的原始记忆或集体意识有关。

　　每个民族、每个国家甚至每个地区都有自己大大小小的节日，节日的起源可能有多种多样的缘由，"传统节日民俗与人们的宗教活动、生产活动、纪念活动、社交活动、文化娱乐活动、岁时活动等都存在着较为密切的联系"①，但最基本的还是与人类最初的原始宗教、图腾崇拜及祖先崇拜相关。原始人类在万物有灵的原始思维的支配下，对某一动植物或想象中的事物充满着敬畏、

---

① 叶涛：《中国民俗》，中国社会出版社 2006 年版，第 102 页。

神秘、神圣的体验，并通过在某些固定时间、固定场所举行某些固定的仪式和活动来表达这种体验，节日的最初形态就基本形成。众所周知，一个人、一个家庭或一个家族是无法形成一个节日的，节日必然是某一群人或某一种族、部落共同的仪式，久而久之，演化成一个民族、一个世俗国家共同的仪式。随着时代的发展，节日的宗教意义和政治性可能会越来越淡薄，娱乐性越来越成为节日的主体，但节日作为一个民族或国家的文化记忆的一个重要部分，是传承民族文化精神的重要载体，也是民族价值认同的最直接、最有效的方式之一，尤其是在全球一体化的今天，一个民族的传统节日更是保存一个民族内在精神与生命力的最可靠的火种。

节日显然是保存一个民族或一个国家的文化记忆的最好的方式之一。德国的人类学家、文化学家扬·阿斯曼在《文化记忆》中指出，每一种文化中都有自己的凝聚性结构。人们习惯于把过去发生的重大事件及对它们的回忆通过某种形式固定、保存下来（如节日、纪念日等），并以某种周期性反复的方式重现，借此使它获得现实意义，同时，每一种文化中都包含着一些需要该文化持有者共同遵行的价值观念和行为准则，这些观念和准则来源于对过去的那些重大事件的回忆和概括，人们生活在这种凝结性文化结构之中，因此产生对该文化的归属感与认同感，也因此获得自身的文化身份。扬·阿斯曼进一步认为，文化记忆的主要内容是有关某一集体起源的神话和那些久远的历史事件，对这些内容的回忆与阐释的目的并不是为了论证它的真实性和客观性，也不是要重现历史，而是要借此隐喻该集体现状的必然性和合法性，加固该集体的主体同一性，否则，该集体的内在同一性可能会遭到质疑，甚至导致合法性危机，那些有利于该集体的合法性的历史情节与细节得以重复与强调，而那些有碍于、有害于该集体合法性的某些历史事件及细节，会被该集体有意、无意忽略或遗忘。其次，文化记忆的传承一般要遵循一些特定而严格的形式，每一种文化都需要一套自身特有的符号体系或展演方式，文化记忆都是通过某些固定或特有的象征物、附着物来体现的。其中节日和仪式是文化记忆最重要也最有效的承载体。与此同时，该集体中的某些成员对文化记忆的掌握、阐释、传播上享有某些特权，同时也负有传播与传承的特别的责任和义务。

彝族有许多自己的节日。有的与宗教信仰有密切联系，有的由宗教仪式、神话传说、民间故事演化而来，有的是与彝族的某些历史、政治事件有关，但随着时代的发展，节日的宗教、政治、历史意义逐渐淡化，娱乐与社交成为当今节日的主要目的。彝族是一个能歌善舞的民族，也是一个乐于展示自己的特长的民族，但由于居住的比较分散、交通不便、自然条件差异较大等原因，平时展示自己的特长和才华的机会并不多，许多时候只能在自己的亲朋好友或村寨中一显身手，于是节日和聚会就成了彝族人盼望的时日，尤其是年轻男女，更是翘首盼望节日的来临。彝族的节日种类繁多，民族特色鲜明，但由于地理条件的限制，有些节日只在某一地区小范围地流传，有些是某一支系的节日，只在本支系内部流传，有些节日则是全民族共同的节日，在这样的大型节日，彝族人男男女女、老老少少都以喜乐欢快的心情参与其中，乐在其中。节日成为每一个彝族同胞分享、交流感情的最佳时节，人们因为节日加深了对自己民族的认同感和归属感。

第一节　火的盛典

在彝族众多节日中，最为隆重的当数火把节。

火把节是彝族最盛大的节日，相当于汉族的春节。火把节又叫回星节，农历六月二十四，天上的北斗星斗柄朝上，意味着北斗星的回归，彝族有"星回于天而除夕"的俗语，故称"回星节"。

有关火把节来历的说法有十多种。有一种传说称，上古时候，天上有一个叫斯热阿比的大力士，其力大无比，所向披靡，有一天听说人间有一个名叫阿提拉八的大力士，是彝族人的大力神，从来没有在比赛中输过谁，斯热阿比得知后非常生气，妒火中烧，就到人间与阿提拉八比赛摔跤、角力，结果大败而归。斯热阿比气极生恨，上奏天神，谎称人类不服天神的旨意，要求天神严惩人类。不分好歹的天神竟驱遣无数的害虫到人间肆意糟蹋庄稼、攻击村寨，阿提拉八号召人们奋起反抗，在六月二十四这一天，他和乡亲们点燃松树枝做成的火把，到田间地头驱虫，害虫见火即逃，庄稼和村寨保住了，彝族人民战胜了天神。火把保住了彝族的家园，给彝族人民带来了幸福安康的生活，为了纪念这一事件和这位智勇双全的大力士，人们把六月二十四当作节日来庆贺。

另据《南诏野史》和《滇系》两书记载，唐代南诏首领皮罗阁实力强大，企图吞并其他五诏，在夏历六月二十四这一天，以祭祖为名，召集各诏首领在松明楼聚会，等诏主们各就各位，皮罗阁假称有事暂时离开，却派人封锁松明楼，一把火烧毁了松明楼，五位诏主葬身火海，这一天也成了五位诏主的祭日。其中嶍蛾诏主的妻子慈善夫人（又称白节夫人、柏节夫人）早有预感此行凶多吉少，曾劝嶍蛾诏主不要赴约，但诏主认为义不容辞，还是一意前往，慈善夫人见劝说无效，就在他去之前把一只金镯子戴在夫君的手臂上，惨祸发生之后，五位诏主夫人前来收尸，其他四位诏主夫人都无法辨认自己的夫君，仅慈善夫人因手镯辨认出其夫君，慈善夫人点燃松枝当火把，连夜将其尸骨送回本土厚葬。皮罗阁诏主深感慈善夫人的忠厚仁慈，送厚礼欲娶之，慈善夫人不从，皮罗阁诏主便派兵强攻其城，慈善夫人与全城人全力抵抗，最后弹尽粮绝，慈善夫人引颈自刎以示忠贞不屈。另有传说，嶍蛾诏主去世后，皮罗阁诏主欲纳慈善夫人为妻，被慈善夫人严正拒绝，皮罗阁恼羞成怒，兴兵攻打嶍蛾，慈善夫人毫不示弱，率军与皮罗阁诏主大战，为了打击敌人的嚣张气焰，慈善夫人教人们制作火把，把火把扎在羊角上，在夜晚驱赶羊群向敌军冲刺，当一声令下，万千火把从山上冲向敌阵，吓得敌人魂不附体，屁滚尿流，大败敌军。但因为慈善夫人的军队与皮罗阁的大军相比势单力薄，最后因寡不敌众战败，慈善夫人引颈自刎。后人在每年的六月二十四点燃松枝火把来纪念这位伟大的女性。

还有一种说法，源于一个凄美的爱情故事。美丽善良的彝族少女阿诗阿娜已经有了心爱的未婚夫，却被好色的汉官看中，为了霸占阿诗阿娜，汉官害死了她的未婚夫，强迫阿诗阿娜嫁给他。阿诗阿娜提出三个要求，一是给她换上华美的衣裙，二是厚葬她的未婚夫，三是请她的父老兄弟参加婚礼，汉官答应了她的要求。六月二十四婚礼当天，阿诗阿娜穿上华丽的新娘装，她一一向婚礼上的父老乡亲敬酒敬茶，感谢他们的到来，做完这一切，她转身向洞房走去，在进洞房之际，还深情款款地回头望了一眼在场的父老乡亲。当汉官得意忘形地走向洞房时，突然发现洞房已经燃起熊熊大火，阿诗阿娜葬身火海，人们看见火海中飞起了一只金凤凰，飘然远去。彝族人为了纪念这位宁死不屈为爱情牺牲的姑娘，每年的这一天都以节日的方式来祭奠她。

"彝族火把节的传说，是彝族劳动人民美好心灵和善良愿望的结晶，是道德观念的形象化和具体化，它不仅给人们带来了欢乐，而且给人们带来了美的享受。"① 从这些传说中我们可以看到，彝族人民对那些不畏强暴、智勇双全、勇于反抗和自我牺牲的先人充满敬仰之情，他们把自己看作是这些先人的后代和继承者，那些高贵的精神品质成为彝族民族性格的重要部分，它们如同火种一样保持在其内心深处，等待着在某个时刻爆发和燃烧，彝族人民大多具备的坚韧不拔、不畏强暴、从不言败的性格就是这种品质的具体体现。

从这些传说中我们还可以看出彝族先民对火的原始崇拜。在古代，火把节具有浓重的宗教色彩，有关这方面的史料多有记载，明代李中溪在《云南通志》上言："六月二十五，采松明为火炬，照田亩，以火色占农。"古代人通过火炬的火色来判断年成的好坏，通常许多乡民高举火把聚集于田间地头，点燃草秆麦秸，以祈丰年。时至今日，火把节对于彝族来说，还是具有某种宗教色彩的传统节日，祭神祭田、送祟祛邪、驱瘟灭虫等祈禳之意在火把节之中仍有所表现。

火把节期间，各村寨会举办多种多样的文娱活动，如斗牛、摔跤、赛马、斗羊、斗鸡、跳舞、对歌、举火把游行等。点火把是节日里最隆重的活动之一，在节日之前，人们从山上砍回箭竹或蒿草，晒干之后扎成火把，一般父亲

---

① 韦安多主编：《凉山彝族文化艺术研究》，四川民族出版社 2004 年版，第 453 页。

一把，孩子每人三把。火把节头一天晚上，父亲在自家火塘边为家中长子或长女点燃火把，让其带着火把去村寨的场坝，与各家等候在那里的弟弟妹妹及村子里的小伙伴点燃火把，然后孩子们举着火把游行。每个村寨举着火把游行的队伍像一条条燃烧的火龙一样，在村寨之间、山与山之间游走、跳跃、奔腾，给人一种似真似幻梦回远古时代的错觉。游行的队伍到山坡上聚集，观看各个村寨哪个村寨火把最先点燃，哪个游行队伍最庞大壮观，等各个村寨都点燃火把后，各村寨都向一个预先约定好的空旷的场坝聚集，那里早已码好一堆堆柴火，等各个村寨的人来到之后，点燃篝火，大家举着火把，唱歌跳舞，饮酒作乐，欢声笑语，通宵达旦。以篝火为中心，火光冲天，人声鼎沸，笑语喧哗，歌声飞扬，鼓声震耳欲聋，似乎整个世界都燃烧起来，沸腾起来，一起在迎接这火的洗礼、火的狂欢！

彝族火把节狂欢之夜

彝族也有自己的新年——彝年，彝族人称之为"库史"，即过年的意思。传统的彝年在农历的十月，阳历的 11 月 23—26 日期间，但不是所有的彝族同胞都过彝年，主要是大小凉山地区、云南昭通地区、赫章地区的彝族同胞有过彝年的习惯。彝年始于何时现无法考证，一般学者认为彝年源于彝族的十月太阳历，十月太阳历是彝族先民创制的一种历法，按这种历法推算，一年有 365 天或 366 天，每年有 10 个月，每个月有 36 天，另外的 5 天或 6 天时间是过节的日期。十月历法用大暑和大寒来反映季节和年月变化的规律，认为北斗星的斗柄上指的时候是大暑，斗柄下指的时候为大寒，彝族人选择这两个节气过他们最重要的节日，即火把节和库史（彝族新年）。彝族新年的一些活动和仪式明显与祖先崇拜有关。在一定程度上说，彝族年也是一个祭祖的节日，彝年除了辞旧迎新、祈福丰年之外，还会举行与祭祖有关的仪式。彝人认为过年时段，祖先都会回来和自己的儿孙一起过年，享受儿孙的献祭和礼拜。彝族年在每年的农历十月（即彝历的兔月）过，至于具体日期各地自行选定，一般是由彝族毕摩根据彝族历法推算，选择最佳时间进行，虽然某些地方政府也人为地规定了过年的时间，如四川省凉山地区彝年的时间是 11 月 20—22 日，但在广大彝族村寨，村民依然按照传统方法选择过年的日期。在具体日期选择上，彝族人认为在十二生肖中，属猪、牛、鸡、蛇日不宜过年，属猴、狗、鼠、虎的日子为吉利，都可以作为过年的日期。如果那天正好是塔波之日就会被认为是最吉利的新年。所谓塔波是指六姊妹星（昂宿）和月亮相会的日子，它们每 28 天会合一次，如果选择这一天过年，彝族人会认为最为吉利。

　　彝年到来之前，每家每户都会把过年的猪养得膘肥体壮，置办各种年货，给孩子们准备过年的新衣服，特别是酒必不可少。在临近过年前几天，每家都要除旧迎新，要备足过年期间的柴火，房舍内外要打扫得干干净净，所有的器皿要清洗消毒，特别要查看祖先的灵牌是否正常，如果出现偏斜或其他不正常状况，要及时请毕摩做法补救。有的地方过年时间是 3 天，有的地方过 7 天，按彝族传统风俗，过年期间不能做农活，也不能做很重的家务活，更不能吵架打架。过年的三天每天有各自的名称，第一天叫库史，这一天主要是杀过年猪、祭祀祖先和吃年饭。大清早每家每户都在家门口烧起一堆火，以示祖先今天过年，家中的女人开始准备年饭，男人忙着准备杀猪的用具，孩子们欢天喜

节日期间的斗牛比赛

地。村民杀猪一般也有先后次序，要按尊卑长幼的次序宰杀年猪，如果村寨里面有毕摩和苏尼，则要先杀他们家的猪，然后再按尊长次序进行。杀猪的人也有一定之规，那些杀过人、打死过乌鸦、猫、狗的人被视为不洁之人，不能宰杀年猪，因为杀完年猪之后，要立即取出猪肝和一些熟猪肉，彝族人会把最好的部分敬奉给祖先，放到神龛上献祭，还需把猪头、猪胆、猪腰等一同放上献祭，显然那些被认为不洁的人不适合做这些事情。一边献祭的同时，家中的长者会手拿斟满酒的酒杯，口中念一些祭词："今天是吉日，请各位祖先继续赐福予我们，保佑我们全家身体健康，万事如意，五谷丰登，六畜兴旺……"边念边把酒泼出门外，表示祖神已经被送走，然后撤掉祭品，准备年饭。到中午时分，各家各户开始吃年饭，年饭一般在自家的火塘边进行，全家人把盏畅饮，欢歌笑语，其乐融融，村寨里鞭炮声四起，此起彼伏，热闹非凡，全家人尽情享受美味佳肴，互道祝福，互相敬酒。彝族过年特别讲究吃喝，有谚语称，"过年三天是嘴巴的节日"，辛苦了一年的人们都在过年这几天开怀畅饮，大吃大喝，吃坨坨肉、喝转转酒是他们家宴的一大特色。过年的第二天叫朵博。这一天成年人到每家每户去拜年道贺，喝酒取乐，女人在家备食待客，小孩子们各人带着烧熟的猪蹄，三五成群地到野外合伙聚餐，笑语喧哗。第三天叫库史波祭，即送祖先离开。黎明时分，各家各户做好祭祀食品，让祖先享用之后上路。过完这三天，外地有亲戚的就去外地给亲戚拜年。第四天全村人穿着盛装在场坝上聚会，中老年人喜欢一起喝酒祝福，年轻人组织起来进行摔跤赛马、唱歌跳舞等文娱活动，妇女们结伴走亲访友，或回娘家拜年。到第五天、第六天，有些人还在继续请客吃饭或互相拜年，有些人已经开始准备农具，筹划着新的一年的农事。

第二节　密林中的狂欢

密枝节是彝族颇有民族特色的节日，这个节日中的一些事象具有某些难以理解的特殊性，但正是这种特殊性，使这个节日充满了神秘、怪诞的色彩，也加深了我们对节日的认识与理解。

密枝节流传于云南东南弥勒、西山、石林、圭山等撒尼彝族及大理、巍山彝族地区，撒尼、黑彝、阿哲、阿乌等彝族支系都有过密枝节的习俗。这些地区一般在农历二月初二过节，但路南山区撒尼村寨一般在农历十月过密枝节，习惯于在彝年的第一个鼠日到马日过节，一般要过三至七天。参加密枝节的只限于各家各户的男性成员，禁止女性参加，有人因此称之为彝族的"男人节"。每个村寨在离寨子不远的地方，都会封一片山坳边茂密的树林作为密枝林，在林中选一棵参天古树做"龙树"，龙树是密枝林的神的象征，密枝林是神圣不可侵犯的圣地，任何人都不准在密枝林中砍伐树木、放牧或捕猎，严禁女性进入林中，更不准把死人葬于林中。彝族人相信，林中的一草一木、一生一灵都赋有神的威力，神圣不可冒犯，如有冒犯，不仅会受到当地人的斥责，还会受到神的惩罚。

有关密枝节的来历传说很多，且各不相同，这与各彝族居住区崇山峻岭的地理条件有关。石林地区彝族有传说称，有两块像人形的石头，男的叫普帕，女的叫普玛，分别代表密枝神，共同守护着彝族村寨人畜的平安。另有传说称，密枝神是一位叫密枝斯玛的姑娘，她聪明又美丽，突然有一天天降大冰雹，密枝斯玛把所放的牛羊都赶进了密林，保护了牲畜，现在的羊都是密枝斯玛保护的羊群繁衍的后代，密枝节就是为了纪念和感谢这位聪明的撒尼姑娘。云南圭山撒尼彝族传说称，密枝神是一位追求爱情自由的姑娘，她的名字叫阿尼，阿尼貌美如花，聪明能干，村寨里的小伙子个个都爱她，寨主目格老爷更是对她垂涎欲滴，老目格欲强占她为妻，阿尼宁死不从，恼羞成怒的目格将阿尼活活地害死，阿尼死后变成了一只白狐狸，钻进了山林，独居于林中。老目格还不罢休，领着家丁去山上追捕白狐，结果滚下山崖摔死了。此后，谁要是到那片树林放牛羊，牛羊就会得瘟疫，谁要是到那片山林砍柴割草，就会流鼻血而死，久而久之，这片树林枝繁叶茂，被称为"密枝林"，白狐成了撒尼人敬畏的神灵。无论哪一种传说，都认为密林是密枝神的居所，他（她）在彝族村寨边守护着心爱的彝族家园。

彝族各地的密枝节保留着比较完整的传统仪式，密枝节的活动有一套规范的组织形式，节日的主持人通过占卜的方式产生，每年一轮换，该区域村寨内的每个成年男子都有被选举权，每个被选举人必须在当年家中没有亲人和家畜伤亡，否则不能担当。密枝节的主持人及工作人员纯粹为大家义务服务，无任何功利特权，主要工作人员有密枝翁玛，负责总管祭祀各项事务；密枝翁杂，副总管，协助翁玛处理事务；祭司毕摩；祭司的助手毕杂；及其他事务人员。密枝翁玛和手下工作人员一起共同筹备节日的一切事宜，包括按户筹集节日费用、买祭祀牲口及用品等。祭密枝神必须用白色的绵羊或山羊，其次是白猪、白鸡等白颜色的生灵，象征祭祀人纯洁虔诚的心情。

密枝节的活动完全在密枝林中进行。节日前一天，神职人员到密林里把祭祀场地打扫干净，在龙树下布置好神坛和神门，节日当天清晨，全体神职人员口中念叨着"阿格阿格"向密枝林开进，入林之后就各负其责，杀羊宰鸡，烧火做饭，开始准备节日的一切事务。祭台一般设在龙树下阳光充足的地方，用石板搭成的棚屋内正中央放有石头雕成的神石——石虎，或一个光洁的鹅卵石，两旁摆一些树枝做成的农具、狩猎工具及牛马羊等牲畜模型，这些都由密枝翁玛看管，毕摩把上一年放在龙树下（或洞穴中）的密枝神石（密枝女神的化身，有些地方称之为石娃娃）抬进垫有松针的箩筐里，举行仪式之后，抬到毕摩家中，用清水洗干净，扎上新的五彩丝线，放在毕摩家中过夜，第二天抬回密林放还于龙树之下（或将之藏入洞穴中）。祭祀活动开始之后，人们以村寨为单位，跪在神坛前，毕摩面对神石背诵数千行的祭词，其内容包括召唤祖魂回来过节，歌颂祖先的恩德，叙述先民的生产、生活习俗等，祈求神灵保佑村寨人畜平安。

正午时分，村寨里的成年男子带着炊具来到密枝林，下午可以破例在林中狩猎捕鸟，也可以进行摔跤之类的活动娱己娱神。黄昏时分，神职人员为男人们烧火做饭，采食多为羊肉、土豆、蚕豆等，由密枝翁玛均分给在场的男人。吃饭时他们可以畅所欲言，包括对神灵和先祖不敬的话都可以说，平时在村子里不能说、不敢说、不准说的话都可以说出来，可以随意宣泄郁积于心的各种情绪，可以肆意妄为，互相捉弄也无伤大雅，甚至可以说平时不准说的粗话、脏话，即使有出格的、亵渎神祇的行为也不会被叱责。主持节日的神职人员往往成为被大家捉弄的对象，完全一改平时人们对神职人员毕恭毕敬的态度，神职人员不可流露任何反感的情绪，反而要和颜悦色，敬茶敬酒，以德报怨。密枝节为何不准许女性参加，而且在节日期间还如此放肆地说笑打闹，这一直是一个很难解释的现象。有学者认为，这是母系社会留下的遗迹，母系社会男性在氏族部落中的地位十分低下，社会价值得不到认可，男人们为了找到平衡，常常秘密结社聚会于密林之中，发泄心中的不满，找回自己的尊严，这一习俗在密枝节中被保留下来。在日常生活中，这些地区的男子不能在妇女面前说脏话、粗话，妇女比较受尊重，没有男尊女卑的现象。这种在特殊时间、特殊地点宣泄心中的郁闷的情绪的做法，对于各种压力越来越大的现代人来说，也是不无裨益的调节情绪、缓解压力的好方式。

楚雄彝族公园雕塑

我们认为，密枝节中这些一反常态的现象是比较典型的节日狂欢化现象。男人们一改平日的严肃、本分、庄重的形象，用一些嬉笑怒骂、插科打诨、冒犯神灵和禁忌的方式来宣泄、释放自己的情感，这种带有某些轻浮、放纵、失态、缺德的行为举止在平日是被禁止，甚至会遭到惩罚的，但在这个节日被允许，被当作节日的一个必要的部分，在某种程度上的确匪夷所思，但许多学者对节日中特有的狂欢化的现象早有论述。尼采对古希腊酒神节日里的人们如痴如狂的放纵行为持肯定态度，认为古希腊祭祀狄奥尼索斯的狂欢节是一切喜庆节日的最典型的代表，将人类的权力意志和肉体的狂喜充分融为一体，人们在节日中获得了感性的解放。俄罗斯学者巴赫金在对民间文化与节日的考察的基础上提出的"狂欢化理论"，更是把节日里人们的疯狂举止当作高于人们日常生活的"第二种生活"，狂欢中的人们暂时忘记了其原有生活中的规矩、教条、禁忌与宗教，返回到人类最原始的状态，表现出人类感性欲望的高度解放，甚至具有瓦解、颠覆等级制度、宗教信仰、官方说教的意识形态的意义。在节日中，人们把平时的教养、尊严、庄重等人格面具丢在一边，随心所欲地展示自己戏谑、不敬、恶作剧的一面，失去了其言行举止的一贯性的僵化、保守、循规蹈矩的一面，展现出一个陌生的、异己的、让习惯于他平日风格的人突然感到陌生、不能适应的一面，人们在这种类似假面舞会的游戏中互相发现人的另一个自我，发泄对那些压抑自己也压抑别人的各种条条框框的不满与愤懑情绪，从而获得某种精神上的满足——彝族男人们在密枝林中的表现情形也大体如此。在过完节日之后，生活恢复常态，生活依然按照原有的教条与规矩周日复始地运转，人们根本不计较在密枝节里那些过分、出格的言行举止，也不追究节日里的这些言行的善恶好坏及道德意义，也不会拿这些言行去评判一个人的道德品质，只把这些言行当作节日里的娱乐加以对待——如同一个人在梦中那些不能当真的胡作非为。在某种程度上说，密枝节就是勤劳本分的彝族男人们在密林深处共同编制、共同创造的一个狂欢的白日梦。

祭饭结束之后，在密枝林的活动也基本结束，男人们会把一些食物带回村寨给家人分享，一些男人还会去今年的密枝翁玛的家中聚会，密枝翁玛拿出家里所有的酒罐，向在座的全村男人敬酒，密枝翁玛的火塘成为男人们狂欢的场所，人们尽情狂欢，热闹非凡。

密枝节期间，毕摩带着男人们在村寨间游走，边走边大声说话，一问一答，不点名地批评村寨中那些品行不端、胡作非为的有违村规民约的人和事，对于那些这一年做了错事的人，更要高声责骂自己，以期密枝神和村民的原谅和宽恕，这种特殊的方式对扬善除恶、治病救人起到了舆论的作用，对彝族村寨维护良好民风起到了积极的作用。节日期间，全村男性还组织起来进行"撵山"活动，兵分几路手持猎枪、竹竿、棍棒、雀网等，喊叫着冲向山里，向野兽发起攻击，完毕之后把战利品集中一处，由密枝翁玛均分给每个人，这样做是为了使这片密林不受鸟兽的侵害。所有这一切，似乎就是彝族先民在大自然中求生技能的重现，人们借此方式表达对先祖的缅怀与祭奠之情。

密枝节期间，男人们可以结伴上山狩猎，或下河捕鱼，女人们可在家穿针引线，扫除清洗，但无论男女都不准下地干农活。密枝节第二天起，男女青年可上山唱歌跳舞，约会相亲，交流感情。在第七天，所有工作人员在密枝林中举行一个简短的祭祀仪式，密枝节到此结束。

密枝节为当地彝族的良好社会的传承起到了积极的作用，特别是这一风俗有效地保护了当地的生态环境，原生态的山清水秀的彝族村寨成为许多旅游者向往的绿色家园。现在一些地方的密枝节已悄悄发生了变化，有些地方男女都可以参加，在云南丘北普者黑风景区仙人洞村，每年的密枝节除了遵从古老的祭祀习俗之外，还举办各种文娱活动，招徕不少慕名而来的中外游客。

彝族像密枝节这样古老而神秘的节日还不少，有的可能来源于远古的巫师的法事，有的带有原始生殖崇拜的痕迹，有的可能来源于对古代战争的纪念，不一而足，这些节日给彝族风俗增添了某些像谜一样难以捉摸的神秘感。

彝族阿哲支系至今还保持着祭龙习俗，祭龙是彝族原始生殖崇拜的体现。生殖崇拜作为自然崇拜的一种特殊形式，普遍存在于原始氏族部落的祭祀活动中，它是通过某些仪式来表达对人的生殖能力的一种礼赞和膜拜，一般会通过对女阴或男根及其象征物的夸张式的呈现，来表达对人的生殖能力的崇拜，以祈本族人丁兴旺，种族永续。阿哲彝族的一些村寨在每年农历二、三、四月的一个龙日举行祭龙仪式。祭祀开始之时，村子里的男性村民在毕摩的带领下当街游行，他们纹面纹身，纹样多为虎豹纹，胯下挂着巨大的男根模型，跳着暗示性行为的舞蹈，祈祷种族兴旺，风调雨顺，五谷丰登。祭祀活动的第二个阶段是祭火。一个身着彩绘的赤身露体的村民扮演火神，领着本族的儿童到钻木取火处，点燃火把，然后点燃火堆，村民及村子里的小孩都围着火堆跳舞，然后族人抬着新火种，在毕摩的带领下，走街串巷巡游，村民们夹道欢呼，鞭炮齐鸣，一片沸腾。祭祀完毕之后，大家席地而坐，将各自带来的饭菜、肉食共享。第三个阶段是火神驱鬼。火神到村子的每家每户做驱鬼仪式，一些村民扮演凶神恶煞来配合完成仪式，口中振振有词，咒骂不断，直到把恶鬼驱逐到村外。仪式的最后是胯下带着巨大的男根的模型扮演原始人的族人和一个男扮女装的族人表演象征男女交欢的舞蹈，表现人类传宗接代、延续香火的神圣与伟大。

跳公节的宗教祭祀成分更加浓厚，跳公节，也称跳弓节，又称祭公节，是广西那坡、云南福宁一带彝族的最重要的节日之一。跳公节已有千余年的历史，传说是为了欢迎古代彝族凯旋而归的将士和纪念胜利的节日。各村寨过节的时间并不统一，大都集中在四月上旬，但祭祀的内容大体相同，一般包括祭天地、祭神、拜祖先、宣讲本民族的历史和传说、娱乐表演及会餐等项。传说称，彝族首领九公为了保卫家园，亲自率部出征，不料打了败仗，被敌人围困在山林中无法脱身，九公钻进一片茂密的金色竹林，敌人的乱箭射向竹林，却纷纷折断，敌人以为九公施用了妖术，都不敢贸然进入竹林。村民们得到消息之后，用竹子制造弓箭，打退了敌人，取得了胜利，九公凯旋而归，受到族人热烈的欢迎。九公为了感谢金竹的救命之恩，率领族人到竹林挖来竹根，种在场坝中央，举行宗教仪式以此纪念，久而久之逐渐变成了一个节日。跳公节有一套组织机构，一般是由代表天公的摩公（世袭的民俗活动的主持者）、代表土地公的萨喃以及村子里德高望重的老人组成，他们熟悉彝族的风俗习惯和历史传说，节前他们会在村子的公房商议节日的具体事宜。跳公节一般要过三天，第一天祭祀天地诸神及祖先，全村的男女老少都盛装出席，村子里的毕摩宣讲祖先的功德，带领大家用猪头拜祭。拜祭完毕，饮酒作乐，开始表演娱乐节目，乐师们打起铜鼓，吹响芦笙，围着金竹丛，开始舞蹈，领舞者头戴白色高帽，身披长袍，脚穿新鞋袜，带着众人，踩着鼓点起舞，舞步由慢到快，节奏不断加速，年轻人表演象征围猎、跳跃、拼杀等动作的舞蹈，模拟古代战场上的打斗场面，以此缅怀英勇的先祖，礼赞他们不畏压迫、奋起反抗的斗争精神。毕摩在节目间隙念经文、做祷告、送祝福，村民或参加跳舞，或在旁边品尝美食，互道祝福。这一活动一直持续到第二天。第二天晚上，人们到各家各户唱歌跳舞，大多跳芦笙舞、铜鼓舞等，另有赛马、摔跤等民族特色的表演活动。第三天是做三朝，即男女老幼都一同爬上山顶祭山。祭山结束后，来参加节日活动的客人必须马上离开，否则会被认为不友好，妨碍主人行事。等客人离开之后，全村青壮年男女都要下地劳作，以示勤劳的人会得到诸神的庇护和帮助，今年一定能风调雨顺，五谷丰登。

第三节　爱与美的荟萃

彝族还有些节日起源于某些民间传说或真实的历史故事，尤其是那些凄美缠绵的爱情悲剧故事，更能演化成某个节日的起源。这些节日不大具有宗教色彩，节日起源的祭奠意义也早已淡化，社交性、娱乐性反而成为这些节日的主要目的。节日为人们的交往、交流及走亲访友提供了良好的平台，每当这些节日来临，彝族村村寨寨的姑娘们都会精心打扮一番，希望在节日期间能找到自己的意中人，美好的姻缘可能就会在这些节日播下浪漫的种子，年轻人们怀揣着美好的愿望等待着这些节日的来临。

插花节是云南楚雄、大姚地区的传统节日，每年的农历二月初八举行。农历二、三月的云南彝族居住区正是山花烂漫姹紫嫣红的时节，漫山遍野的迎春花、杜鹃花、马缨花、山茶花竞相绽放，仿佛在迎接插花节的到来。每年的二月初八，村村寨寨、各家各户的祖灵、土主、山神的神位上、门环上、门楣上、房檐下、畜棚上、农具上、自留地的栅栏上，凡是能插上花的地方都插上了各种各样的鲜花，还会杀鸡宰羊敬奉祖灵。当地人认为，花神能保佑全家人幸福安康，五谷丰登，六畜兴旺。节日期间，不分男女老幼，都头戴鲜花，盛装出席当地一年一度的盛大的花会，其规模仅次于火把节，其中以大姚县昙华山区的插花节最为隆重。这种花会如同一个大型的家庭聚餐派对，一般以家庭为基本单位，各自带着酒菜饭食，从四面八方汇聚于昙华山，举行祭花活动，并且互相插戴马缨花，互道祝福。在会场边人们搭起帐篷，烧火做饭，会亲待友，休闲娱乐。年轻的姑娘、小伙子也趁此机会接触交流，互赠信物，未雨绸缪，在唱歌跳舞之际增进了解，加深感情，有时候舞会通宵达旦，尽兴方散。插花节同样有一个与之相关的美丽的传说：从前在大姚县昙华山上有一位名叫咪依鲁的彝家姑娘，她美丽又能干，能唱数不尽的彝家山歌，能绣引来蝴蝶的花朵，是一个人见人爱的好姑娘。有一天咪依鲁在山上牧羊，突然来了一只狼，瞪着发绿的眼睛向她扑来，年轻的猎人朝列若赶来打死了恶狼，咪依鲁为了感谢他的搭救之恩，采了一朵雪白的马缨花送给他，朝列若含情脉脉地把花儿戴在了咪依鲁的头上，两个年轻人唱着优美的山歌一起回家，他们从此相爱了。但当时昙华山上有个土官荒淫无度，对咪依鲁垂涎已久，他假称家里建了一座天仙园，天仙每天晚上都要下凡入园织布绣花，他要选每个村寨里长得最美的姑娘来伺候这些仙女，其实是想引诱那些漂亮的姑娘到他土楼里来供其淫乐。咪依鲁得知真相后非常气愤，不知道有多少美丽的姑娘被这个丑恶的土官摧残，她决定去搭救那些陷入困境的姐妹们。二月初八这一天，她从山上采来一朵有毒的鲜花戴在头上，一个人闯入了天仙园，土官见了如花似玉的咪依鲁，高兴得手舞足蹈，兴奋得像一只狼，当场向咪依鲁求婚，咪依鲁假装答应了他，土官欢天喜地排开了喜宴，咪依鲁伺机把剧毒的花放入他的酒壶中，倒了一杯酒端给土官，土官要求和咪依鲁喝交杯酒，不然他不喝，咪依鲁只好陪土官喝下了毒酒，土官立刻倒毙身亡，咪依鲁看见活阎王土官死了，脸上露出欣慰的微笑，嘴里反复念着朝列若的名字离开了人世。打猎归来的朝列若得知心爱的咪依鲁只身闯入狼穴，断定一定会有危险，他手持弓箭，身背快刀，冲进了天仙园，看着倒在地上的咪依鲁，悲愤交加，他从土官家里抢走咪依鲁的遗体，一把火烧毁了土官的土楼。朝列若抱着咪依鲁的遗体，号啕大哭，哭了三天三夜，哭得两眼流出了血，一滴滴鲜血染红了雪白的马缨花，朝列若也气绝而亡。当地人为了纪念为除暴安良而献身的咪依鲁，每年的二月初八，当地及周边地区的彝民都到昙华山上采摘鲜花，插满每个能插花的地方。这种习俗一直流传至今，插花节的传说里面包含了彝族人民朴素而善良的心愿，也在一定程度上反映了彝族先民对马缨花的图腾崇拜。节日的来历和形成有许多复杂的契机，无论传说有多少真实性，毫无疑问，其中都暗含了人们对真、善、美的追求，对假、丑、恶的痛恨之情。

在同一天，哀牢山地区的彝族同胞也在过节日，只不过节日的意义却完全

彝族民间传说中咪依鲁的故乡

不同，这一天是哀牢山彝族庆贺丰收的节日"二月八"年节，相当于汉族的春节。在节日前，家家户户都杀鸡宰鹅，酿米酒，做粑粑，富裕人家还杀猪宰羊，各种过节的礼品和酒水一应俱全，节日当天全家人吃团圆饭，饭后成年人带着孩子，提着礼品走亲访友，互道祝福。晚上青年人聚集在村寨开阔的场坝上，举办盛大的踏歌舞会。人们点燃篝火，以篝火为中心团团围坐，音乐响起来，手携起来，歌唱起来，舞跳起来，彝族姑娘们银光闪闪的首饰和多姿多彩的百褶裙在篝火的照射下，溢彩流光，夺人心魄，整个会场歌舞飞扬，笑语喧哗，汇成欢乐的海洋，舞会一直持续到深夜，甚至通宵达旦，青年们也借此机会向自己的意中人传情达意，播种爱情。有些住在山区的彝族居民还有在这一天荡藤秋跳深涧的习俗，他们用藤蔓或绳子编成巨大的秋千，勇敢的小伙子站在秋千架上，逐渐加速摆动，然后奋力一跃，像一只雄鹰一样，飞越山涧，赢得村民的阵阵惊叹，也吸引着彝族少女们多情的目光，她们的心跟着勇敢的小伙子们的身影在山间飘荡。在二月初八这一天，当地还有"扎大路"的习俗。村民把通往村寨的路口用树枝、柴火、石头等堵死，不让外村人随意进入村寨，以此保证节日期间村寨的太平安宁。这个习俗的来历有一个与之相应的民间故事，传说在二月初八这一天，才貌双全的彝族小伙子旺庆正在秋千架上表演，秋千已经荡出山谷，突然传来一个姑娘的呼救声，旺庆听见好像是自己的情人凤妹的声音，他转过头向发出声音的方向看去，正好看见凤妹被几个歹徒拉扯着往村外走，心急如焚的旺庆恨不得飞到凤妹身边去救她，情急之下一松手，跌入了万丈深渊。原来是一个土司看中了水灵的凤妹，趁着大家看表演的机会带着家丁跑到山寨，见了凤妹就起了歹心，拉住她就往村外跑，凤妹死活不依，发出了呼救声。旺庆摔死了，群情激愤，村民们拦住土司一干人要和他们拼命，土司只好放了凤妹，灰溜溜地逃走了。凤妹得知情人旺庆为她而死，哭得死去活来，肝肠寸断，她趁大家不注意一跃跳进了深渊，殉情而死。村民们把他们俩的遗体捞上来，合葬在一起。从此以后，每当过"二月八"节时，山区村民都要"扎大路"，严禁外人擅自闯入村寨，以保村寨的安宁。随着时代的进步，现在节日期间扎大路不利于交通安全，扎大路逐渐成为一种带有象征性的活动，但旺庆和凤妹凄美的爱情故事依然在一代一代彝族人心中流传。

赶花街这一地区性节日也和爱情有关。每年的农历六月二十四和七月十五，在云南峨山、双柏、新平三县之交的勒苏彝族，他们齐聚在绿汁江边大西山顶场坝赶花街，赶花街的主要活动就是唱歌跳舞、社交娱乐，青年人借此机

彝族壁画《吹木叶的姑娘和弹琴的小伙子》

会增加彼此的了解，增进友谊，联络感情，寻求自己的意中人。这个节日对于身处大山的年轻男女来说，无疑是一个绝好的求偶机会，年轻小伙子会在赶花街上尽情展现自己的歌喉、舞姿和才情，让姑娘们更了解自己，姑娘们则穿着鲜艳的衣服，带着银光闪闪的首饰，一个个争奇斗艳，如同开屏的孔雀，渴望获得心仪的小伙子的青睐。中老年人则在赶花街上会亲访友，谈论农事农活，或做一些多余的物质的交流。赶花街也有一个爱情故事相伴相生。传说很久以前，有一个勒苏彝族小伙子和一个汉族姑娘相爱了，但由于民族不同遭到土官和父母的强烈反对，他们不求同年同日生，但求同年同日死，他们相约到大西山顶，殉情自杀。为了祭奠这一对坚贞不屈的恋人，人们常常到大西山上悼念他们，后来慢慢变成了一个以聚会社交为主的节日。勒苏彝族的青年人都相信，有这对为爱情甘于牺牲的情侣护佑，他们自己在赶花街上结下的良缘一定会海枯石烂，天长地久。

赛歌会是元江腊鲁支系彝族的一个社交性的节日，时间是每年农历二月的第一个属牛的日子。节日当天，人们在开阔的场坝上燃起几堆篝火，大家以篝火为中心团团围坐。芦笙响起来，人们的脚板也开始发痒，那些能歌善舞的青年人走到场中间载歌载舞，开始一般是一个人领唱，众人应和，观众则拍手助兴，接下来是男女对唱。一般是小伙子先唱，激发在场的姑娘们对歌，姑娘们会选出一个合适的和他对歌，对歌歌词一般是小伙子含蓄地试探对歌的姑娘，是否愿意和他交朋友，如果姑娘表示愿意，小伙子会进一步表白爱意，如果姑娘回应，双方逐渐用歌声传达情意，如果发展顺利，最后两个人手拉手退出场外，继续交流感情，如果不愿意，双方也可以用歌声婉言拒绝对方。有些小伙子或姑娘被谢绝之后，仍然站在场中央，继续邀请另外的歌者上场，如果幸运，他（她）的执着会等来自己想要的意中人。有的甚至一再被拒绝也不罢休，直到获得意中人为止。下一个歌手接替他站在场中央，继续唱歌等待欣赏他的姑娘上场对歌。这种赛歌会有时候会持续好多天，直到再没人上场对歌为止。在结束赛歌的当晚，人们把在赛歌中结成情侣的姑娘和小伙子围在场中间，在芦笙的伴奏下载歌载舞，尽情欢娱，庆祝多日的赛歌会圆满结束，并期待下一个赛歌会上有更多的青年人找到自己的意中人。

在云南金平有一个节日叫"姑娘节"，也是以社交为主要目的的一个节日，一般在春节之后的第一个赶场日。在那一天，彝族和当地其他少数民族的姑娘们都聚集在这里，一个个打扮得花枝招展，争奇斗艳，她们自发组织歌舞联欢会，围成一圈唱歌跳舞，然后结伴逛街，如同一群群蹁跹的蝴蝶在街市上飞舞，那些前来参加节日的小伙子们或尾随其后，或围在她们周围，希望相中一个称心如意的姑娘。歌舞联欢会结束之后，接下来是物质交流，这种物质交流的形式颇像《诗经·氓》中的场景："氓之蚩蚩，抱布贸丝，匪来贸丝，来即我谋。"姑娘们把从家里带来的药材、山货卖掉，然后购买刺绣用的丝线、花边和银饰等。这时候已经相中了某一个姑娘的小伙子就会走到这个姑娘的跟前，大胆地向她示爱，主动替她付钱买需要的东西，如果姑娘推辞，就表明姑娘没看中自己，小伙子只好知难而退，如果欣然接受，就表明姑娘也对他有意思，可以继续交往。到黄昏赶场散去之时，一路上姑娘小伙子双双对对，情歌此起彼伏，夕阳照在他们的脸上，满是幸福、快乐、甜蜜的光晕。

彝族精美的手镯

彝族还有些地区性的节日，也是以社交为目的，但形式却很特别。在一些地区，每年会定期举办自己的赛装节，彝家姑娘们都穿上自己最美的衣服，带上最漂亮的首饰，三五成群地来到聚会地点，向大家展示自己最美丽的风采，而爱情的机缘可能就在这个美丽的节日相遇，一见钟情，私定终身，这些美丽的词语会因为这个节日变成实实在在的姻缘。

在云南楚雄地区有两个地方常年举行赛装节，一个是永仁县直苴村，每年的农历正月十五举行，一个是大姚县三台山，每年的三月二十八举行。赛装节也很有一番来历。传说一家有两兄弟，文武双全，相貌堂堂，带领着同族人发家致富，过上了幸福安康的生活，村子里的年轻姑娘个个都想嫁给他们俩。到了适婚年龄，村子里的长老询问他们喜欢什么样的姑娘，他们异口同声地回答，喜欢心灵手巧、才貌双全的姑娘。长老决定选一个集会的日子让他们自己挑选意中人。长老把这一消息告诉了村寨里有女儿的家长，听到这个消息，他们忙疯了，都在家帮助女儿绣花织朵，把自己最拿手的手艺活教给女儿。到了集会的那天，各家各户的姑娘们一个个打扮得花枝招展，花团锦簇，宛如一朵朵盛开的鲜花，看得兄弟俩眼花缭乱、六神无主。村寨的长老告诉他们俩，针线活好的姑娘才是最会持家过日子的媳妇，他们俩听了长老的话，选择了穿着打扮最漂亮的姑娘做了自己的心上人。在彝族人眼里，能绣会织的姑娘一定是心灵手巧、勤劳持家的好手。这则民间故事从一定程度上也反映出彝族人习惯于从衣着打扮上判断一个人的修养、品性的心理——以貌取人，无论哪一个民族，无论社会进步到何种程度，大抵都是如此。另有一个传说称，从前有个叫阿米尼的彝家姑娘，聪明美丽，心灵手巧，什么样的花鸟绣品她一看就会，她看到山上的锦鸡五彩斑斓的样子，就仿照锦鸡的羽毛织了一件锦羽衣，这件衣服鲜艳夺目，溢光流彩，穿上后阿米尼如同下凡的仙女一般美丽，令村子里的姑娘羡慕不已，都来她家跟她学刺绣，却气煞了那些土官、头人家里的姑娘、太太，因为她们即使请99个裁缝也做不出这么漂亮的衣服。土官制造谣言说她是妖孽，设毒计把这位姑娘逼成了一只锦鸡飞走了，但她所教的刺绣技术留在了彝家山寨，世代相传。这一民间传说充满了奇特而浪漫的想象，反映出彝族人自古以来就爱美尚美的心理。由于彝族居住分散，山高水远，道阻且长，彝族人非节假日很难有聚会的机会，而赛装节给难以见面的适婚青年男女提供了一个见面挑选意中人的大好机会，所以年轻男女都非常期盼这一天的到来。在节日当天，姑娘们穿上节日的盛装来到街上，身上背的包里另装有好几套自己精细缝制的衣服。在山边绿树下，搭有许多帐篷，可供姑娘们换衣服和休息吃饭，她们的父母就在那里等待着她们，常常是姑娘们穿上一套衣服到主街上逛一圈，回来休息片刻，再换上另一套衣服，款款走向街市和人群，一天下来有的姑娘要换五六套衣服。姑娘们像一只只蹁跹飞舞的彩蝶，穿梭、漫飞在人群之中，她们不断变换着自己的颜色和装束，把最美丽的自己展现在同胞面前，姑娘们都希望自己身上的衣服最漂亮，首饰最夺目，被关注的程度最高。小伙子们一边在街市上流连、欣赏着一个个美丽的姑娘和她们美丽的衣裙，一边在集市挑选精美的礼品，准备送给他中意的姑娘。小伙子们有一种闯入百花园的感觉，面对满园百花齐放、万紫千红的鲜花，不知道哪一朵最漂亮，哪一朵最衬自己的心，特别是那些过一阵子又换了一套全新的衣服的姑娘们，搞得小伙子们眼花缭乱，晕头转向，刚才对自己点头微笑的那个姑娘，似乎对自己颇有好感，但换了一套衣服之后又变了模样，即使走到自己面前也认不出来，也因此闹成许多美丽的笑话。好在现在有了手机，当两个人产生了好感之后，可以互相交换联系方式，一桩美丽的姻缘或许就从这次赛装节开始了。在赛装节上，姑娘们的穿戴可谓是千姿百态、异彩纷呈，服饰上的刺绣精美细致，花样百出，日月星辰，花鸟鱼虫，写实的、写意的，具象的、抽象的，都被姑娘们织在了服饰上，那些鲜艳夺目的图案、巧妙的组合与配搭用巧夺天工来形容一点儿也不为过，它们就是彝家姑娘灵秀的心灵的活写真，淋漓尽致展示出姑娘们纯洁美丽的内心世界，再配搭上银光闪闪的各种首饰，更是锦上添花，溢光流彩。到了夜晚，在月琴、三弦、锣鼓的伴奏之下，一场盛大的歌舞晚会开演了，姑娘们又换上新的装束闪亮登场。在星空下，灯火辉煌，笑语喧哗，姑娘们、小伙子们踏着节奏翩翩起舞，情投意合者开始结伴而舞，还没有找到意中人的小伙子、姑娘们也趁着舞会表演各种才艺和节目，希望得到欣赏的意中人，舞会常常通宵达旦，尽兴而归。为了这一天，不知道有多少彝家姑娘熬了多少个夜晚缝制那些漂亮的衣服，这一天结束之后，又是白天劳作，夜晚缝缀，把自己对幸福和快乐的梦想一针一线地织进那些服饰之中，等待下一次赛装节的到来。

彝族赛装节上的彝族姑娘和小伙子

这种民间自创的赛装节实际上就是彝族自家的时装节，彝家姑娘既是服装设计师，又是服装的制作者，还是模特，她们虽然远离繁华的都市，没有时髦的 T 型台供她们走猫步，但她们一样能把人类服饰的美淋漓尽致地表达出来，表演出来，在热闹而平凡的小镇的街市上，尽情展现自己最美丽的一面。我们不能不惊叹于彝族儿女强烈的爱美之心和强烈的表现、表达欲望，这种发自内心、出自天然的本能的对美的渴望，对自身价值希望得到认可的愿望，对爱与被爱的期盼，表现得那么的淳朴，那么的强烈，那么的生动，又那么的精彩，使我们这些习惯于通过大众媒介接受所谓现代、后现代新潮、时髦资讯的观众或者看客，都会感慨万千。看来无论身处闹市，还是偏居深山，爱美尚美之心都息息相通，无论是农业时代，还是后工业时代，爱美尚美之意万古同一。

第四节　拉麻节及其他

"岁时节日是农业文明的伴生物。"[1]彝族有不少与生产、生活有关的农事性节日，各地和各支系大同小异，其中大多包含了某些祭祀、巫术的成分，有的节日的宗教成分还很浓重，这些节日与远古的原始宗教、劳动方式及生活方式有关，大多是以某些动物或植物为祭祀对象，通过某些祭祀仪式，来表达对所祭祀的对象的崇拜与感恩的心理，同时也包含了通过这些仪式来祈求兴旺畜牧、发展生产、改善生活的愿望。

拉麻节是比较典型的彝族农事性节日。拉麻彝语是贺牛神的意思，这个节日主要在云南鹤庆、剑川等地盛行。该地区在两县交界处有一个牦牛洞，洞口上方的石壁酷似牛头，当地传说是神牛变成的，当地人在农历七月初七这一天都会聚集到牦牛洞前，庆祝一年一度的拉麻节。这天清晨人们手里拿着白栎树枝，带着食物贡品会聚于此，先把贡品摆好，把白栎树堆在石洞内，然后指示一个年轻力壮的人爬到牛头上，对着牛头喊叫："牛王醒来吧！牛王醒来吧！"等做完叫醒牛王的仪式后，一位德高望重的长老把白栎树叶点燃，人们开始围着火堆载歌载舞，之后在洞外草坪上点燃一堆火，一个头戴牛头面具、身披棕色衣物的"牛王"，围绕火堆跳起牛舞。牛王做出各种与牛生产、生活习性相关的动作，其他人配合牛王舞蹈，或做用牛绳套牛状，或做用竹筒挤奶状，或向牛王抛洒食料，或与牛王逗乐，牛王则做出各种滑稽可笑的配合动作。接着一个头戴毡帽、身穿羊皮裤、手拿牛皮鞭的牧人上场，其身后尾随着一群手拿花环的彝族姑娘，他们一起载歌载舞，最后牛王归顺了牧人，姑娘们把花环套在牛王的脖子上，表演结束。人们把牛王抬上用松树枝扎成的轿子上，抬着牛

---

① 钟敬文主编：《民俗学概论》，上海文艺出版社1998年版，第135页。

王到各村寨巡游，喻示着把吉祥幸福的生活送达各家各户。晚上各村寨都会在主要场坝上点燃篝火，举行表演，人们吹起牛角号，击响牛皮鼓，表演与春种秋收有关的舞蹈，敬祝牛神。每个家庭也会有相应的贺牛仪式。一家之主点燃火塘里的火堆，家庭成员按长幼次序把柴火架成井字形，女主人把一个装有各种粮食的斗放在火塘前，在斗架上点上一对蜡烛，放一些供品。男主人杀一只红公鸡，把鸡血滴在斗内，全家人手持斗绕牛圈转一圈，口中还得唱"牛长寿，人长寿，庄稼大丰收"的敬牛歌，牛栏门上还需贴上耕牛喜鹊童子图画。做完这一切，人们在牛栏边席地而坐就餐，给牛喂糯米糍粑或其他尚好的食物，以表达人畜同乐共享之意。拉麻节的各种仪式和表演比较充分反映出彝族对家养牲畜的态度。在彝族人看来，丰衣足食的生活不仅仅是自己辛劳的结果，还得力于家畜的帮助，他们对动物的某些原始崇拜之情，与对此的感恩之意相融合，形成了他们颇有特色的民俗景观。

彝族节日桥上的风景

同样在云南西北山区，每年的立冬时节，当地彝族举行颂牛节，传说这天是牛下凡到人间助农的日子。这一天每户人家都把自家的牛赶到约定的草坝上集中，草坝四周树立着十多只松树杆，上面挂上许多包谷、燕麦、荞子，用红绸加以装点，草坝中心处摆一个大簸箕，里面装有许多用植物或牛食料做的牛模型。人们用土豆做成黄牛身子，用萝卜做出水牛的模样，再用玉米秆、荞麦梗做牛腿，麦穗做牛角，包谷须做牛尾巴，这样做出来的牛模型形态各异，憨态可掬，特别受小孩子们的喜爱。人们把从家里带来的牛饲料放在簸箕周围，在一位德高望重的歌手的引领下，牵着披有红绸的耕牛围绕簸箕边歌边舞，歌词一般是歌颂牛的功劳、赞美牛主人的勤劳、表扬今年喜获丰收的农家。活动最后歌手把那些牛模型和饲料赠送给今年收成好的农家。活动完毕，人们赶着耕牛游村串巷，祈求来年风调雨顺，六畜兴旺，五谷丰登。许多得到牛模型的家庭把这个小小的礼物供在家里，当作吉祥物一样珍藏。

彝族有的地区对羊颇有感恩之情，比如云南牟定彝族的羊年节。由于当地家家户户都养羊，人们对羊情有独钟，每年农历除夕和正月初一都要给羊过年。在羊圈的门框上贴对联，给羊吃年饭（大米、包谷、荞麦、小麦混合的饲料），除夕夜老人给孩子们唱有关羊的古歌，大年初一在羊圈外放鞭炮，和羊共餐，喂羊爱吃的树叶。羊年过后，户主择龙日或其他吉日，把羊赶到山坡上去放牧。这种特殊的风俗反映出彝族人对家养的动物所怀的感恩与崇拜心理。而大凉山地区养有羊的家庭，在每年的六月中旬都要过剪羊毛节。届时彝族男女各自牵拉着自己的羊，来到大凉山黄茅埂处，集中在一起剪羊毛，互相交流农事经验和买卖物资，夕阳西下，漫山遍野都是羊群，羊羔的叫唤声此起彼伏，一派丰收喜人的景象。

在云南鹤庆县一些山区，当地彝族支系黑话人在每年的农历正月十五要过巴乌节，这也是一个与农事有关的节日，类似汉族闹花灯的节日。巴乌彝语为"打猎归来"意，是由彝族先民打猎归来之后举行的动物宰杀、祭祀、欢庆等一系列活动演化而来。先民在把猎物放在烤架上之后，围绕着火堆，开始模仿狩猎时的各种动作，模拟狩猎的过程，人们在这种对劳动过程的初步、简单的模仿之中获得一种精神上的愉悦和满足，即一种反观自身与占有物之间的关系而获得的成就感和优越感，是一种初级的审美感受。现今的巴乌节的表演更趋于形式化和娱乐化，一般会组建一支 12 面铜鼓、12 面木鼓、12 支唢呐（逢闰年各添加一件）的伴奏乐队，选 36 名年轻姑娘，身披虎、豹、熊、鹿、麂子、狐狸、兔子等野兽的皮毛，头上戴各种鸟的羽毛，模拟各种飞禽走兽的动作和姿态，围绕着篝火踏歌而舞，边舞边发出动物的叫声。那些扮演猎手的人们，手持弓叉，将猎物团团围住，表演各种狩猎动作，最后表演打猎归来欢庆的仪式。表演高潮时分，木鼓声声，锣鼓阵阵，欢歌笑语此起彼伏，歌舞者的手腕、胸前的铃铛随舞蹈发出清脆悦耳的声音，台下观众纷纷抛撒各自带来的松子、杏仁、核桃以示庆贺，整个场面精彩纷呈，热闹非凡，妙趣横生。节日期间还举办舞狮子、玩龙灯的民间表演。

彝族还有一些与当地的副业相关的节日，如云南禄丰黑井一带，每年农历正月十五举行黑井灯会，就与当地盛产井盐有关。届时人们举行耍龙、进贡、耍狮等娱乐活动，最后是架"合井太平"灯，用两盏彩云灯、一盏白鹤灯和一盏鲤鱼灯扎成井字形，取祥龙驾云上青天之意，寄盐业的兴旺发达之念。小凉山一带彝族每年的五月初五是当地的采药节。每年的这一天，人们一大清早就上山采药，然后把采来的药材拿到集市上去卖，当地人相信这一天所采的药材治疗效果最好，这个节日对当地的药材交易起到了一定的作用。在广西隆林一带的彝族每年一度举行护山节，一般在每年的农历三月初三、初四举行。在节日期间，任何人都不得上山砍树打柴，也不得把牲畜赶到山上去放牧。节日期间还组织"狩猎"活动，一般是由本村的年轻人装扮成动物的模样，傍晚出现在装扮成"猎人"的面前，猎人用竹炮俘获猎物。打猎完毕后大家围着篝火载歌载舞，狂欢达旦。

第四章　彝族的服饰

　　服饰毫无疑问是人类特有的一种文化现象，是一个民族审美意识的最直观、最鲜活的体现。"服饰是一种综合性的民族文化遗产，它不是单一的服饰的传承，实际上它——服饰本身包含了广泛的社会内容，往往与其他文化事象有关联。"[①] 每个民族的政治、经济、文化、宗教、民俗等状况以多棱镜的方式折射在本民族的服饰之中，有人把服饰喻为一个民族的皮肤一点儿也不为过。人类在刚脱离动物界、开始与动物区别开来之时，就开始人为地在自己的身体上添加饰物，他们把草叶、树皮、兽皮等披挂在自己身上，一方面是为了保暖驱寒的需要，另一方面是为了不被凶猛的动物咬伤，不被荆棘、石头等刮伤，人类对身体的自我保护应该是服饰诞生的最主要原因。服饰的产生还与人的伦理意识的觉醒相关。当人还处于类人猿状态时，还不具备羞耻与自尊的意识，人的性关系处于懵懂和混乱的杂婚、群婚状态。随着人类的不断进化、"人"的意识的逐渐觉醒，人类的性关系也随之发生变化，氏族内杂婚、群婚基本消失，乱伦禁忌开始严格执行，从族内婚向族外婚姻过渡，人类的羞耻意识、私密意识、自尊意识等一些比较高级的伦理意识开始出现，用衣物遮挡与性相关的部位，把个体生活与群体生活区分开来就成了服饰的一个重要内容。人类不再在同族异性面前公开暴露自己的性器官，而以树叶、兽皮毛或编织物遮盖自己的性器

---

　　① 王昌富：《凉山彝族礼俗》，四川民族出版社 1994 年版，第 5 页。

官，成为氏族内部成员衣着的基本规矩。人类学家通过大量的考古和实地调查发现，即使在非常原始的氏族部落之中，以遮蔽物遮盖或保护性器官也是最基本的衣着规则，这说明服饰的诞生的确与人类最初的伦理意识的出现相关。

服饰还是人类表达宗教崇拜的重要形式之一，服饰的产生与图腾崇拜的关系是显而易见的。图腾崇拜一方面体现在宗教仪式、风物风俗等方面，另一方面体现在一个民族的衣着服饰或纹身上。人类通过把自己的崇拜物刻画在自己的身体上（纹身），穿在自己的身上（服饰）或刻画在石壁和其他物体上（绘画），以此获得想象之中的占有和分享的满足，借助崇拜物的神力使自己变得强大和自信。那些穿在身上的或刻画在身体上的写实或抽象的符号、文字、图案都赋有神秘、神圣的宗教意味，原始人类怀着庄重而虔诚的心情对待它们，认为它们能给自己及所属的部落带来好运。还有些服饰和图案，虽没有原始宗教意味，但与当地的民间传说、神话故事息息相关，这些服饰和图案大多是在人类已经进入文明社会之后的产物，它们和宗教崇拜一起共同维系着一个民族的最原始记忆和同宗同族的秘密。

随着人类的进一步发展，当人类的温饱基本得到满足之时，人类开始通过某些物品或象征物的数量、质量上的累计来满足自己心理上的需要，通过征服、占有、攫取比其他人多的物品等方式来获得心理上的优越感及自尊的幻象，同时通过奢华的衣着获得他人的尊敬甚至仰慕。服饰作为一种可以炫耀的象征物的功能开始萌生，衣物不再是简单的遮羞布或蔽体物，对于那些比同一氏族其他成员多一些剩余物或富有一些的人来说，穿戴在身上的衣物和佩饰是最能显示自己的优越感和满足感的物质之一，是使身体社会化及身份化的一种重要形式，"衣着无处不在的特性似乎指出了这一事实：衣着或饰物是将身体社会化并赋予其意义与身份的一种手段。个体和非常个人化的衣着行为，是在为社会世界准备身体，它使身体合乎时宜，可以被接受，值得尊敬，乃至可能也值得欲求"①。在这一时段，社会分工也日益明显，服饰的另外一个重要功

---

① ［英］乔安妮·恩特维斯特尔：《时髦的身体》，广西师范大学出版社 2005 年版，第 2 页。

能——区别身份、显示地位的功能也开始显露出来。那些氏族的酋长、长老、牧师、巫师以及富有一些的族员，开始以特有的方式装扮自己，来显示自己不同的身份、职业和地位。人类有史以来第一次以服饰穿戴来判别、区分自己和他人的时代已经来临，这个时代应该是原始社会晚期。到了奴隶社会后，服饰的这种功能更加明显并得以强化，奴隶主贵族与奴隶之间的衣着服饰界限越来越分明，差距悬殊，直接表明了两个对立的阶级在各个方面的巨大差异。

　　服饰在基本满足上述功能的同时，其审美属性也一直存在，并随着时代的发展日益得以彰显。每个民族都是按照自以为美的方式来穿着打扮自己的，每个民族的服饰都蕴涵着该民族对美的理解和想象，同一个民族也会由于时代的不同，审美喜好、审美标准不同，服饰也有所不同。人类似乎在意识到自己有异于其他动物之时就开始了审美活动。在一些原始人的遗址里，那些被发掘出来的物品中，有大量的小石子、贝壳、动物的牙齿、骨头等经过简单打磨或钻孔的遗留物，它们显然不是实用之物，考古学家和人类学家都一致推断，这些很可能是人类最初的装饰品。人类通过这些装饰品来修饰自己的身体的某些部位，改变自己的外在形象，这显然是一种超越了基本物质本能之外的精神需求，这种需求或与宗教信仰有一定的关系，但不一定是主要的关系，很可能是一种试图让自己看起来比实际的自己更美、更和谐的想法的实践，显然这种实践已经超越了简单的真与善，超越了宗教的迷信与狂热，开始具有某种独立、独特的诉求，即审美在某种程度上摆脱了某种道德意识、宗教意识的束缚，有了最初的蹒跚学步的审美能力和要求。可以想象，人类在开始建立自我意识之时就开始具备了最初的审美冲动，就开始在自己的装束上下工夫，人类似乎天生就是爱美的动物，总是以自认为美的方式在塑造自己、装饰自己、完善自己。

　　一个民族的服饰在一定程度上说如同一个民族的表情，一个民族的民族性格、民族心理和民族想象也折射在这个民族的衣着打扮上。一个民族的服饰与其所处的自然环境、气候条件、生产生活方式、宗教与民俗、思想文化等息息相关，在这些客观与主观条件影响之下，每一个民族的性格、心理各有不同，有的民族性情随和开朗，有的民族性情强悍粗犷，有的民族热情，有的民族冷淡，有的民族浪漫，有的民族严谨，不一而足。这些民族性格和心理反映在服饰上，有的民族以团花簇锦为美，有的民族以朴素散淡为上，有的民族以浓妆艳抹为美，有的民族以纯正天然为上，有的民族衣着密不透风，有的民族却袒胸露背。不同民族对服饰颜色的选择和喜好更是千差万别，服饰的禁忌也各有不同，我们不能以一种固定的、标准的模式简单粗暴地判定一个民族服饰的美与丑、好与坏、优与劣，只能以包容并蓄、百花齐放的方式去欣赏、分析其中的独特性和审美元素。服饰作为一个民族的自我表现和自我肯定的方式，包含了一个民族的自我想象，他们认为什么是美的，他们选择用什么来表达美，都与自己的自我期待和自我想象有关，服饰作为一个民族的自我的镜像映射着一个民族的想象性的满足和期待，其中所蕴藏的多种文化内涵值得用多种理论去解读和分析。

第一节　不老的披毡与多彩的百褶裙

彝族服饰在很大程度上承袭了古代彝族先民的服饰特点，保留着汉晋时代彝族先民服饰的神韵。1963年在云南昭通后海子发现的东晋霍承嗣墓壁画上，男子头上缠着"兹体"（英雄髻）、身披披毡、赤脚的形象，和当今大小凉山地区的彝族平时的装束大同小异。唐宋以后彝族服饰在原有的服饰基础上向复杂化、类别化、身份化方向发展。彝族披毡这一明显具有民族特点的服饰被承袭下来，但不同等级、不同阶层之间的服饰差异日益明显。下层百姓的服饰简单实用、便于劳作，上层贵族所崇尚的服饰日趋象征化和审美化，下层百姓与上层贵族追求的衣着的款式、装饰和衣料品质之间形成鲜明的对比。值得注意的是以黑为贵、以黑为美的尚黑服饰审美观念也逐渐形成、定型。元明时期的彝族服饰等级区别更加明显，身份与性别特征在女子服饰上表现突出，许多彝族支系通过女子的头饰、着装来判断其是否成年、婚否。这个阶段彝族服饰还受到元代服饰的影响，元人的某些装束被彝族部分地接受。另一个值得注意的现象是彝族各支系服饰日益分化，除了保留彝族装束的一些基本特征之外，各地区、各支系之间开始表现出不同的审美趣味和倾向。时至清代，彝族服饰的地域性差异、支系差异更加显著。由于清代以降，彝族不再频繁迁徙，定居下来之后，居住地多以高山大河为邻，各地区来往不便，各地的经济发展水平差距逐渐拉大，服饰上的地区性差异更加突出，即使同一支系的不同地区服饰差异也相当明显，有些与汉族及其他少数民族杂居地区，服饰之间的相互影响十分显著，甚至完全被汉族同化，相对而言，贵州彝族，特别是深处偏远地区的彝族支系较多地保持了传统服饰的特征。

近现代以来，传统的彝族服饰正在向现代服饰转型、更新，各地彝族在尽力发挥彝族服饰的民族特色的同时，对汉族及其他少数民族的服饰也加以合理的吸收，彝族服饰在款式、面料、加工方面都有了更多的选择，服饰的功能也从以前的实用性、保暖性转向装饰性和审美性方向发展。到了 21 世纪，在全球化的大背景之下，随着旅游业的持续升温，民族服饰作为一种颇有特色的旅游资源，越来越受到相关部门的重视，民族服饰作为一个民族的名片，最能直观地展示一个民族的精神面貌，彝族服饰大放异彩的时代已经来临。

虽然不同支系和地区的彝族服饰各有不同，但彝族也有一些比较通行的主要款式。

彝族男子的服饰相对简单，且深受汉族服饰的影响，服饰习俗变化明显，许多与汉族交集的地区服饰与汉族区别不大，但在一些比较偏远的山区、河谷地区，民族服饰得以保存。羊皮褂是古代彝族服饰之一，现今仍是各地彝族人喜爱的服饰。羊皮褂款式为对襟、无袖、无扣，长及脚踝，各地大同小异，以黑为贵。一般一件披褂需用两张羊皮制成，一件羊皮褂晴天毛向里穿，雨天毛向外穿，既能御寒又能防雨，还可当被盖或床垫，是地处高寒山区的彝族人们最理想的护身御寒的服饰，在云南西部山区羊皮褂也是彝族姑娘出嫁时必备的嫁妆，富裕人家更是置办多件羊皮褂做陪嫁。

博物馆展出的典型的彝族男子装束

披毡也是彝族古老的服饰之一，它出现的时期晚于羊皮褂，但制作远比羊皮褂精致复杂。披毡可谓是彝族服饰中最具本民族特征、最有辨识度的衣着，从古到今披毡一直未离开过彝族人的身体，一方面是由于彝族多处偏远山区，气候寒冷阴湿，身着披毡可以驱寒取暖，也可以当作睡觉的铺盖，特别适合常住高寒地区的居民；另一方面，披毡也是某些地位显赫、身份高贵的人最直观的文化符号。披毡有羊毛擀制、马尾鬃编制和羊皮毛制作三种，其中羊皮毛披毡最为名贵。凉山彝族对羊皮披毡要求颇为严格，制作也颇有讲究。上好的披毡要选择五只皮毛同一色的小羊羔喂养三年（纯黑的山羊最珍贵），其尾部的一段毛始终保留不剪除，其余部位的毛每年剪三次，三年之后宰羊，把羊皮从头到尾取下，按长毛五寸、短毛一寸的方式制作，把五张羊皮连缀而成，披毡时毛向外，下摆是半尺长光滑的羊毛，与身上的短细的羊毛形成映衬与对比，看上去像一件华贵精致的艺术品。那些家财殷实的人家会选择全身纯黑色的羊皮制作披毡，对于尚黑的彝族人来说，拥有一件漆黑油亮的披毡，是身份、地位、财富、荣誉的象征。通过华贵的衣着显示自己显赫的地位和超凡的品质，一直是人类服饰文化象征的重要方面，彝族人也不例外，这种风气至今仍在一些彝族居住区保留、传承。云南镇雄、彝良、贵州威宁、四川凉山等地还沿用此服饰，而云南的一些山区，披毡多用作彝族妇女的装饰品。

对襟衣和斜襟衣是彝族妇女平时的着装。一般彝族妇女上穿对襟衣或斜襟衣，下穿裙裾。对襟衣和斜襟衣的衣袖、盘肩，特别是后下摆饰有各种花纹图案，有的通身镶有各种图案，与下身百褶裙配搭。大襟右衽衣，这是在整个彝族居住区广为流行的一种女装款式，其样式有长短之分，短装一般长到膝部，主要流行于云南楚雄、大理及四川凉山等地，长装流行于云南的其他大部分地区及贵州毕节、盘县等地。彝族女性的大襟衣，都习惯于在衽边衣袖、盘肩、下摆等部位，挑、绣或镶滚各种不同的精美华丽的花纹图案作装饰，具有鲜明的民族特点和地域色彩，和其他花纹图案一起，起到了民族文化标识的作用。

贯头衣承袭了古代服饰的某些特点，有两种样式的贯头衣在彝族居住区流行。一种是方领无袖、前短后长的式样，一般此种贯头衣腋下不缝合，用红毛线织缀而成，配饰一些几何花纹，十分鲜亮醒目。此服饰主要流行于云南寻甸、禄劝、武定等县交界的山区，这些自称"果仆"的彝族支系相传是古代昆明族的后裔，贯头衣被她们当作节庆时期的盛装穿戴。另一种是用腊布染制的有袖贯头衣，主要流行于云南文山、西畴、马关、福宁及广西那坡

火把节彝族成年男子服饰

等地，其领口有方领和圆领之分。方领贯头衣衣着宽大，整件衣服镶补、绣织或蜡染着各种色彩的花纹图案，风格古朴华丽，艳而不俗，在彝族跳弓节、荞菜节等一些传统节日中，德高望重、家底殷实的老年妇女偶尔穿戴，颇有古代彝族贵族风范。广西那坡彝族蜡染的贯头衣，圆领长袖，衣服长及小腿，两侧腰部以下开叉，上半部胸、背部均有花纹图案装饰，下半部用红、黑色布拼连而成。

彝族妇女的百褶裙是彝族的典型服饰。百褶裙全用羊毛制作，一般由上、中、下三节组成，中部窄细，到膝盖处百褶呈喇叭状向四周散开，走起路来，褶皱像波浪般晃动，下摆裙边摇曳四散，如花朵绽放般楚楚动人。百褶裙以红、黑、白、蓝色搭配为主，不同年龄的妇女有不同的装束。头帕也是彝族喜爱的装饰品。彝族青年姑娘非常注重自己的头帕，她们用五颜六色的丝线来绣织自己的头帕，精心设计头帕上的花纹和图案，并且还将银泡、玉佩及其他织于其上，非常抢眼，再戴上别致的耳坠，穿上华美的服装，令人眼花缭乱，美不胜收。荷包、挎包也是彝族青年男女喜爱的装饰品，特别是在盛大节日，这些都是锦上添花的装饰。荷包是女子的用品，一般系在腰间衣服之外，多为三角形，包上佩有各种花色图案、色彩艳丽、下垂箭头形状的五彩飘带，走起路来飘飘洒洒，煞是好看。挎包是男子的用品，一般斜挎在左侧，多为长方形，包上绣有各种花纹，下垂流苏，色彩鲜亮，美观大方。

彝族服饰擅长用各种纹样加以装饰，尤其是女式服饰喜欢大量采用装饰性纹样，其纹样样式十分丰富，基本纹样为几何形，动、植物变形纹次之，花鸟图案变形纹较少。最有代表性的装饰性纹样大致有以下几种，一是涡旋纹，俗称羊角花，形同旋涡，是公羊角被艺术化、抽象化后的纹样，多用于女子上衣的盘肩、衽边和下摆等部位，一般用镶补的方法，这是彝族女式服饰中最流行的纹样之一。各地彝族女式服饰上都可以看到此种花纹的图案，这与彝族以羊为主要家畜、人们对羊的喜爱有关，但不同彝区纹样稍有差别，有的地方羊角花的造型古朴粗犷，有的地方的精致细密，颜色搭配上也各不相同。二是火焰纹，形同火焰，多用于头帕、衣袖和女式上装后摆。一般用镶补的手法，先把要镶嵌的绿色、蓝色或其他颜色的布剪好纹样，然后用红线锁边，嵌在底布上即可。这种纹样色彩鲜亮、轮廓清晰、构图巧妙、栩栩如生，如同正在燃烧的火焰，深受彝族妇女喜爱。三是虚牙纹，俗称狗齿纹，即一种形同小锯齿状的纹样，多用于头帕的两端、袖口和衽边等部位，有些地区的彝族妇女喜欢在坎

彝族成年妇女的多彩的头饰与百褶裙

肩黑色领口处镶嵌一圈红色狗齿纹，十分别致抢眼。四是八角纹，形同八角形的星状纹样。这种纹样也经常被采用，它既可以单独使用，又可以和其他花纹配搭使用，多用于头帕、后背、前襟、襟边等处的装饰，一般用挑花的方法绣织。

　　彝族服饰上除了这些装饰性纹样单独或配搭使用构成一些图案之外，还有一些相对固定的动、植物图案，用以装点头饰、衣服或鞋帽，这些动、植物图

彝族女人后背的精美装饰

案或与先民的图腾崇拜有关，或与当地的神话传说、民间故事有关，真可谓是穿在身上的"活的"历史和文化。彝族常用的图案有虎头图案、龙图案和花卉图案。彝族儿童所戴的虎头帽就是以虎头图案作装饰；过去楚雄地区的男子爱穿虎头鞋，把虎头图案制作在衣物上；贵州毕节地区彝族女式长衫下摆等部位，喜用几组虎头图案作装饰，这些做法很明显与彝族先民对虎的图腾崇拜密切相关。虎头图案一般用云纹、涡旋纹组成。有些地区如云南巍山一带的妇女上装胸前爱绣龙的图案，所绣的龙图案做工精致、形象逼真、色彩明艳、装饰效果奇佳，一般用镶补为主、彩绣为辅的方式绣织，龙图案与彝族祖先对龙的图腾崇拜有关。彝族居住地多为山区，鲜花烂漫，蝶鸟乱飞，妇女对花的喜爱更是天性使然，尤其是对马缨花的喜爱与彝族神话传说相关。在神话传说中，马缨花是彝族先祖生子的时候洒下的胎血所变，马缨花被视为祖先神的化身，在某种程度上彝族妇女对马缨花的喜爱是本民族某种集体无意识的浮现。此外，彝族妇女还喜欢把月亮、星星及其他花鸟图案绣在服饰上，有的图案逼真写实，有的抽象变形，有的半写实半抽象，但无论哪种图案，经过彝族妇女巧妙构思、精心绘制，都会变得精美异常、巧夺天工，令人耳目一新。

彝族女式服饰多以刺绣装饰，纹样和花色千变万化，据有关资料统计，它的基本纹样多达 200 种以上，纹样变体更是不计其数。刺绣的方式有平绣、叠绣、缠针、长短针等，绣花的方式有穿花、按花、排花、堆花、扣花、贴布花、打子花、切针花等多种形式，花纹图案种类繁多，配搭巧妙。她们的绣品做工考究、颜色鲜亮、活灵活现，彝族妇女把自己对美好生活的热爱和向往都一针一线绣在了服饰上，我们完全可以说，彝族的服饰就是彝族妇女内在的真善美的一种淋漓酣畅的宣泄和投射。

第二节 衣不惊艳死不休

彝族是一个特别爱美的民族，彝族服饰充分体现了该民族独特的审美观。彝族服饰花样繁多、色彩缤纷，款式多达 300 多种，为中国民族服饰之冠，其服饰种类多样、花色纷繁，具有强烈的民族、地区特色，由于彝族各居住区地理气候、经济状况、风俗民情各有不同，反映在服饰上也有各自不同的特点。几乎每个支系、每个地区在他们各自的服饰上都有精彩之处。

彝族男性服饰的颜色及款式相对单调，彝族女性服饰色彩艳丽者居多，各个支系和各地的服饰争奇斗艳，特别是在大型节日期间，各地、各支系的彝族儿女汇聚在一起，衣着鲜艳亮丽的彝族女人们穿行、漫游在人群之中，人们仿佛走进了彝族时装博览会，仿佛走进了万紫千红的大花园，美不胜收，让人目不暇接，流连忘返。

彝族各地、各支系在衣着、头饰、裙裤等方面也各有不同，无法一一描述，我们只能选取一些片段来展现各地、各支系的风采。

云南峨山聂苏彝族妇女爱穿一种叫作"花口绳塔"的衣服，这种衣服结构复杂、做工精细、色彩艳丽、花团锦簇。花口绳塔是一套服饰的总称，由帽子、褂子、上衣、裙子、裤子等组成，缝制前先用纸板剪成各种花、鸟图案，把这些图案贴在布料上，然后用多种彩色丝线刺绣，最后把绣好的布料一块块拼贴起来，组合成一套完整的衣服。整套衣服多以黑、绿色布料做底布，用各种色彩鲜艳的丝线刺绣，从上到下、从头（帽子）到脚（鞋子）都绣有各种缤纷艳丽的图案，在胸前和两肩部分还缀有大量的银泡，整套服饰华贵、端庄而艳丽。一件花口绳塔需要花费半年时间才能完成，可穿多年仍亮丽依旧。

云南曲靖一带的彝族着装讲究"凤冠"、"霞披"、"虎裤"、"龙裙"、"板尘鞋"。凤冠是先做一个金红色花案的头套，当面用银饰对称装饰，然后用十余朵红色绒花球成圆周状排列，整个凤冠明艳华丽如凤凰开屏。霞披是用青蓝色的布料做一件及腰的披风，上面绣有各色金边图案，看上去如同晚霞一般璀璨夺目。虎裤是用青、蓝、灰布做成的宽腰长裤，红黑滚边，膝盖以下镶有各色花边，显得既华丽又庄重。龙裙是用青蓝布做成的裙裾，上面绣有龙凤花草图案，裙裾周围有红丝线绣制的流苏，脚下穿一双绣有龙舟图案的板尘鞋，整个服饰搭配和谐，明丽华贵，在节庆时节穿出来，颇能获得人们的赞赏。

撒梅支系的女子服饰颇多讲究。她们与其他支系彝族的不同是常常在褂衣腰部系一条精美的腰带，上面绣满了各种花卉、鸟兽图案，腰带下系一条短围腰，围腰两端的绒流苏的系法也颇有讲究，未婚姑娘围腰的流苏垂于腹下，已婚妇女的流苏垂于腰间。

彝族人戴帽子也有许多不同的讲究，撒尼支系头上戴有鲜艳夺目的包头，撒尼人称之为窝耳结。包头的花纹成横条格子状，每一条的颜色都不相同，共有七种颜色，间距均等，平行排列，形如七色彩虹。花腰彝族的头巾也颇具特色，她们把四五块不同颜色的布料拼接在一块长方形蓝色或白色底料上，做成一块头巾，头巾四角缀有银泡，银泡之间用红、黄、白、绿等色彩的毛线织成流苏状的缨花，往上翘的缨花花腰人称之为杨梅花，下垂于耳畔的缨花称"赶苍蝇"花，因为它们随人走动时会轻轻摆动，赶走飞来的苍蝇，而赶苍蝇花不仅保护了皮肤不受蚊虫叮咬，而且还使花腰彝族姑娘增添了一份摇曳之美。头巾两边绣有各种对称的花鸟图案，额前还绣有三朵独立的鲜花，给人花枝招展的视觉美感。撒梅人则按不同的年龄段穿衣戴帽，3岁以前的幼儿戴扁平的"飘磨卡"，帽子上绣有花朵图案或镶有多个小佛像，3岁以后男孩不再戴帽子，女孩开始戴鸡冠帽，鸡冠帽一直要戴到女孩子结婚成家为止。鸡冠帽形状像公鸡冠，以黑色绒布做成，上绣桂花图案，有的镶有多颗银泡，帽顶上扎两朵红色绒球。撒梅女子结婚后，帽子改戴"沙帕瓦"，一种黑绒布制作的瓦片状的帽子，婚后的发型也改为在脑后挽一个发髻。

人们习惯上按支系、地域和民俗的差别，把彝族服饰划分为六种类型，它

彝族一家人各不相同的服饰

们分别是凉山型、乌蒙山型、红河型、滇东南型、滇西型和楚雄型[①]，各种类型之中又可细分为若干样式，不一而足。

———————————

① 该章节部分资料参照了钟仕民、周文林所编的《中国彝族服饰》，云南美术出版社 2006 年版。

彝族妇女的头饰

凉山型服饰主要流行于四川大小凉山彝族居住区及云南金沙江流域，这一地区涵盖日诺、什扎、所地三大方言区。由于这些地区在大小凉山的腹地，与外界交通困难，受地理环境的影响，该地区彝族人民的生活相对封闭，其政治经济制度长期处于奴隶制，这些因素都直接或间接地影响着服饰文化的特征，凉山彝族服饰与其他类型的服饰相比，更多保留了古代传统服饰的特征，相对古朴，男子服饰朴素庄重，女子服饰华贵艳丽。

这一地区男士服饰最明显的特征是男子大多盘缠着黑色或深蓝色长巾，蓄传统的头饰"英雄髻"（天菩萨），英雄髻20—30厘米，呈细长型。老者略粗，盘于额前，一般都从右往左盘，死后从左往右盘。上衣着右衽大襟衣，短领，上衣绣花，内衣多为白布褂。女子戴帕，童年、少女时代及生育后头饰各有不同，生育后多戴荷叶形帽或八角形夹层帕，上衣有花饰，贴银泡，穿多色鲜艳搭配的倒喇叭状百褶裙，主要用色是黑、白、红、黄等。

大小凉山地区还有一些彝族人和这种"大众化"服饰不太一样，多为操"所底"土语的彝民，俗称"小裤脚彝族地区"。这一地区的男子多不蓄英雄髻，缠头帕，腰大，裆宽，裤脚窄小，上衣以短为美，常不过肚脐，披羊皮擦尔瓦。女子多戴花线锁边的折叠青布巾，多着短袖大襟衣，短不过脐，周身镶有黑底黄色贴花，粗朴冶艳，穿无褶或少褶羊毛裙，朴素中显示本色之美。

乌蒙山型。乌蒙山地区自古以来被认为是西南彝族文化的始发地。起初该地的服饰与大小凉山的服饰区别不大，但明清以后，该地服饰发生了较大的变化，衣服的颜色依然是以青、蓝色为主，但过去以毛、麻织品为主，现多改用布料。男子一般戴黑色或白色头帕，服装通常为大襟右衽长衫，长裤，多系白布腰带，衣服无花纹装饰，常披羊毛披毡。女子头戴青色人字形头帕，有些地区戴白色头帕，领口、衣襟、袖口、衣服下摆和裙边绣有彩色花纹图案，戴耳环、手镯、戒指等银饰，婚后不再戴耳环，以耳坠取而代之，腰间系白色或绣花围腰，身后有较长的绣花飘带。在有些地方，女式服装装饰性较少，系黑色围腰，下身穿深色长裤或长裙，仅在衣衩或裙脚处有不多的花纹。总体来看，乌蒙山服饰与其他彝族地区的服饰相比稍逊风骚，缺乏突出的个性和繁富的装饰性，给人以清淡、朴素的感官印象。

红河型服饰的代表性地区在红河流经的地区及哀牢山地区，这一带的彝族男子服饰多为立领、对襟、短衣、宽裆，有些地区男式上装有花边，扣子用银币装饰，系绣花腰带，垂缨护腿等，与女子服饰相比，相对单调素净，缺乏变化。这一地区的女式服饰色彩丰富，款式多样，年轻女子多戴镶嵌银泡的鸡冠帽，已婚女子多缠包头，有些地方如建水等地的女子特别讲究帽子的色泽样式和银质佩饰，衣服多以蓝、红、黄、绿为主色，女装以高开衩大襟衣衫为主，上衣肩部、衽边、袖口、下摆多有花饰，纹样多为菱形、扇形等几何图形，佩有银泡、银索等饰品。这一地区女子服饰注重腰围部分的装饰，有些女子佩有银围腰链，下穿以宽松长裤为主，有些地方如石屏等地的女子有用对比强烈的布料拼接成裤的习惯，裤子以红色为主色，杂以黑、白、绿、蓝等色，色彩艳丽抢眼。

楚雄型服饰主要代表地区为滇池和洱海之间的广大地区，这一地区是古代各部族迁徙交会之地，各部族、支系服饰之间互相吸收、互相影响，造成这一

博物馆展出的彝族不同支系的女式服饰

地区服饰具有某种杂烩混合的特点。男子的服饰无太多花样，一般都是短衣长裤，上衣上配有少量绣饰，羊皮褂、绣花凉鞋为青年人喜爱，羊毛披毡、大襟短衣、绣花肚兜多为传统中老年男子的装束。这一地区的女子服饰纷繁复杂，女子的头饰花样繁多，年轻女子多戴绣有缨花、蝴蝶等各色绣花帽，已婚女子多以青巾缠头，形如圆盘，有的脑后挽髻，缠青色头帕，佩银簪、银链，有的在头帕上以五彩绒花作装饰，有的在发髻上箍银花、银泡。女子上衣一般较短，有些地方如龙川江女子喜穿浅色上衣、黑色坎肩，但其他地方的女装色彩艳丽者居多，上衣以红、蓝色绸缎为主，用黑、黄、红色做花边，上衣胸前、盘肩等部位多以马缨花、云样纹作装饰，腰围部分多用花卉或几何图案作装饰，下身或穿长裙或穿绣花长裤，武定等地的女子裤脚部分有近 60 厘米宽的绣花边，用桃花人形作基本图案，精致美观，令人过目不忘。

　　滇东南型男人多穿对襟上衣，外披坎肩，下身穿宽裆裤，有些地方还保留着古代贯斗方袍的款式。女装多为前短后长的右襟衣或对襟衣，衣服颜色多白色、黑色、绿色或浅蓝色，环肩、襟边、袖口、衣摆多有镶花，有的地方如文

楚雄彝族成年妇女戴的绒花绣球帽

西等地还有蜡染花边，花纹多为动植物或几何纹样。女子头饰各有不同，风格突出，有的年轻女子戴鸡冠帽，有的以双辫缠头包黑巾，有的地方如圭山等地用布箍束发，布箍的颜色、装饰因年龄、地区的不同而各异，有的地方如屏边等地女子头上用弓形发架盘发，上面覆盖头帕，并以珠链装饰，佩饰有银泡头围、银吊丝耳环。腰间佩有款式不同、花色和纹样不同的挎包或腰带，下身多着黑、青色长裤或褶裙。

　　滇西是彝族居住集中的地区，也是原南诏王朝的所在地，男子穿对襟短上衣，包头，长裤，颜色以黑为主，多披质地优良的羊皮坎肩或羊皮褂，女子多穿前短后长的圆领大衣襟，披深色坎肩，坎肩多镶有花边，景东地区的女子爱穿桃红色或绿色短上衣。头饰各地差异明显，已婚女子多用青布或黑布包头，巍山等地年轻女子留长辫，爱戴鱼尾帽，结婚后盘髻包帕，节庆时帕上用缨络、珠串装饰；无量山的女子爱用绒花装饰发辫；景东等地的女子盘髻包头，用银泡修饰，垂数条五颜六色的长飘带。

　　综观彝族各地的服饰，我们不难发现，男子服饰相对逊色，女子服饰则异

彝族成年男子的绣花坎肩

彩纷呈。相对偏远的地区更多地保留、传承了古代服饰的一些特点，相对开放的地区则综合了各个支系甚至外民族服饰的特点，并加以转化、吸收。女式服饰总体上看，头饰千变万化，但都与女人的成长、成熟及生育有关。彝族女装特别注重上衣的图案及银泡等装饰性物件的应用，给人以繁华簇锦、异彩流光的审美感受，对腰部的装饰也非常注重，女式裤子的花饰个性鲜明，而百褶裙虽然样式和色彩变化不多，但其作为一个民族标识性的符号，非常协调地与头饰、上衣、腰饰搭配在一起，完整而和谐地表达了一个民族对美的理解与追求。

第三节　穿在身上的文化

彝族服饰与彝族生活的自然地理环境、宗教信仰、生产生活方式、风俗习惯、审美心理有着密切的关系，彝族服饰不仅有性别、年龄、身份之别，也有常装和盛装之分，还有各种场合如婚服、丧服、祭祀服等之异，并且，由于地区不同、支系不同，同一民族的不同地区、不同支系、不同方言区服饰习俗也不尽相同，互相差异甚大。随着社会政治、经济的变化发展，彝族的服饰也随时代有不小的变化，特别是在平原地区和与其他民族杂居的地区，彝族服饰在保持其传统服饰的特征的基础上，也吸收了其他民族服饰的一些成分，在服饰布料、款式、装饰等方面进行了某些创新和变革，但其精髓还是相当程度地保持了下来。

　　和其他民族一样，服饰对于彝族首先也是实用性功能为主，尤其是远古时代，蔽体护身、避风防寒是衣服的主要作用，主要生活在偏僻山区的彝族居民更是在衣着上首先必须考虑到生存的需要。为了御寒，他们习惯穿兽皮制成的衣服，为了在山上行走或狩猎不被荆棘和石头刺伤，他们习惯在手腕和脚腕上戴护腕和绑腿，这些简单的衣着是在生存环境极其恶劣的条件下，最为简单而实用的防范性的措施，还谈不上美学意义上的形式感和装饰性。当时的生产力低下、生活贫寒、物质匮乏等因素制约着人们的审美需求，只有当人们的最基本温饱得以满足、有剩余时间和精力去发现自己、以自认为美的方式装扮自己的时候，服饰的实用性功能才开始慢慢移交自己的霸权，给服饰的审美性功能一些可以自由发挥的空间。即使在当今时代，除了 T 形台上走秀的职业模特可以淋漓尽致地发挥服饰的美学功能之外，在日常生活中，服饰文化依然是徘徊在实用和美学之间的一座浮桥。

　　由于地理和气候的原因，彝族居住区种麻多、种棉花少，高山地区适合养羊，所以过去一般的服饰多用麻、毛加工成麻毛混织的布料，但现今多穿棉布或化纤缝制的衣服。广大彝族居住区还有一种叫火草的植物也多用来织布。火草是一种多年生植物，叶子很长，纤维结实，用它制作的衣物经久耐用。古代彝族常常燧石取火，多用此物引燃，故称火草。彝族人把它织成布料，用它来做各种衣物。虽然现在有了各种各样的布料，但在一些彝族地区，人们仍然用它做衣物，特别是在云南川东、武定等地，一件用料考究、制作精良的火草褂依然是许多彝族年轻人向往的衣服。

节日街头的彝族女子

  彝族的服饰除去最基本的实用需要之外，在很大程度上还反映了其民族的信仰与崇拜意识。彝族对虎的图腾崇拜由来已久，在彝族创世纪史诗《梅葛》中，把宇宙万物都描绘成由虎的各个部分演化而来，彝族先民相信，人、虎可以互变，人死后会变成老虎。楚雄地区还有"人死一只虎，虎死一枝花"的谚语，彝族自认为是虎族，虎是彝族的原始图腾，这种宗教信仰反映在服饰上，表现为许多彝族妇女喜欢把与虎相关的图案绣在服饰及其他用品上。云南楚雄地区的一些妇女衣服背布上绣有挑花四方八虎太极图，儿童则多穿戴虎头帽、虎头肚兜和虎头鞋，过去楚雄地区的成年男子也常穿虎头鞋；乌蒙山一带的女子衬衫下摆用白色布条和细线织成螺纹虎头图案；贵州毕节地区彝族女式长衫下摆等部位，喜用几组虎头图案作装饰，女子出嫁时要戴虎头面罩。把虎穿戴在身上，无疑是对自己作为虎子虎孙的认同，也是借虎壮胆添威的表现。还有些服饰图案与一些民间传说、神话故事不无相关。在巍山一带流传着有关蜘蛛救女的故事：相传很久以前，一群彝族少女被一群粗野的士兵追赶，她们无路可逃，钻进了一个山洞里，吓得大气都不敢出，她们听见追兵纷至沓来的脚步声都胆战心惊。就在此刻，洞口的几个大蜘蛛飞也似的开始织网，很快洞口就被绵绵密密的蜘蛛网覆盖，赶到洞口的追兵看到洞里满是蜘蛛网，推测洞里肯定没有人，就溜走了。姑娘们因蜘蛛获救，为答谢蜘蛛的救命之恩，便把蜘蛛绣在毡子上，用圆形代表蜘蛛，用长方形代表它们的眼睛，把织好的毡子披在后背上，这就是有关彝族"裹褙"的来历的民间传说。当地彝族人相信，妇女身披裹褙，鬼怪就不敢从后面偷袭，裹褙有驱邪镇妖的作用。彝族女子所戴的鸡冠帽，据说与雄鸡降妖的传说相关，戴上鸡冠帽，不仅能辟邪，而且能给彝族女子带来吉祥如意的生活。而彝族男子和儿童的一些佩饰如象牙、獐牙、虎爪、野猪牙和麝香包，都被认为有辟邪防身之功效，那些经过毕摩念过的符咒布包，彝族人称之为"干比"的东西，更是被认为是神奇之物，它不仅能驱邪避祸，而且会给人带来意想不到的好运，是彝族人都想得到的宝物。我们从此类服饰及佩饰上可以看出，一个民族的宗教信仰、民间神话传说对服饰具有巨大的影响力和渗透力。随着时间的流转，服饰所蕴涵的宗教迷信意味逐渐淡化，而这些精美的花纹、图式和色彩却影响着彝族人们对服饰的审美观。今天的彝族人的衣着虽然因受到汉族以及外界的影响有了很多、很大的改观，但他们对本民族服饰的喜好还是深深根植于他们的心灵深处，影响着他们对服饰的选择。

人类进入阶级社会之后，作为阶层、地位、身份的象征符号的服饰，必然被打上阶级的烙印，在新中国成立之前，许多彝族居住区长期处在奴隶社会晚期或封建社会，社会制度、阶级等级和贫富差距都会在服饰上反映出来。以凉山彝族为例，在新中国成立之前，凉山彝族还大致处于奴隶社会，各家支之间等级森严、界限分明，黑彝是政治、经济、文化占统治地位的贵族阶层，白彝是有一定的财产、能自给自足的中等阶层，庄锅奴隶则是终年为黑彝服务的最低等的阶层。黑彝享有至高无上的特权，为保证自己的特权地位和"高贵的"血统，他们严禁和白彝通婚，违者将遭到严厉的惩罚，剥夺其彝族身份，甚至被驱逐出家支。在衣着服饰上各阶层之间也可谓是泾渭分明、秋毫不犯。黑彝男子穿高档全黑羊毛或黑、蓝棉布衣服，如果穿麻布衣服，就会被宗族人轻视和贬斥，女子头帕、上衣颜色以素净为主，多为布蓝花或蓝布青花，裙褶繁多，裙长及地，不露脚趾，裙边镶嵌着宽大的黑布条，以稳重、高雅为美。白彝多着自制的羊毛或麻布料，女子的头帕和衣服的颜色多姿多彩，裙不过膝，便于劳作，用各色的绣品织花边或裙摆。没有任何地位和身份的庄锅家奴只能披麻布衣，衣服的功用仅限于遮体避寒，没有任何修饰性成分。而作为神职人员的毕摩，其服饰更是与众不同，毕摩戴法帽，法帽被认为是毕摩的辟邪之物，一般用竹篾编织而成，形似大斗笠，外套黑色的薄毡片或白色羊毛套。每作一次斋，套一层羊毛毡，套数越多，表示毕摩作斋次数越多，法力越高。毕摩穿特制的毡衫，有黄、红两套，黄色用于丧事作法，红色用于婚嫁乔迁等喜事作法。毕摩还佩戴野猪牙项圈，也是辟邪之物，手提羊皮经袋等。凉山毕摩在祭祀时身披马尾披风，该披风是用 49 匹良马的马尾编成，色泽乌光油亮，非毕摩不得如此穿戴。毕摩借此来显示他特殊的职业特征，标识自己非同凡人的身份和地位。我们从上述的例子可以看出，阶层、地位、身份、财富等阶级社会的烙印被植入了人的衣着服饰之中，把衣着服饰看作社会的皮肤和毛发一点也不为过。

彝族服饰在美学意义上更是有自己的独到之处。彝族先人早就对黑色所体现的冷峻、威严、高贵、神秘等特质有相当程度的理解。彝族服饰一直崇尚以黑为贵、以黄为美的审美观。彝族传统服饰大多以黑色为基本色，这不仅仅是因为黑色吸暖、耐磨、经脏等特点，更主要的是黑色是彝族民族的尊严的象征色。彝族在历史上被称为"乌蛮"，对于彝族人，这种称谓并无贬义，反而折射出自己民族的高贵与尊严。一件质地优良的黑色服饰对于一个彝族成人来说，是一件无比珍贵的礼物，无论男女，都以黑为贵，尤其是凉山一带，即使百褶裙，裙边也会用一掌宽的黑布作为装饰。黑彝更是以不加任何修饰的素黑服饰为美，人死后的寿衣也必用黑色。彝族人甚至喜欢用带黑的词为山水命名，可见其对黑色喜欢的程度。虽然现代社会已经消除了等级观念，但黑色仍然是彝族人心中的最爱。其次黄色也是他们喜爱的颜色。黄色象征着光明、温

博物馆展出的彝族毕摩法帽

暖、热情，彝族服饰用色中最多的是黄色，彝族女性服饰喜欢用金黄色火焰花纹装饰，许多彝族妇女的衣服领口、后摆、肩峰、袖口、下摆都绣有火焰的花纹，这很可能与远古彝族对太阳和火的崇拜密切相关。

　　服饰在漫长的历史中还有着社会角色与性别标识的功能。不同的年龄阶段、不同的社会身份、不同性别有不同的衣着服饰讲究。彝族男孩在有性别意识之后（两三岁左右）衣着打扮初现男人装扮，只是衣服样式简便，经过成人礼之后开始在脑门蓄发用作将来扎"天菩萨"，成人男子都扎"天菩萨"，如"人生礼仪"一章所述，所谓天菩萨又称"英雄髻"，彝语称"足补"或"助尔"，即在头顶上蓄一咎长发椎髻，然后盘缠一条黑色或深蓝色长头巾，一般将头巾盘缠成尖锥形状，斜插在额头前，天菩萨是彝族男子尊严的象征，也是彝族男子显示神灵的方式，神圣不可侵犯，外人禁止触摸。彝族成年男子还以无须为美，胡须最好——拔光或者剃光。黑色的头帕上竖起高高的英雄髻，耳朵上戴上银质耳环，黑色的头帕和上衣之间点缀一些黄色耳珠，如此干净清爽、英气逼人的年轻男子往往是彝族少女心目中的偶像。

花腰彝族艳丽的节日服饰

如前所述，彝族女孩在成年礼时举行换裙仪式，换裙仪式对于彝族少女来说具有非凡的意义，它在象征意义上意味着一个女孩儿童时代的结束、少女或成人时代的开始。少女的父母尤其是母亲特别重视这个仪式，母亲在仪式之前就为女儿准备好了各种礼物，一般应准备花边黑色哈帕、崭新的彩裙、五颜六色的念珠和挂在衣领上的银牌，把这一切准备就绪，女儿的换裙仪式就可以举行了。彝族女孩换裙以前，一般穿白红两色的童裙，梳一支独辫。换裙对于彝族女孩来说意味着已经成年，有的彝族地区举行换裙仪式，彝语称为"沙拉尔"，一般要做三件标志性的事情，即"梳双辫，扯耳坠，换裙子"，一是把女孩的独辫一分为二，把单辫梳成双辫，然后带上绣满鲜花的头帕，二是把童年时候穿耳的旧线剪掉，换上银制的新耳坠，三是把两节童裙换成三节成年色彩长裙。经过这番打扮修饰之后，一个亭亭玉立、小荷初露的彝族少女展现在人们面前，彝族少女从此开始了新的人生阶段。而看似简单的穿衣戴帽，却暗含了某些道德、伦理的例律，彝族姑娘所戴的"鸡冠帽"戴法不同，也喻示着这个女孩的情感婚恋状态，一般未成年少女的鸡冠帽正戴，恋爱中的少女的鸡冠帽歪戴，已有了正式的对象、已经订婚了的女孩鸡冠帽前后倒戴，这一方面约束自己，另一方面告予那些追求者本人已经身有所属、心无旁骛。婚后就不再戴鸡冠帽，只戴"沙帕瓦"，如果一个已经成年的女孩或已婚的女人胡乱穿戴，会被认为缺乏教养，甚至道德败坏。

服饰毫无疑问是民族特性的一种物化的体现，人们靠穿在身上的衣着服饰来获得认同感、亲近感，获得家族相似的同一性体验，服饰与语言一样，具有神秘而内在的凝聚力和亲和力，是其他物质媒介不可比拟的。彝族人与其他民族一样，在一些重大礼仪、不同场合特别注重自己的装束打扮。重大的仪式，如婚礼和葬仪，服饰的规范性和严肃性更是不可随意，否则会受到族人的非议，甚至惩罚。穿戴对于彝族人来说，绝非一件只是遮羞蔽体的小事情，它事关一个人的声誉，甚至一个家族的荣誉。在婚丧嫁娶、节日庆典及其他重要场合，无论男女，都以盛装出席为荣，以衣冠不整为耻。那些穿戴最华贵、最具风采的男女会赢得在场人的艳羡和赞誉，其名声会在村村寨寨传扬。彝族人特别注重头部、颈部及上半身的装束打扮，形象地称为"顾头不顾脚"，这可能是因为在人山人海的聚会的场合，人们一般把注意力多投向人的上半部，无暇顾及下半身的装束，所以彝族人极尽能事的在身体的上半部下足功夫、做足文章，这种看似非常虚荣浮华的表现，却充分体现了彝族人民世俗生活的智慧。

彝族同其他民族一样，是以自认为美的方式在创造美。总体来看，彝族喜欢用非常单纯而艳丽的色彩来装饰自己，也许是浓重的宗教意识使他们对生命的体验格外强烈，也许是高原的地理气候环境使他们离艳阳、蓝天、白云更近，也许是高山大河、森林草场给他们无边的遐想，也许是满山的野花和清澈的溪水带给他们鲜活的灵感，也许是内心既热烈又单纯的激情给他们的启悟，颜色在他们的服饰上表现得格外绚烂夺目。他们擅长用鲜明的对比、明确的对称、完满的和谐来表达他们对美的理解和追求。他们的服饰构图时而简洁，时而夸张，有的以实用为目的，有的以象征性、装饰性为目的，更多的是两者的和谐统一。他们的创作来自自然，来自宗教，来自世世代代的传承，每一件精

头戴鸡冠帽的彝族姑娘

美的服饰都是一个或几个、一代或几代彝族女人心血、智慧、梦想的日日夜夜编制的结果。她们在偏僻的乡野，在万籁俱寂的深夜，在枯黄的油灯之下，一针一线地为自己或亲人创制出一件衣物，她们为此而欣慰，而欢喜。她们可能

穿节日盛装的彝族姑娘

一辈子都没走出过对面的大山，没趟过对面的那条大河，但她们用世代传下来的手艺，用祖母教给她们的办法，用她们自认为美的方式，用她们的心灵手巧，创造出了一件件华美的服饰。我们这些远离乡野的游客惊叹于她们的巧夺天工的创造，她们却把这些当作最为平凡的事情泰然处之，这种以最朴素、最纯粹的心性对待艺术的态度，正是最能创造出辉煌艺术的态度，从这个意义上说，每个彝族儿女都是杰出的民间艺术家。

在当今服饰设计理念多元化的时代，服饰特别是表演性服饰千变万化、目不暇接，让人眼花缭乱，后现代主义的设计理念受许多设计师青睐，抽象主义、构成主义、新造型主义等设计无不以新、奇、美为自己的追求，拼贴与混搭、离奇与古怪都成为我们这个一切皆有可能的时代服饰的形式与风格。对于中国的服装设计师来说，如何吸收、利用各民族、民间服饰的精华和优势，创造出既与国际潮流接轨，又能充分展示鲜明民族特色的服饰，是值得深思的问题。当今时代，虽然中国服饰在世界性 T 台上展示的机会越来越多，引起世界服装界关注的中国设计师越来越多，但真正被国际服装界认可、大师级的中国设计师却还没有,一个重要原因是中国博大精深的传统服饰、民族服饰还没有被充分地激活、恰切地应用。虽然许多中国设计师已经意识到盲目跟随世界潮流和西方潮流只能落得拾人牙慧、人云亦云的地步,根本不可能创造出体现自己个性和民族风格的作品,但许多中国服装设计师对中国古代服饰和民族服饰的文化知识知之甚少,了解不深不透,无法吸收和转化,不能脱胎换骨,推陈出新,中国古典和民族服饰不能实现现代性、后现代性的转型和涅槃,是制约着中国时装走向世界的进程的重要原因。尤其是像彝族这样服饰文化丰富发达的民族,其服饰中的许多元素隐含着某些原始的、宗教的神秘、神圣的意味,服饰的设计和装饰性佩饰有许多夸张、变形、怪诞和奇异的成分,比如彝族妇女的头饰的"千奇百怪"、匪夷所思的装饰就能激发设计师的创作灵感。彝族服饰美学无论是在其服饰的理念、服饰的构成、着装效果上都有许多值得学习与借鉴的地方,这些都与现代服饰设计所追求的新奇、另类的风格不谋而合,有某种相同相通的艺术精神。彝族服饰美学资源还远远未被开发、吸收和利用,完全可以相信,彝族服饰中的各种元素一旦被充分激活、创造性转化和利用,她所散发的美学魅力将令中国乃至世界刮目相看!

彝族服饰是彝族审美文化的一块瑰宝,彝族人对真、善、美的追求与理想都蕴涵其中。早在 1985 年,国际芭蕾舞服装设计比赛中,凉山彝族妇女的百褶裙舞蹈装获得了设计奖,这是我国在国际服装比赛获得的第一个服装奖,这充分表明了彝族服装的自身独特的魅力。在全球一体化的今天,彝族服饰仍能在较大程度上保持自己本民族的特殊性,实属不易,具有非同小可的意义。我们希望彝族同胞能在保持开放包容心态的同时,继续保持自己本民族的特色,发掘本民族在服饰文化方面的优势,不断创作出更多、更美的服饰,用精美多样的服饰展现自己民族的特质,让世界了解彝族服饰,让彝族服饰走向世界,这不仅仅是一种美好的希望,更是一种文化使命,这种文化使命还需要彝族政府部门、民间组织及所有彝族同胞共同努力去实现。

第五章　彝族的音乐

　　音乐与舞蹈一样，是人类最原始的艺术形式之一，在人类的初始阶段，它们都与原始宗教、祭祀仪式有紧密的联系，随着时间的发展，三者才开始慢慢分离开来，但有关音乐的定义，学者和音乐理论家一直存在非常大的争议，因为古今中外音乐作品之广泛、音乐种类之复杂，是其他艺术不可比拟的，如何给如此纷繁复杂的事物下一个明确而具有概括性的定义，就成了一个难题。一般从广义上说，音乐是一种按一定的大小、强弱、轻重、缓急排列起来的声音的复合体，是通过若干乐音有组织地表现某种情绪和意蕴的一种方式，是一系列含有不同音节、节奏、旋律及和声的声音组织起来的时间性的艺术。

　　有关音乐的起源无论东西方都有无数的神话传说，但都未能科学解释音乐产生的内在原因。音乐与其他艺术最明显的差异是它的抽象性，它的节奏、旋律都不是天生的，是人类人为创造的结果，它们是无形的，但又是可以通过曲调来表现的，音乐自身的特殊性很难用一般的理论来加以解释。

　　音乐的产生固然与原始宗教祭祀有重要联系，但就其来源而言，音乐与大自然、与人自身的生产、生活也密不可分。众所周知，节奏是音乐的灵魂，而音乐的节奏并非天生的，它的来源非常复杂。人类最早对节奏的感觉可能来自宇宙自然有规律的变化，物转星移、寒来暑往、夜以继日诸如此类的宇宙自然的变化的节奏是可以被人类共同感知的对象。人类对大自然中某些音乐元素的模仿是显而易见的，当人类看到飞鸟有节奏的鸣叫之时，可能得到某种音乐节奏和声音的启发，只要想想中国民乐《百鸟朝凤》那种千声迸发的音乐，我们就可以推知原始人类在听到婉转流丽的鸟鸣时的难以言表的喜悦之情，或许也开始鹦鹉学舌一般应用自己的嗓音歌唱。而人类自身就是一个节拍器，也是最容易被感知的对象，血脉、心跳、呼吸以及劳动、运动、性爱等身体各种器官有规律的活动，也加强了人类对身体节奏的认识。当人类把能感知到的节奏和声音相结合的时候，最初的音乐就显示出来了。著名生物学家、人类进化论的创始人达尔文认为，比人类低级一些的动物都善于通过有音乐性的声音来求偶，比如发出悦耳声音的小鸟和对着月亮嘶叫的狼，都是因为求偶的缘故才发出声音，对于高级动物人来说，显然也遗传了动物的这一特性。达尔文从物种生物论的角度的这一解释，虽然不无道理，但人类如何发出具有音乐性的声音，什么样的声音才具有音乐性，显然每个民族各不相同，不能一概而论，并没有动物那么简单一致。在原始社会，氏族酋长或巫师带领族人敬献祭品向天地、祖先祈福之时，酋长或者巫师带领众人口中念念有词、手舞足蹈，这时舞蹈、音乐、诗歌最初的形态都一同出现在这种活动当中，当酋长、巫师或族人发明用某种器具敲击某物，可以统一在场人的步伐和动作的时候，类似音乐的节拍器（如鼓、钹等）器具就已经被应用了。与此同时，原始人类在生产劳动的时候，为了统一劳动节奏或消除疲劳，他们有规律地发出某种呼喊声（劳动号子），这也是最初的音乐形式之一，不少的音乐理论家认同劳动节奏起源说，中国《吕氏春秋·淫辞》及西汉淮南王刘安《淮南子·道应训》对音乐起源的解释也大体持这种观念。原始人类在有了人的感情之后，当面对族人或血亲关系的人死亡之时，他们的哀嚎哭丧的声音呈现某种有规律的反复，这种反复的哭声明显具有某种音乐性质，许多民族都有与丧葬有关的曲调，在一定程度上都是对哭丧的模拟，而当人类有意识地将声音按照某种有一定之规的方式组合起来，表达自己的喜悦、悲伤之情时，真正的音乐形式就诞生了。

乐器的发明对于音乐也意义重大。乐器的发明古今中外也有不少的神话传说。在西方，考古学家在那些距今上万年的原始洞穴里发现，最早的人类就开始使用动物的骨头磨制的形状如同笛子的乐器，这种乐器可能与狩猎和抵御外族时统一号令有关。西方音乐理论家普遍认为，当今各种弦乐器都与古代用作捕猎的弓有密切的关系。当原始人类在俘获猎物或战胜强敌之后，族人聚集在一起载歌载舞之时，拉响弓发出的有节奏的声音就成了当时最原始、最简陋的乐器。弓的性质从武器临时转变成乐器，这一过程看似简单实际上可能经历了漫长的演化过程，当人们把弓的一端装上空心的器皿（瓜壳或骷髅等）以增强音量，在弓上增加不同长度的弦弹出不同音色的乐音之时，一件粗制而伟大的弦乐器就产生了。口琴乐器的发明，也经历了类似的历程，当人们把某种物件（叶片、贝壳、有孔的骨头或竹子）放在唇齿之间，应用舌头和吸气方式的不同位置的变化制造出不同的音调的乐音时，口琴乐器也开始成为人们重要的乐器，彝族人普遍用叶片吹奏音乐的爱好（木叶）在某种程度上就是口琴乐器产生的最典型的例证。用大自然中最容易获得的物件吹奏出自己的喜怒哀乐，无论在远古，还是在今天，都是音乐抒情最纯朴的表达方式。

第一节　彝族生来会唱歌

彝族是一个能歌善舞的民族。彝族有谚语言："彝族生来会唱歌，一唱就是几大箩，唱得太阳落西坡，唱得金星从东来，百灵鸟听歌停了叫，牛羊听声忘吃草，你若爱听彝家歌，请到彝家山寨来。"彝族人对歌舞的爱好的确是其他许多民族不能比拟的，它们就像水中的盐一样，渗透于彝族人日常生活之中，即使再苦再穷的日子，有了歌舞相伴，他们的日子也过得有滋有味。据有关文献记载，早在周武王伐纣的年代，巴蜀地区的彝人就以歌舞闻名天下，尤其擅长"执仗而舞"的武舞，到汉魏时代，这种舞蹈传入中原，取名《巴渝舞》，成为专供歌颂祖先高强武功的一种舞蹈。到唐代南诏王朝时期，南诏王更是组织阵容庞大的南诏歌舞社团进京长安，在长安磷德殿为唐德宗演奏了《南诏奉圣乐》，音乐庄严典雅，刚柔相济，得到帝王的赞赏，曾轰动一时，但以后的宫廷音乐没有大的发展，反而是彝族各支系的民间音乐如同漫山遍野的野花野草蓬勃而旺盛地发展起来，显然民间音乐在彝族音乐中占主要地位。彝族有自己特有的乐器和独特的音乐形式，具有丰富的民间音乐资源，在众多民族音乐中也能独树一帜。由于彝族居住分散，支系繁多，音乐的风格和形式上差别很大。彝族有悠久的歌唱传统，唱歌成为他们表达自己喜怒哀乐的最重要的表现方式之一，无论男女老少都喜欢唱歌，并且具有某种与生俱来的乐感。彝族不仅喜欢一个人独唱，而且喜欢重唱和集体合唱，许多人还可以根据曲调和感情的需要随口编撰歌词，许多人都能熟稔地使用本民族的乐曲演奏多个曲目，特别是到大型的节庆时节及婚丧嫁娶、乔迁等礼仪活动，那些聚会的场所就变成了音乐的海洋，"可以说，民间音乐与族群或社区的岁时节庆密不可分，与每个人的人生礼仪相随相伴，与民间信仰融合一体。换言之，人们的日常生活浸染在民间音乐营造出的氛围之中。作为一种集体记忆，作为族群及社区秩序空间的象征符号，人们在对生活的朴素实践中体现着对于民间音乐的真实理解"①。把自己此时此刻的心情用音乐的形式生动形象地传达出来，不仅能自娱娱人，而且可以通过歌曲来劝诫讽喻社会和人生，真正起到艺术应有的功能。

传统彝族歌曲从名目上分，可分为俄、雅、左、格、毕五种形式。"俄"彝语是唱的意思，是那种轻松随意、在各种一般场合都可以演唱的歌曲；"雅"是独唱的山歌，一般是青年男女触景生情演唱的歌曲，多为青年人恋爱时期即兴所唱的歌曲；"左"是婚礼歌曲，一般是在婚礼举行的当晚，结婚的男女双方各选两名歌手边舞边唱；"格"是悼念死者时或祭祖活动中演唱的歌曲，一般由一人领唱，众人随唱，歌词多由领唱者即兴创作；"毕"是毕摩在进行宗教活动时演唱的歌曲，即彝族的宗教音乐。

彝族民歌因地区不同、支系不同，其风格上差别很大，即使同一个地区，音乐风格上也有明显的差异。以凉山地区为例，凉山东部依诺地区的民歌以浑

---

① 吴凡：《民间音乐》，中国社会出版社2006年版，第19页。

厚朴实为主，南部地区的民歌以高亢激越居多，中西部地区的民歌优美柔和占大多数，各地民歌特色鲜明、各具韵味。总体来看，旧时代的彝族民歌以低沉忧郁的音调居多，这可能与旧时代的彝族同胞生活艰辛有关。

彝族民歌大体可分三个区域：一是大小凉山地区；二是云南的中部、南部和北部地区；三是贵州的六盘山和毕节地区。大小凉山彝族的山歌喜用假声或小嗓高腔唱法，调式常有交替或游移现象。由于大小凉山地区在新中国成立之前还处于奴隶社会时期，生产力低下，人民生活苦不堪言，所以凉山彝族的诉苦类山歌非常多，调子凄苦忧郁居多。其他类型如叙事歌、婚嫁歌和情歌也很有特色，创世纪史诗《勒俄特依》、叙事长诗《阿莫尼惹》（汉译《妈妈的女儿》）等彝族诗歌的经典之作都出现在这一地区，并都以音乐的形式唱诵这些诗歌。云南彝族支系繁多，音乐丰富多彩，最为著名的是流传于红河地区的"四大腔"，是深受当地人喜爱的大型多段的音乐套曲。贵州彝族民歌地域特点明显，可分为在外聚会演唱的歌曲和在室内演唱的歌曲两类。前者一般为在大型节日、歌会上独唱或对唱的歌曲，这些歌曲的曲谱和演唱方式都有一定的程式和套路，后者包括婚礼歌曲、讲述彝族历史和神话传说的叙事歌曲及丧事歌曲，其中的婚礼歌曲十分独特，它包括婚礼各个环节宾主之间的戏谑、问答和礼数，以及新娘在出嫁时候唱的歌，它们共同构成贵州彝族婚俗的重要部分。

彝族民歌的唱词内容广泛，无所不包，它也是彝族民间文学创作的重要源泉。彝族民间传统中常用歌唱的形式宣讲本民族的起源和历史、传播道德伦理故事、演绎风俗人情、表达男女之情，在众多场合和节期都有多种多样的歌唱和宣讲的活动，这些活动为民歌的保存和传承起到了良好的作用。按照歌曲的内容划分，我们大致可以把彝族民歌分为叙事歌、风俗歌、情歌、生产劳动歌、儿歌等几类。

每逢传统民族节日、吉庆酒宴、婚丧嫁娶、新房贺屋之时，彝族人都有听唱叙事歌的传统。叙事歌又称古歌，是以演唱的方式讲述天地万物的形成、人类的起源、本民族的历史、英雄史诗、神话故事、民间传说以及爱情罗曼史的一种形式，如《梅葛》、《阿诗玛》、《逃到甜蜜的地方》等都是彝族祖祖辈辈演唱的叙事歌，在彝族人中有广泛的影响力，它们都用叙事歌的调子演唱。演出方式有独唱、对唱、合唱等多种形式，叙事歌的曲调一般都很短小，以一个乐句为主，曲调和节奏的变化较少，曲调与语言的声调相谐和，一般选取大家最熟悉的民歌调子，朗朗上口，易于记诵。那些会唱多段叙事歌的歌手得到人们的普遍尊敬和赞赏，是吉庆活动中最受欢迎的宾客。

风俗歌，也称仪式歌，是彝族在一些特殊的场合所唱的歌曲，这些歌曲与本民族的宗教信仰、风俗习惯息息相关，可以按不同的仪式分为婚礼歌、葬礼歌、节日仪式歌和宗教仪式歌。在一些地区彝族姑娘出嫁时要和同伴姐妹们唱《出嫁调》、《哭嫁调》，表达对亲人的感激与不舍之情，在喜庆场合唱《老人调》、《酒歌》，在人死送葬时要唱《哭丧调》，在火把节、彝族年等重大民族节日之时，也要唱与该节日相关的仪式歌，在宗教祭祀活动时，也会唱《毕摩调》、《跳神调》、《祭神叫魂调》等宗教仪式歌。由于彝族支系繁多，各支系都有自己成套的风俗仪式歌。

彝族酒歌

　　情歌是彝族民歌中最丰富的一种，是彝族青年男女在社交恋爱场合所唱的歌曲，用以表达爱意和互诉衷肠。情歌多在野外场坝约会交流时唱，也可以在室内演唱，有独唱，有男女对唱，也可男女群唱。在一些彝族村寨建有供男女约会的公房，适婚青年男女夜晚经常到公房对歌，如果在对歌中情投意合，就很可能发展成恋人关系。唱歌不仅仅是彝族青年消遣娱乐的方式，更多的时候是他们表白、求爱的重要方式，越是偏远的彝区这种形式越普遍、越有效。

　　情歌分短篇情歌和长篇情歌两类，短篇情歌独唱或对唱居多，一般由上句和下句两句一组，曲调婉转深情。长篇情歌齐唱居多，但一般是一人领唱，众人接唱。长篇情歌以云南彝族尼苏支系的情歌最为著名。尼苏彝族的"四大腔"，即海菜腔、山药腔、四腔、五腔，分别流行于尼苏人居住的四个区域，是四种不同的声腔和套曲形式。四大腔是四套大型抒情声乐套曲，每套由拘腔、正曲子和白活三部分或五部分组成，拘腔是整个套曲的核心音调，起音乐主题的作用，演唱形式有独唱、对唱、齐唱和临时插入的拘腔等，整个套曲结构复杂，层次分明，风格丰富而统一，既有纯粹抒情性的音调，又有叙事性说唱式的音调，唱词内容丰富，节奏灵活多变，音调细腻微妙，是民族音乐中不可多得的艺术样式，也是彝族音乐的重要文化遗产，已引起音乐界的高度关注。

　　生产劳动歌，这类歌曲来源于彝族日常的生产劳动以及劳动之余的娱乐。彝族大多居住于偏远山区，在耕田锄地之时和劳动休息间隙，他们用歌声来解乏解闷和自娱自乐，几乎干什么农活就有与其匹配的调子，耕地的时候唱《犁地调》，下种的时候唱《下种歌》，推磨的时候唱《推磨歌》，放牧的时候唱《放牧调》，刺绣的时候唱《刺绣调》，彝族天性爱唱歌，几乎无处不歌，无事不歌，没有歌声和没有舞蹈的彝族村寨一样，是不可想象的。彝族有谚语说，"不会跳舞的只有老牛，不会唱歌的只有木头"。彝族著名的生产劳动歌之一《牛山歌》（也称《牛歌》）颇有特色，曲调灵活，节奏自由，唱词自由发挥的空间大，具有浓厚的泥土气息，特别是哀牢山地区彝族的《牛山歌》别具风味，其调子高亢，尾音悠长，期间插入短小的使唤牛的吆喝声和说唱词，充分再现了春日田间的劳动景象，唱起来特别起劲，听起来特别过瘾，真可谓是野趣横生，牛气十足。这些歌曲与生产劳动密切相关，反映出彝族人与作为劳动工具的牲畜之间亲密友善的关系。

彝族儿歌分摇篮曲和童谣两类。摇篮曲以单句或两乐句为一段，主要是母亲给婴幼儿催眠时哼唱，曲调优美恬静。彝族童谣曲调活泼欢快，语言风趣幽默，曲词多为上下句结构，歌词多传授简单生产、生活常识，或反映儿童的情趣，如《推磨歌》、《转圈圈》、《月亮歌》等。

彝族山歌也十分发达，内容广泛，一般是在深山老林、田间地头百姓们自娱自乐演唱的歌曲，也在青年人聚会的场合演唱。山歌调子多，曲调结构相对简单，但也有演唱者众多、领唱和齐唱相搭配、成套的山歌，如云南昆阳彝族的山歌一整套曲调包括老伙腔、四句腔、长腔对口、对口及大理调等不同调子的唱段，需要多人配合才能完成，属于结构比较复杂的山歌类型。还有一些生活小调，一般曲调明快、结构简单，演唱者可以随口即唱，以表达日常生活情趣，如《猜调》、《杂弦调》等。

彝族还有一些专门用于跳舞的歌舞曲目。如打歌时一般用芦笙、竹笛伴奏，调子热烈粗犷；跳月多用竹笛、月琴、大三弦、木叶伴奏，音乐由三四拍和二四拍组合的五拍子组成，还伴有歌声和拍掌声，曲调热情欢畅，与舞蹈相得益彰；跌脚舞曲（左脚舞）多用竹笛、月琴伴奏，曲调多样，表演者边舞边唱，常用真假声交替伴唱，音乐明亮高亢，夺人心魄；烟盒舞曲多用四弦伴奏，配以手指刮响烟盒清脆悦耳的声音，节奏感鲜明，有时还伴有歌曲演唱。贵族彝族地区流行唱"盘歌"，它是一种古老的民间歌舞曲，一般用于节庆和喜宴场合，上场的歌舞者男女各站一排，采用一问一答的对唱方式演出，表演者亦歌亦舞，歌声优美，舞姿稳健，别具风味。

另外，彝族还有一些成套的歌舞组曲。这些组曲由多支民间乐曲组成，各乐曲在曲调、节奏、速度、风格上各不相同，相对独立，之间形成音乐的对比性，但组合成套曲之后又具有整体上的统一性。这些曲调由月琴、巴乌、三弦、四弦、木叶等各种乐器演奏，歌曲的演唱形式有独唱、领唱、对唱、伴

彝族男女对歌《我的小表妹》

唱、齐唱等多种形式，最为著名的云南红河彝族地区的民间歌舞组曲被专业音乐家改编成《彝族组曲》，成为一首具有广泛影响的曲目。

第二节　口弦会说话　月琴会唱歌

彝族乐器种类繁多，有的是本民族独有的乐器，有的是在借鉴模仿其他民族乐器的基础上，结合本民族习惯创制的乐器，这些乐器大多在乡间村寨的节庆、跳舞、聚会或自娱自乐时演奏，它们如同彝族的乡里乡亲一样，陪伴他们度过无数的岁月，给他们带来欢乐，和他们一起抒发心中的喜怒哀乐。有这些乐器陪伴的生活，即使最偏远、静谧的彝族村寨也有了热闹的聚会和载歌载舞的狂欢，它们为彝族人的生活抹上了一道浪漫而响亮的色彩。

彝族乐器大体可分为四类：一是吹奏乐器，有葫芦笙、巴乌、口弦、木叶、闷笛、筚鲁等；二是弹奏乐器，有月琴、大三弦、小三弦等；三是拉奏类，有四胡、胡惹、二胡（里胡）等；四是击奏乐器，有铜鼓、八角鼓、烟盒等，其中，月琴、葫芦笙、三弦、木叶、口弦、马布、胡惹等流传比较广泛。

彝族吹奏类乐器甚多，主要的有葫芦笙、巴乌、口弦、木叶、筚鲁、彝箫、唢呐和各种不同种类的笛子等。

葫芦笙，又称麻尼、昂，是彝族各地都采用的乐器。葫芦笙历史悠久，在云南晋宁等地的出土文物中就有青铜笙，据有关专家考证可能是汉代的乐器，唐代时葫芦笙在南诏各族已经被广泛使用。西南各族的葫芦笙制作方式有所不同，彝族的葫芦笙一般用葫芦做笙斗，用5支竹管做笙苗，其长短不一，插入笙斗里，安上竹黄，然后在葫芦上端钻吹音孔，笙苗穿过笙斗。吹奏时，根据曲调的需要，用手指按笙苗上下的音孔，发出不同的音调，也可以用拇指分别抵住笙斗底部的5根音管发出低大二度的5个音。葫芦笙的5根音管能奏出10个不同的音，在民族乐器里算是颇有表现力的乐器。葫芦笙演奏的曲调一般节奏鲜明轻快，易于演奏欢快的舞曲，可以独奏，也可以用于打歌、葫芦笙舞时的伴奏。

巴乌，彝语称非哩莫。巴乌的品种较多，有单管、双管之分，音色上有高音、中音和低音巴乌之别。巴乌是青年人喜爱的乐器，流行于红河南岸地区，除了彝族之外，西南其他少数民族也用它演奏乐曲。巴乌用竹管制成，有8个音孔（7个靠前，1个靠后），在吹口处设置一个尖舌铜制簧片，演奏时横吹上端，振动簧片发出声音，音色优美悦耳、清脆明亮。传统的巴乌音量较小，现今经改造后的巴乌音色不变，音域扩大，音量增加，表现力大大增强，用吐音方法吹奏，有滑音、打音、颤音、琶音、抹音和飞指等演奏技巧，也可以用循环换气法吹奏出长时值音符。巴乌可独奏、合奏，也可以为歌舞、说唱民歌伴奏。著名音乐作品《渔歌》的基本音调采自云南红河哈尼彝族民间音乐，是一首以巴乌独奏的著名音乐作品。

口弦，又称口簧或禾贺。这种乐器历史悠久，彝族谚语有言，"男吹芦笙，女弹口弦"。口弦多为彝族妇女所用的乐器，在有些彝人居住区，可以看到几

节日集市上卖的葫芦笙

乎所有的彝族妇女，衣襟前都挂着一副口弦，如有所需，随即就可以演奏起来。口弦由数片长约七八公分的细薄簧片组成，有铜质和竹质两种，簧片少者两片，最多的可达五六片。铜质的口弦音色清脆、透亮，竹质的低沉、浑厚。吹奏时用手指拨动簧片，利用口腔的共鸣变化音色，簧片除发出本色音之外，还能发出美妙的泛音，音乐表现力赋有层次和宽度，是年轻男女恋爱、交友时常常使用的乐器。

木叶，彝语为"斯切莫"，即吹叶的意思。吹木叶即用一片树叶做乐器吹奏出动人的音乐。彝族的男女老幼都喜欢吹木叶，许多彝族小伙子能用木叶吹出多首美妙的曲子，他们常常吹木叶来倾诉对心爱的姑娘的相思之情，因美妙的木叶音乐而喜结良缘的青年男女不在少数。木叶音色清脆明快、婉转悠扬，适合表达欢快明朗的情绪，一般多用于独奏，也可用于乐队歌舞伴奏。

马布又称笮鲁，汉语称草秆或直箫，各彝区有木比美、布惹、洪拜、非哩等不同称谓，是彝族特有的一种单簧气鸣乐器，流行于各彝族居住区。在彝语中，马意为竹子，布意为簧管，马布即插上簧管的竹制乐器，它一般由芦苇秆或山毛竹制成，其发音原理和演奏技巧与巴乌基本相似。马布的外观和结构与小型的唢呐相似，管体多用15—20厘米的一节竹管制成，管身上有5—8个音孔，管体上端装有一个竹制簧管，下端安上一个牛角制成的喇叭口。吹奏时，将管体竖立，口含上端的簧片，用循环换气法吹奏，即利用鼻孔吸气，让腮腔不断送气，手指按不同的音孔发出不同的声音。笮鲁音色清脆明亮、细腻甜美，高音清亮明丽，带有金属声，低音浑厚、丰满，带有较重的鼻音，可模仿多种鸟鸣声，乡村气息十足，比小型唢呐吹出的声音柔和细腻，高音区音色接近西洋乐器双簧管的音色。彝族人特别喜欢这种乐器，把它比作蝉鸣，其音色确有一种薄而亮、轻而飘的美感。它既可表现活泼、欢快的乐曲，也可以表现深沉、忧伤的乐曲。20世纪60年代中央民族歌舞团的大型舞剧《凉山巨变》之中，经过改造后的马布吹奏出来的悠扬婉转的音乐，恰如其分地烘托出凉山彝族的环境氛围，为舞剧平添一份奇异的光彩。马布可独奏，可合奏，也可以为歌舞伴奏。传统的马布独奏曲有《布谷过山》、《猛虎出洞》、《晨风摇竹》、《情歌调》、《出工调》、《布惹调》等。马布带有些微的鼻音，特别适合表现苦情悲伤一类的情绪，它加长的尾音给人一种如泣如诉的哀婉低回之感，非常具有表现力。一般凉山彝族民间父母去世时，出嫁的女儿必须请乐手到娘家吹奏马布，马布乐曲哀婉缠绵，催人泪下，很能表达儿女对亲人的缅怀、感恩之情。

彝族笛子的品类很多，有竖笛，音色优美，多为老人夜晚自娱自乐吹奏；

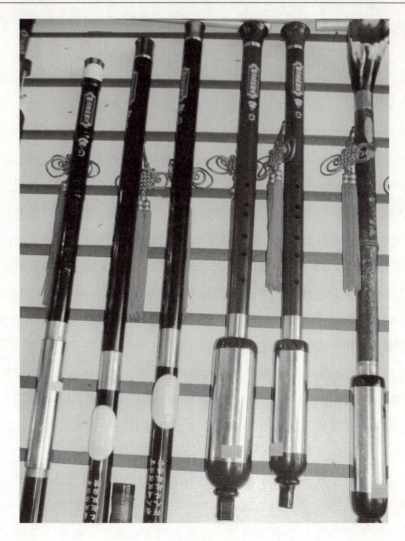

彝族巴乌

有横笛，独奏、合奏皆可；有小闷笛（耶哈噜），常在恋爱约会时或打歌时吹奏，用它演奏的《阿苏则》是彝族流传久远的名曲。这些笛子和其他民族的笛子相似，以音色清脆明亮、婉转悠扬见长。彝族的唢呐、箫等乐器与汉族类似，多在节庆场合独奏或合奏。

　　彝族的弹奏弦乐主要有月琴和三弦等，它们在彝族人民生活中占有重要地位，彝族的许多歌舞靠它们和其他乐器来伴奏，同时也可以独奏出许多美妙的华章。

月琴，又称四弦、弦子、蛙琴，彝语称之为巴布、班匹等。月琴流布于各主要彝族居住区，是彝族使用最广泛的乐器之一，在彝族人民的音乐生活中占有重要的地位。有关月琴的发明，有传说称，彝族先民生活艰苦单调，有个彝族小伙子在高粱地里劳作累了，休息时想唱歌解乏，他撕下一段高粱皮当弦，将两端绷在弯弓般的高粱上，用竹片弹拨，发出悦耳的乐音，后来逐渐演变成月琴。有谚语说："口弦会说话，月琴能唱歌。"和口弦一样，月琴是彝族青年男女传情达意的最好的媒介之一。月琴使用的历史也很久远，南诏王朝时期就已盛行，《新唐书·南蛮传》中就有对它的描述："有龙首琵琶，如龟兹制，而项长二尺六寸余。"这里所说的龙首琵琶就是彝族的月琴。现今的月琴有二弦、三弦、四弦三种，一般都为长颈圆腹状，少数地方的琴箱呈四方形或八角形。月琴是彝族舞蹈伴奏时不可或缺的乐器，其音色明亮华丽，层次感强，可以演奏出不同风格的音乐作品，也有专门的月琴独奏曲，如《刮地风》、《雷波调》、《草皮调》等。彝族民间有不少热衷于月琴演奏的行家里手，1954年凉山彝族姑娘沙玛乌芝在莫斯科世界青年联欢会上的月琴独奏，受到国外观众的热烈欢迎。

三弦，不同于汉族三弦，琴箱呈筒形，用上好的圆木挖空制成，单面蒙羊皮，琴头造型古雅，琴弦用丝弦或肠衣弦，三根筋弦，一根弹音调，两根伴奏。三弦主要流行于彝族支系阿细、撒尼人居住的地区。彝族三弦有大小之分，小三弦流传年代悠久，是彝族最古老的乐器之一，大三弦在20世纪40年代开始流行。三弦演奏时，一般将背带挂在颈上，琴杆横于腹前，琴头在左肩上方，琴筒斜挎在腰右侧，左手拿琴按弦，右手用木片或竹片弹拨琴弦发出声音，也可以坐姿演奏。三弦音色柔和圆润、清亮明丽，音量较大，演奏时左手常用滑音、打音、揉音等技巧，右手常用弹、拨、扫、滚等技巧，演奏时常用扫弦技法，可增强音乐的明快的色调。它和月琴一样，在彝族音乐生活中占有重要地位，是群众性歌舞场合必不可少的伴奏乐器，每有聚会的时候，彝族小

博物馆展出的有绣花套的月琴

伙子在舞场上常常边弹边跳，彝族姑娘们随之翩翩起舞，气氛热烈壮观，彝族谚语"听见三弦响，心慌脚板痒"就是对它的赞美。三弦可以独奏，也可与其他乐器合奏较大型的音乐作品和用于彝剧的伴奏。小三弦是彝族"梅葛调"的主要伴奏乐器之一，彝族史诗《梅葛》因用梅葛调演唱而得名。三弦还常常用于男女青年对唱山歌时的伴奏，为彝族青年的恋爱生活增添了无穷的乐趣。小三弦比较著名的独奏曲有《诉苦调》、《模嘎德林》、《彝族调》等。

彝族三弦歌舞

彝族的弓拉鸣弦乐器不是很丰富，所用与汉族和其他少数民族相似，主要有四胡、二胡及牛角二胡等。四胡，流传于云南楚雄地区，彝族四胡形状与汉族、蒙古族的四胡相似，琴筒为圆筒形，琴杆竹制，张 4 根丝弦，但体积较小，音色清脆明亮，音量较大，可独奏自娱，多用于歌舞伴奏，在打歌场合，四胡演奏者常常会立身边拉边舞，别具民间风味。二胡，彝族人称里胡，流行于云南石林、弥勒等地，琴杆或竹制或木制，琴筒用凤尾竹制，张 3 根弦，音色醇厚优美，音量较大，多用于歌舞伴奏，彝族乡村的老年人喜欢借二胡凄清的音色拉怀旧的曲调。另有牛角二胡，牛角做琴筒，张 2 根丝弦，多与月琴、三弦等一起为歌舞伴奏。

彝族的打击乐器也有不同的样式，以各种鼓为主，其中最为著名的是铜鼓。铜鼓，彝语为古者。彝族使用铜鼓的历史悠久，常常将大、小两面鼓配套使用，大鼓叫母鼓，体积大，鼓面中心画有太阳纹和晕圈，鼓胸及足部饰有花纹，发音浑厚洪亮，小鼓叫公鼓，无纹样装饰，发音清脆干爽，少余音。演奏时两面鼓相对而挂，右手用鼓槌交替敲打两鼓鼓心，左手用木棒敲击鼓腰，可以根据场面的需要随机改变节奏，铜鼓多用于跳铜鼓舞时的伴奏或一些祭祀活动。

其他打击乐器还有彝族大鼓，鼓面大，扁平，羊皮蒙面，演奏时将鼓背在身上，多用于民间节日演奏。团鼓，鼓身扁平，羊皮蒙面，演奏时夹于腿间敲击，用于节日和红白喜事演奏。额格子嫫，用核桃木挖空做鼓身，羊皮蒙面，一般置于鼓架上敲击，也可背于身上边走边敲，多用于跳狮子舞时伴奏。这些乐器一般都和锣、唢呐联用，可营造隆重热烈的气氛。

烟盒，是彝族民间跳烟盒舞的特殊道具，流传于云南南部的一些地区。烟盒呈圆柱形，大小类似儿童用的粉盒，烟盒横面用竹皮或薄木片制成，两个为一套，可以对扣在一起，也可以分开为两个。烟盒一般用红色的丝绸包裹加以装饰，有的用刻有花纹的皮质装饰。跳烟盒舞时，舞者左右手各拿一个烟盒，用中指指甲叩击盖板，发出呱呱呱的响声，声音清脆，节奏感强，起到了为烟盒舞打节拍伴奏的作用。

值得一提的是两种用于宗教场合的打击乐器，哈及格者和兹耳，这两种乐器被许多彝族居住区的神职人员广泛使用。哈及格者以羊皮或牛皮蒙单面，鼓成椭圆形，左手持鼓柄，右手用鼓槌敲击，多用于毕摩做法事、苏尼跳神、赶鬼等宗教活动。兹耳，汉语名铜铃，是铜制的一种可以发出丁当声的乐器，多在苏尼跳巫舞时击奏。

彝族各种乐器的音色、音域、音量各不相同，演奏效果各有特点。葫芦笙音色明亮，适宜演奏轻快、节奏感强的乐曲，巴乌音色深情、柔和，适合表现柔情蜜意，口弦音色清亮、甜蜜，音量较小，适合表现说唱性的民间小调，木叶音色清脆、尖亮，适合表现悠扬、欢快的情感，马布音色富于歌唱性，既适合表现欢快、明朗的情绪，也适合哀婉、低沉的情绪，月琴音色清丽，节奏感强，适合表现明快、热情的曲调，三弦音色清脆、活泼，适合表现活泼、欢乐

彝族铜鼓雕塑

的场面，低音横笛音色淳厚、深情，适合表现深沉、舒缓的感情，中音横笛音色柔美、明亮，适合表现悠扬、舒展的感情。总体来看，彝族乐器的音色以明亮、清脆见长，但音域跨度不是很大，以适合表现乐观、欢畅、喜庆场面的居多，与平时的载歌载舞的民间娱乐相适应，这些乐器也在一定程度上体现了彝族热情、乐观、奔放的民族性格特点。

彝族的器乐演奏形式以独奏为主，重奏和合奏曲目不算多，乐器主要用于民歌和民间歌舞的音乐伴奏。独奏曲较为著名的有大小凉山地区的月琴演奏曲《打谷场》、《秋风吹》、云南红河彝族的巴乌独奏曲《阿哩》、云南无量山彝族的笛子独奏曲《过山调》、《放羊调》等。重奏曲较为著名的有云南泸西白彝支系的笛叶重奏《爬山调》、石林地区的三弦、二胡重奏曲《撒尼调》、石林撒尼支系的双唢呐重奏曲《白事调》等。合奏曲在历史上最负盛名的是公元 800 年南诏宫廷乐队晋京长安演奏的《南诏奉圣乐》，其规模庞大，乐器多样，乐曲优美，曾轰动一时。当今彝族民间合奏曲多为歌舞伴奏曲，云南牟定等地以月琴、口弦、葫芦笙等合奏的《串花调》为当地的"左脚舞"伴奏，泸西县用三弦、四弦、二胡和笛子等合奏的《三步乐》也是舞蹈伴奏曲。丝竹锣鼓合奏曲常用三弦、四弦、二胡、唢呐、笛子和各种号合奏，规模较大，撼人心魄，较著名的曲目有《放羊谱》、《迎春舞》等，鼓吹乐有唢呐、锣鼓合奏的《打鼓调》、《迎上谱》等，打击乐合奏有《狮舞》、《叉舞》和《打钵掀子》等。有些民间合奏曲目和音乐素材经音乐家加工、提炼二度创造后，在全国引起较大反响，有的已成为中国民族音乐的经典名曲，采自于彝族聂苏支系的《彝族歌舞组曲》、阿细支系的《阿细组曲》都成为中国民乐的代表作。歌曲《远方的客人请你留下来》也是根据彝族民间乐曲创作的一支传唱全国的名曲。达体舞的曲谱有《阿惹妞》、《斑鸠吃水》、《平足》、《姐妹赶街》等多种，在此基础上改编创作的舞曲《达体舞》，音调铿锵，曲调优美，曲风热情豪迈，充分体现了彝族人们热情、奔放的性格，也非常适合在火把节这样的盛大节日和其他节日中做伴奏曲。

第三节　远方的客人请你留下来

　　彝族有丰富的民间音乐资源，根据彝族民间音乐元素改编或取材于彝族音乐的作品不在少数，特别是新中国成立以后的十七年时期和改革开放新时期这两个阶段，一批彝族民间歌手、音乐专家以及其他民族的作曲家，在不断发掘彝族音乐特色的基础上，创造出了一批反映和表现彝族人民生活和精神面貌的音乐作品，包括声乐作品、器乐作品以及其他具有彝族音乐特点的音乐作品。十七年时期的作品内容上多以歌颂领袖与党、赞美新社会、新生活、新面貌为主，曲调欢畅、热烈，如舞曲《快乐的罗嗦》、《彝族舞曲》、歌曲《远方的客人请你留下来》等。新时期彝族音乐作品在保持原有的音乐风格的基础上，向更宏大、深沉发展，如管弦乐组曲《欢腾的火把节》、交响音乐诗《彝山之歌》、歌曲《水缸里的月亮》等。近年来，国际及中国音乐界对原生态音乐越来越重视，彝族的"海菜腔"等音乐作品以其独特的魅力登上各种音乐会和音乐比赛的现场，获得国内外观众、听众的普遍赞誉，这一切充分表明，彝族音乐不仅仅属于彝族民间，也属于高雅的舞台，属于整个世界。

新中国成立后的十七年（1949—1966）是民族音乐大发展的时期，许多音乐家到民族地区采风、体验生活，他们在充分吸收民间音乐滋养的基础上创作出了一大批脍炙人口的歌曲，有些歌曲经久不衰，成为民族声乐的经典之作。彝族民间音乐经过那些专业音乐家的提炼、加工和再创作后大放异彩，被更多的听众和观众熟知和喜爱，彝族音乐以它独特的魅力征服了全国的观众和听众，这些歌曲如展翅高飞的百灵鸟，自由翱翔在中国的大地上，把欢乐传遍五湖四海，四面八方。当年最为人熟知、传唱的是电影音乐剧《阿诗玛》之中的许多唱段。电影《阿诗玛》的巨大成功不仅得力于优美的故事，也得力于电影音乐的成功应用，其音乐素材取自流传于云南彝族撒尼支系的长篇故事歌《阿诗玛》。这种带有音乐性的诗歌，在每句的结尾处都带有"嗯鲁哎"、"塞洛赛"等富有撒尼族民歌特点的衬词，使歌词朗朗上口，易于记诵，曲调多以 1、3、5 三个音为主，偶尔出现 2 或 b7 音，并以 2/4、3/4、4/4 的节拍较有规律地交替反复，使这个多段词的叙事性民歌抒情意味浓厚，曲调跌宕起伏，和这个哀婉缠绵的爱情故事水乳交融。在电影《阿诗玛》中，有许多脍炙人口的音乐片段，比如"马铃儿响来玉鸟儿唱，我和阿诗玛回家乡，远远离开热布巴拉家，从此妈妈不忧伤"，曲调欢快明亮，表现出阿黑哥和阿诗玛逃出热布巴拉家之后的欣喜欢畅的心情。在阿诗玛和阿黑被洪水冲散之后，阿诗玛化作了石头在山崖上等待阿黑，音乐的主歌唱道"蜜蜂儿不落刺蓬棵，蜜蜂落在鲜花上，笛子吹来呀口呀口弦响，你织布我放羊，你织布我放羊。哥哥像顶帽子盖在妹妹头上，妹妹像朵菌子生在哥哥的大树旁"。主歌把阿诗玛与阿黑哥相爱时候的甜蜜、浪漫的场景通过缓慢、抒情的曲调表达出来，引起读者对他们美好爱情的追忆，接着又是"马铃儿响来玉鸟儿唱"的副歌的反复，通过热烈、欢快的曲调，强化了他们之间的感情，使观众对阿诗玛的死亡的同情和惋惜，与对破坏这桩美好婚姻的热布巴拉家的憎恨和反感交织在一起，电影在此处达到情感的高潮，观众产生强烈的共鸣。电影《阿诗玛》中的许多唱段在当今时代仍然被中国民族歌曲的爱好者传唱。

《快乐的罗嗦》（又称《快乐的诺苏》）是根据彝族民歌改编的一首曲子，这首简单、明快的乐曲堪称中国舞曲音乐的经典之作。这首充满画面感的曲子让我们仿佛亲临彝家山寨，看到美丽的彝族姑娘和健壮的彝族小伙围着熊熊燃烧的篝火翩翩起舞，姑娘们头上戴满银光闪闪的头饰，身上穿着花团锦簇的节日盛装，脸上洋溢着马缨花一般灿烂的微笑，彝族的小伙子们头戴深蓝色的布帕，助尔（天菩萨）随着舞姿有节奏的摆动，肩上的擦瓦尔像鹰的翅膀随着他们飘飞，脚下的舞步在踢踢踏踏快速的变换，小伙子围绕着姑娘们载歌载舞，转来转去，仿佛让我们回到了《诗经》时代，"关关雎鸠，在河之洲，窈窕淑女，君子好逑……"我们能从这首乐曲中充分感受到彝族人乐观、开朗的天性。《快乐的罗嗦》曲调非常简单，"553，553，3551333，1332126，6216116"，这些音符通过不断变化音乐的节奏、速度、力度和调性，使本来非常简单的乐句变得丰富多彩，极富音乐性和舞蹈性，听到它就有一种跃跃欲试、翩翩起舞的冲动！在1957年的匈牙利布达佩斯世界青年联欢节上，来自中国的舞蹈艺术家们身穿彝族民族服饰，在这首乐曲的伴奏下跳起了欢快的彝族舞蹈，在场的世界各地的青年朋友及专家一下子被舞台上的一切所吸引、所感动，当舞蹈家们跳完最后一个音符，全场掌声雷动，欢呼雀跃，经久不息，《快乐的罗嗦》舞蹈获得本次联欢节的金奖。《快乐的罗嗦》被评为"中华民族20世纪舞蹈经典"，它的曲调曾多次作为中国运动员入场进行曲在各大世界性赛事上响起，以悠扬的旋律向世界人民展示中华健儿的风采。

另一首根据彝族音乐素材改编的音乐作品《彝族舞曲》堪称琵琶演奏的经典曲目。1960年琵琶演奏家王惠然在云南南部彝族山寨采风之后，根据彝族民歌《海菜腔》、《烟盒舞曲》及其他音乐元素创作的琵琶曲《彝族舞曲》，自20世纪60年代初首演以来，一直深受广大听众和观众的好评，成为中国民族音乐久演不衰的经典保留曲目，成为琵琶演奏者考试晋级的必弹曲目之一、音乐高等院校的琵琶必修教材的必修作品、许多专业乐团的音乐会演奏保留曲目，1993 年该曲入选"二十世纪华人音乐经典曲目"。《彝族舞曲》以优美抒情的旋律、粗犷强悍的节奏、如诗如画的音乐语言描绘了彝族山寨迷人的月夜之下，彝族同胞围绕篝火载歌载舞的欢乐场面，音乐富有浓郁的彝族民族风格和强烈的时代气息，在海内外产生广泛的影响。该曲目共分九个小段，第一段从轮指开始，慢起渐快，如静夜悠扬的笛箫之音，接着是彝族山歌《海菜腔》的旋律缓慢、自由地飘摇，仿佛让人们看到了朦胧、静谧的山寨的美景，篝火在场坝燃烧起来，彝族儿女在月色下开始向场坝聚集，一场盛大的舞会即将开始。第二段音乐的主调来自彝族的《烟盒舞曲》，琵琶演奏时以推挽指法弹拨出柔和细腻的滑音，充分利用琵琶中音区华丽的色彩感，旋律悠扬，富有歌唱性，辅以舞蹈性节奏音型，生动描绘出彝族姑娘们篝火照映下红润而羞涩的脸庞、轻盈而俏皮的舞姿。第三段到第四段，从主旋律变化而来，但主旋律被压缩和简化，音速突然加快、加强，演奏运用扫弦的技巧，表现彝族小伙子粗犷剽悍的气质，展现更加热烈激荡的舞蹈场面，与第二段形成对称与对比。第五段中有一小段用均匀音型陪衬的长音旋律，音速突缓，与第四段形成对比，在该段的结尾部分又回到第四段的快速旋律上，形成刚柔相济、快慢交错的美感。第六段用强而有力的节奏和急切剽悍的风格，与前后两段形成对比和反差，用深沉浑厚的一连串排比短乐句，衬托出舞蹈接近高潮时刻的热闹、喧哗的场面，尾部以逐渐提高的音区把音乐推向全曲的高潮。第七、八两段再次出现对比性抒情段落，暗示出舞会结束之后的场景，彝族姑娘和小伙子们在舞会中相识，产生朦胧而美好的感情，他们互诉衷肠，含情脉脉，依依不舍。这两个段落充分应用悠扬、明亮的笛声，来抒发青年男女此时此景的柔情蜜意，让人们仿佛看到了在月夜下、篝火边、树林里，一对对情意绵绵的男女的身影。第九段重复主旋律，渐弱渐远，皓月当空，篝火阑珊，年轻人成双成对地尽兴而归，空阔的场坝上留下无数个深深浅浅的脚印。此段落意境深远，回味无穷，不绝如缕。《彝族舞曲》还被改编成古筝、三弦、扬琴、阮的独奏曲及管弦乐曲，在音乐界获得巨大反响。

《远方的客人请你留下来》这首唱遍大江南北的歌曲，其音乐素材来源于

彝族壁画《彝族音乐组曲》

彝族撒尼民歌。1953年词作家范禹和曲作家麦丁到云南路南县采风,深切感受到彝族同胞如火一般的热情,被他们能歌善舞的天性所吸引,激发了他们的创作灵感,于是词作家范禹写下了这首脍炙人口的歌词:"路旁的花朵正在开,树上的果儿等人去摘,远方的客人请你留下来。丰润的谷穗迎风荡漾,期待人们收割下来,远方的客人请你留下来。姑娘们赶着白色的羊群,踏着晚霞她们就要回来,远方的客人请你留下来。歌唱丰收的时光,歌唱繁荣的祖国,我们要为幸福尽情的歌唱……"(该词采用现在通行的字句,与当时的原词有一定的不同,衬词省略)曲作家麦丁感同身受,对这首词产生了强烈的共鸣,他用撒尼彝族风格的曲调定下主旋律,吸收当地音乐老师金国富的部分乐句,糅进了彝族民歌《放羊调》的音乐元素,写出了这首混声四部合唱歌曲。这首歌曲一经传唱,就赢得了全国听众的交口称赞。这首歌由朱昌耀改编成二胡曲目,也获得许多听众的喜爱。该曲由一个引子和三个段落组成,在悠扬、舒缓的前奏音乐之后,是一段具有舞蹈性节奏的过门音乐,第一段是歌曲的主体音乐,是全曲的主旋律,第二段是歌唱性和舞蹈性音乐的交替变换,第三段慢起渐快，热烈奔放的音乐让人仿佛看到彝族儿女载歌载舞的场面，音乐情绪达到全曲的高潮，最后有力的戛然而止，却给人留下无穷的回味与想象的空间。时任中国国务院总理的周恩来非常喜欢这首乐曲，在他的建议下，它被选入人民大会堂迎宾曲目。1957 年在莫斯科举行的世界青年联欢节歌曲创作比赛上，《远方的客人请你留下来》一举夺得联欢节音乐比赛合唱组金奖，中国民族音乐在世界观众面前展现了她独特的风采。2008 年举世瞩目的第二十九届北京奥运会闭幕式上，《远方的客人请你留下来》作为压轴闭幕歌曲，由 68 位歌手倾情合唱，象征着中华民族的大团结、世界各民族的大团结，热烈欢畅的歌声把晚会现场推向了最高潮！

在"文化大革命"十年，彝族音乐在错误的路线指导下，走向了过分政治化、标语口号化的道路，本民族的音乐特色被当作封建、落后的东西加以抛弃，完全违背了民间音乐发展的规律。新时期以后，彝族音乐与其他民族的音乐一样，开始恢复、发掘本民族的特色音乐，在保持本民族音乐特色的基础上，融入一些现代音乐元素，创作出了一批有分量的作品，比如管弦乐组曲《欢腾的火把节》、交响音乐诗《彝山之歌》、歌曲《水缸里的月亮》等都是彝族现代音乐的上层之作。

21 世纪以来，在全球化的时代背景下，人们越来越清醒地意识到保护民族文化、民间文艺等非物质文化遗产的重要性，人们开始把目光转向那些来自乡野最具民间特色的艺术样式。彝族的一批民间艺术得到相应的重视和保护，许多原生态的艺术被发掘出来，推向了全国，在彝族音乐方面，云南红河彝族的海菜腔以它非同凡响的魅力引起了国内外音乐界的高度关注。

流传于云南红河地区的海菜腔、山药腔、四腔、五山腔等"四大腔"是深受当地彝民喜爱的大型多段音乐套曲，多为青年男女在"吃火草烟"（聚会）交际活动中演唱的曲调。这些套曲属大型抒情声乐套曲，每套由三部分或五部分组成，篇幅较长，结构复杂，演唱形式多样，一般"拘腔"是整个套曲的核心音调，起着音乐主题的作用，曲调由一个人领唱，众人接合，各腔之间联系紧密，音乐连绵不断。这些套曲是彝族音乐的重要文化遗产，在我国民间歌曲中十分罕见和珍贵。闻名遐迩的琵琶独奏曲《彝族舞曲》就是根据"四大腔"中的"山药腔"的第一段"拘腔"的主调改编的。"四大腔"中的"海菜腔",流行于云南中部高原的湖畔地区,其中红河哈尼彝族自治州石屏县的海菜腔尤为著名。海菜腔又称大攀桨、倒扳桨,俗称石屏腔,是当地彝族在湖中边打捞海菜边唱的歌,其旋律起伏跳跃,节奏自由,像水中的海菜一样捉摸不定,结构复杂,篇幅宏大,演唱形式上有独唱、对唱、重唱、合唱等多种形式,曲调一般由拘腔、空腔、正七腔、挼腔及白话腔等部分组成,其歌中有歌,曲中有曲,有"民歌中的套曲"之称。演唱一套完整的海菜腔,一般需要四十分钟到一个多小时的时间,海菜腔唱词工整,可分为正词和衬词两类,正词为四句28 个字组成,较为固定,衬词较灵活,一般由演唱者即兴发挥,内容也因情生变。海菜腔音域跨度巨大,一般很难掌握,成熟的海菜腔歌手在演唱时会巧妙地应用真假声转换交替,高音部分音色尖亮透澈,如百灵鸟在高空的鸣叫,优美动听又不失清新自然,尤其是其多声部的和声立体感、层次感非常强,具有某些交响曲的和声效果,华丽浑厚,精彩绝伦,是民间音乐的珍宝。海菜腔演唱曲目曾被推送到国内外参加各种音乐比赛和音乐节,受到国内外广泛的赞誉。20 世纪 50 年代彝族歌手白秀贞以唱海菜腔闻名于世,她的嗓音清澈明亮,气息宽广,善于真假声的巧妙结合与转换,虚实相间,声情并茂,深受专家与观众的好评,经常参加国内外演出,海菜腔因此蜚声中外。21 世纪以来,彝族歌手李怀秀、李怀福姐弟俩和施万恒等人演唱的海菜腔在民歌大赛中多次获大奖,引起音乐界内外的广泛关注及观众的热烈反响,海菜腔重新焕发出其内在的光芒,海菜腔的传承与发扬有了新的希望。2006 年海菜腔被列为国家级非物质文化遗产保护对象,海菜腔的继承与保护有了制度上的保障。

彝族音乐的民间资源丰富深厚,对它们的挖掘、整理以及根据这些素材的再度加工和提炼创作一直是一个非常值得关注和研究的问题,只有真诚地热爱彝族民间文化,了解、理解彝族民间文化,深入实地去考察、发掘、采集这些音乐素材,然后加以创造性转化,才能产生既有民族、民间原生风味,又能引起中国乃至世界人民共鸣的佳作。

第六章　彝族的舞蹈

　　舞蹈是人类最早的艺术形式之一，是人类以肢体动作为语言的一种表意符号，它是人类身体内在的力量与美的一种综合性呈现，正如美学家苏珊·朗格在《艺术问题》中所言："一首乐曲是由在时间中运动和发展的乐音构成的，而舞蹈演员所创造的却是一个力的世界，这个力的世界是通过一系列姿态的连续展现而显示出来的。这就是舞蹈艺术与其他艺术所不同的地方。"① 在人类文明的初期，人类还处于蒙昧状态之时，舞蹈就达到了其他艺术和科学无法比拟的完美的高度。舞蹈的美来源于肢体不断的动作所产生的力的相互作用，一段按一定的节奏和韵律组合、编排出来的能表达某种人类情感的动作就是舞蹈，舞蹈在肢体的动与静、虚与实的反差、对比和对称中，展现舞者的各种情绪和感情，塑造形象或意境。

　　舞蹈的产生与人类对自然界和人自身活动的模仿相关，同时也与原始宗教信仰密切相关。原始人类在与自然界交流的过程中，对神秘莫测的大自然怀有顶礼膜拜的崇拜之情，他们在氏族酋长或巫师的带领下，用一种他们想象出来的动作和语言来表现这种敬畏之情。这些动作和语言具有某种迷狂的宣泄的性质，这种活动不断上演，一部分演化成具有一定程式的宗教礼仪，另一部分演变成有一定固定套路的舞蹈形式。随着时间的推移，部分舞蹈逐渐脱离宗教独

---

　　① ［美］苏珊·朗格：《艺术问题》，中国社会科学出版社1983年版，第11页。

立出来，成为人类宣泄情绪、发泄剩余精力和娱人娱己的审美形式，在一定的时间、地点和场合，舞蹈成为人类专门用来自我表达的有效的娱乐方式，也成为人类交流和交际最好的形式之一，可以毫不夸张地说，舞蹈是人类的另一种语言。

　　原始舞蹈的功能是多种多样的，它除了与原始宗教关系密切之外，还与人类的其他活动相关。原始舞蹈中的许多动作是对人类日常生产、生活的模仿，舞蹈在一定程度上还承担了传授劳动和生活技能的任务，有利于年轻一辈对生产、生活技能的掌握，同时也有利于他们学习氏族内部的某种风俗习惯及仪式。原始人类在对付大自然的飞禽走兽的过程中，学会了许多对付动物的方法和技巧，他们通过舞蹈的形式排演出来，在舞蹈中获得某种作为胜利者的优越感和自尊感。舞蹈还模仿了氏族之间混战时的场面和搏杀技巧，在对这些场面的反复重现和练习中，使原始人更勇于战斗、更善于战斗，在这些舞蹈中他们的身体得到了锻炼，身体变得更强壮，也更灵巧。原始舞蹈普遍存在对人的爱情与性场面的模仿，对于原始人类来说，这些场面并不包含猥亵和淫秽的成分，反而对此怀有很神圣、庄重的态度，这些舞蹈是原始人类对生命、生殖的礼赞和崇拜，对原始人类而言，性与生殖直接关系到氏族的生存与延续，以舞蹈的形式表现这些内容，也包含了通过这种形式祈福和祝愿的内容，是原始人类最为常见的一种方式。另外，原始舞蹈本身作为在有了剩余精力和时间之后的一种活动，它有娱乐与游戏的成分，是对多余精力的发泄和释放，人类通过这种活动使身心获得完全的放松，消除劳动的疲劳与倦怠，让自己以更饱满的精神去劳作。当然这种比较高级的享受要到人类在物质有了基本保障的时代，这种带有相对独立的审美性质的舞蹈活动只能是在人类走出最艰难的生存状态之后才能出现。

　　舞蹈和音乐虽然是两种相对独立的艺术形态，但它们之间的联系非常紧密，舞蹈的节奏感和韵律与音乐的节奏感和韵律在本质上有内在的相似性，舞蹈常常需要借助音乐来更充分地表达情绪，似乎从原始社会开始，舞蹈就没有离开音乐而独立存在过，相反，音乐却可以脱离舞蹈独立存在。舞蹈有了音乐的伴奏和烘托，能使舞蹈表演增加时间和听觉的维度，使舞蹈艺术更富有感染力和煽动性。往往一段优美的舞蹈会给观众带来全身心的审美享受，它对人的身心有某种引发、鼓动、震撼的作用，观众甚至会情不自禁地跃跃欲试，特别是在大型的集体舞表演现场，舞蹈的感染力和煽动性可能会使一些平时羞于舞蹈的人完全改变平时的刻板严谨的态度，加入到手舞足蹈的人群中来。舞蹈通过人类的肢体的有规律、有节奏的运动来表现各种情感体验，在轻重缓急、高低起伏、动静互变之中，观众通过肢体所画出的线条及线条的各种组合，看到了情感的变化、情绪的流动和气韵的聚合。舞蹈看起来是很虚幻的艺术，但它能通过一系列的肢体的运动把抽象的情感具体化和立体化，在动与静、虚与实的对比、转换中表达出舞者对生命的感受和体悟。舞蹈以其凝练、完美的肢体语言表达出其他艺术形式无法表达的人类的力与美的和谐运动的轨迹，正如美国著名舞蹈家邓肯所言："我们通过舞蹈家的身体，充分感受到了运动、光明和欢乐。通过这人体的传导，大自然的运动也波及我们自身，在我们身内活动着。我们感受到了那饱含着思想的光照。这舞蹈就像一次祈祷，在连续不断的起伏中，每一个舞步都仿佛在连接着太空，成为宇宙永恒律动的一部分。"[1]舞蹈的确如同心灵的体操，不单使人类的身体机能得以锻炼和提高，而且使自己的身体、生命得以自由与解放，使人类身心更健全、更灵巧、更美丽，这也是世界上大多数民族都热爱舞蹈的原因之所在。

第一节　老虎笙依然在流传

彝族是中国少数民族民间舞蹈最为丰富的民族之一。早在春秋战国至两汉时期，彝族的舞蹈就出现过一个比较大的繁荣时期，在云南楚雄、弥渡、晋宁

---

① ［美］邓肯：《论舞蹈艺术》，上海文艺出版社 1985 年版，第 53 页。

等地出土的文物中有不少铜鼓、铜葫芦笙以及其他古代乐器，在大批的青铜器上刻有各种乐舞俑的形象，可以证明在当时彝族及其他少数民族生活区音乐和舞蹈已经发展到比较高的水平。《吕氏春秋》所记载的"葛天氏之乐"，据清代学者考证就是彝族踏歌的前身，而《后汉书》中所抄录的"白狼歌"三章，据近现代学者考证是彝族歌舞的歌词。在古代彝族曾经居住过的山区，现今还存留着许多崖画，画中有不少表现彝族人载歌载舞的场面，从画面中那些陌生而熟悉的舞蹈动作中专家们判定，这些崖画是当年彝族人祭祀、祈福、庆贺节日时所跳的舞蹈的再现。彝族人在汉代曾先后两次进京洛阳，在宫廷上献舞，彝族舞蹈刚劲粗犷的风格给汉代宫廷带来了别样的风采，在当时引起不小的轰动。汉代在四川、云南、贵州一带曾流行的"巴渝舞"，据学者考证就是由彝族舞蹈演化而来。到了南诏王朝时期，彝族歌舞再度繁荣起来，宫廷舞和民间舞都有较大的发展，南诏大型宫廷乐舞《南诏奉圣乐》可以称为彝族划时代的、里程碑式的歌舞杰作，不仅晋京长安宫廷演出，而且被唐朝推选为十四部国乐之一，与当时其他一些优秀作品一同被看作是最能代表一个国家最高艺术成就的杰作。同时，南诏王朝也非常重视音乐舞蹈，曾设立过完备的礼乐机构，在南诏政府官员中，专设过主管礼乐的官职"慈爽"，有专门的宫廷仪仗队，在宫廷仪仗队中，伎乐是其重要的成员，在祭祀、庆典、节日及外交等重要场合，伎乐的歌舞表演是这些活动的必备部分。在南诏宫廷、贵族和官员的宴饮之时，以歌舞作乐也是习以为常的招待。在这种场合，不仅有专业的歌舞演员表演各种音乐舞蹈节目，有些达官贵人兴之所至，也会亲自登台，载歌载舞，娱己娱人，作乐相庆，完全不受礼数和规矩所限，充分展现出彝族人奔放豪迈的民族天性。南诏时期的民间歌舞也十分发达，巫舞、庙会歌舞、佛舞等常在民间节日时段表演，千姿百态的舞蹈也粉墨登场，各显身手，骠国乐、天乐、盖罗缝、踏歌、马舞、象舞、葫芦笙舞、铜鼓舞、菩萨蛮、赞普子，花样繁多，异彩纷呈，为舞蹈所配备的服饰、器械等用具也应有尽有。当时的一些民间舞如踏歌、葫芦笙舞、铜鼓舞、耍马舞等被彝族人一代一代地继承下来，几经演变，延续到今天仍然活跃在舞台上。

　　彝族舞蹈的内容十分丰富，既有反映宗教祭祀和风俗礼仪的舞蹈，也有反映战争场面的舞蹈，既有表现彝族日常生产、生活的舞蹈，更有大量反映彝族感情生活的舞蹈，彝族舞蹈按历史渊源和舞蹈功能来划分，大致可以分为四类：一是宫廷舞。自南诏时代盛行的宫廷舞到以后历代土司官寨迎接宾客和宴饮时的舞蹈都属于此类，如迎宾舞、献礼舞、孔雀舞、扇舞、蛇舞等。二是祭祀舞。由于彝族是一个宗教信仰极强的民族，祭祀成为他们宗教生活的重要内容，他们在祭祀祖先时跳的舞、神职人员做法事时跳的舞等，如巫舞、铃鼓舞、跳哑巴、老虎笙等都属于祭祀舞。三是武舞。彝族有一些用各种兵器表演的舞蹈，这些舞蹈形式与远古氏族部落之间的战争及后来的彝族各部纷争相关，这类舞主要是表现彝族征战时刻的将士威武刚健的一面，彝族的矛舞、盾牌舞、棍舞、猎叉舞、大刀舞、狮子舞等都是以耍枪弄棒为主的舞蹈。无论是彝族民间，还是宫廷，都有表演武舞的传统，汉族文献上也多有对它的描述，舞蹈被当作对战争的反观形式，或作为凯旋之后的耀武扬威的表现，彝族武舞在一个侧面反映了古代彝族居住区动荡不安、纷争不断的历史。四为民间舞。一般是在节期或婚嫁之时民间自发组织举办的舞蹈，如火把节的"都火"、打歌、阿细跳月、罗作舞等，也有产生于生产、生活中的舞蹈，如包谷舞、织毡舞、养子舞等。按演出性质、演出形式、观众参与度等来划分，我们可以把彝族舞蹈大致分为三类：第一类是宗教性舞蹈，即为某种宗教祭祀表演的舞蹈，这一类舞蹈的目的多是敬神祭祀、占卜问卦，多为专职的神职人员在特殊场合为特定人群表演，也有少数是民间自发组织的祭祀性表演，如巫舞、老虎笙、母虎舞（十二兽舞）等。第二类是大众自娱性的群众舞蹈，这种舞蹈大多出于群众自发或临时需要，参与人数多，参与面广，表演主要是娱己，观众与演员界限不分明甚至混同，如打歌、跳月、罗作舞、都荷、达体舞等。虽然，这些舞蹈中的一些部分经专业人士加工、改编之后，成为专业舞台表演的节目，但它在民间仍然以自娱性舞蹈在流传。第三类是表演性舞蹈，这类舞蹈多在某个特殊场合表演，需要相对专业的舞蹈技巧和特殊道具，表演以娱人为主要目的，观众和演员界限分明，表演性质更加突出，如铜鼓舞、花鼓舞、跳菜、披毡舞等。本书在评介彝族舞蹈时采用上述分类标准。

由于历史的原因，在新中国成立之前，许多彝族居住区还处于奴隶社会或封建社会时期，有的偏远的山区甚至还处于原始氏族社会晚期，同时由于地理环境的闭塞、经济条件的落后，其宗教和文化都保持着某些原始、原生状态，舞蹈和其他艺术一样，也明显带有浓厚的宗教或准宗教色彩，许多舞蹈与宗教信仰、祭神祀祖、占卜求卦相关。彝族宗教性舞蹈有很多，它们常常在宗教祭祀、民间节日、春种秋收、建房乔迁、婚丧嫁娶和生儿育女等重大活动中举行。彝族的一些舞蹈如巫舞、跳哑巴、跳德等带有浓重宗教与巫术意味的舞蹈，表演者一般是一些专职的神职人员苏尼，请这些人表演的目的是为了敬奉祖先和诸神、驱鬼安魂、占卜祈福等，跳这些舞的时间、地点、观众等都有一些宗教上的讲究和规矩，有时候跳舞之前还需要神职人员做一些法事之后才能进行。有些舞蹈如水龙舞、跳小豹子、狮子舞、牛孔鼓舞、扁鼓舞等原本与宗教迷信息息相关，但随着时代的进步，有些舞蹈已经被时间湮灭，有的还有部分的保留，有的已经逐渐失去了其宗教色彩，成为专供娱乐观赏的舞蹈节目。

老虎笙是彝族比较完整保留下来的一种宗教性的民间舞蹈，又称跳老虎，彝语为倮麻则，是彝族罗罗颇支系的一种祭祀性舞蹈。这种舞蹈源于彝族的虎图腾崇拜，在彝族神话传说中，世间的万事万物，都是老虎死后变成的，虎是万物之神，在彝族创世纪神话《梅葛》中，生动详细地描述了虎生万物的故事。彝族以虎为图腾，以虎为祖先，自称倮倮，即虎族、崇虎、敬虎，跳老虎笙就是这种图腾崇拜的具体表现之一。现今云南楚雄彝族自治州双柏县的一些乡民还有过虎节、跳老虎笙的习俗，其中以法脿镇小麦地冲村跳的老虎笙最为有名，村民曾多次受邀在国内外表演这种舞蹈。每年的正月初八到正月十五，是当地的"虎节"，过虎节就是接回虎祖和彝族人一起过年。在虎节期间，有一套完整的仪式，大致包括祭虎、接虎、跳虎、送虎等过程，全村人都沉浸在迎虎过年、看跳老虎舞、驱鬼祈福的节日气氛之中，村民相信，通过这些仪式，老虎能带给村民幸福安康的生活。正月初八接虎祖到正月十五送虎祖，历时八天，跳老虎笙是虎节中必不可少的节目，当地彝族以此来祈福消灾，同族同乐。初八当天，毕摩带村寨里的男子到村后的土地庙遗址集会，杀狗祭土主神，念完祭词之后，请老虎们进村，老虎们带着其他动物一起蹦蹦跳跳地走进村寨，村民们热热闹闹地出来迎接。跳老虎笙的演员由16人组成，其中8人扮老虎、2人扮猫、2人扮山神、1人扮道人、2人击鼓、1人司锣。扮演老虎的每人颈上挂一铜铃，额头上绘一汉字"王"，上身赤裸，下身穿一裤衩或围一圈稻草，把灰黄色的披毡扎成有虎耳、虎尾形同虎皮的样子披在身上，脸上、四肢及手脚分别用黑、红、白、紫等颜料画上虎纹，装扮成老虎的模样，看起来霸气十足，威风凛凛。扮猫的脸上画成猫脸，其他扮相各按其角色需要打扮。舞者在碰锣和羊皮扁鼓的伴奏下开始跳舞，呈一纵队排列，逆时针方向行进，表演老虎笙的舞蹈动作基本上是叙事性的，是按照老虎的生活习性编排的舞蹈，有老虎开门、老虎出山、老虎招伴、老虎捉食、老虎搭桥、老虎接亲、老虎交尾、老虎驯牛耕地、老虎耙田、老虎播种、老虎栽秧、老虎收割等动作，整体上表现老虎的生活与劳作的情景，具有浓厚的世俗生活气息。舞蹈场面宏大，震撼力强，民族特色鲜明，老虎笙将宗教内涵和世俗生活寓于一体，将虎图腾拟人化、生活化来表达彝族人对虎的崇拜心理。图腾崇拜一般会随着时代的发展，逐渐和自然崇拜、祖先崇拜和神灵崇拜混合在一起，很难辨识它的踪迹，彝族老虎笙这种比较典型的图腾崇拜舞蹈却被云南双柏彝族传承下来，不得不说是一个奇迹。老虎笙被许多专家誉为傩戏、傩文化的珍宝、彝族古傩仪的活化石。我们从老虎笙这种带有明显图腾崇拜的舞蹈之中可以看出，一个民族的宗教对其文化根深蒂固的影响。

流传于乌蒙山广大彝族地区的"母虎舞"，又称十二兽舞，也包含了彝族古老的虎图腾崇拜方面的内容。据称这种舞蹈已有上千年的历史，在每年的正月第一个属虎的日子，当地彝族居民要过母虎神祭祀节，这个节日是一种集祭祀、歌舞、娱乐为一体的民间文化活动，其中祭拜母虎神是这项活动的核心部分。关于这个节日的来历有一个传说称，在远古时候，彝族人居住在山林里，经常受到各种动物的侵扰，没有安全感，自认为是虎族后代的彝族人希望能从

双柏老虎笙舞蹈片段《老虎犁田》

大山深处请来母虎来保护他们。一个名叫贾瓦的毕摩带领众人从大山深处请来
母虎神，由于虎是百兽之王，其他 11 种动物也愿意服从它的调遣，尾随其后
来到村寨，一起保护彝族村寨，这 12 只兽就成了彝族的保护神，从此彝族人
过上了安居乐业、幸福安康的日子。节日祭祀的道场一般设在宽敞的场坝上，
便于村民的聚集，祭母虎的仪式由寨子里德高望重的毕摩主持，节日那天寨子
里的男女老少都盛装出席，他们跟随毕摩，到深山里请回母虎神，然后杀牲祭
祀。节日当晚，毕摩要从寨子里挑选 12 个青壮年男女，披上树皮和用草编织
而成的"兽皮"，面部和手脚都画上代表不同野兽的花纹，装扮成虎、龙、蛇、
兔等十二生肖动物的模样，踏着锣鼓打着的节奏，由母虎领舞，不同的动物跳
属于自己的动作，围着熊熊燃烧的篝火翩翩起舞，它们的舞步欢快，动作古
朴，情绪激昂，野趣横生。母虎舞中的母虎一般由彝族妇女扮演，她出场之
后，兔、龙、蛇、马、羊、猴、鸡、狗、猪、鼠、牛依次出场，还有一个由男
孩扮演的打鬼英雄和智慧小矮人阿巴刹也随后出场，另两个吹号手在一旁助
阵。母虎舞共分十六个片段，多为纺麻织布、犁田撒种、割谷打荞等与生产劳

动有关的动作，另外还有对母虎的祝词和各种唱腔的曲调称颂十二兽的功劳。十二兽舞具有明显的虎崇拜的特征，歌舞内容蕴涵着某些原始母系社会母权制的遗迹特征，是一种较为典型的原始祭祀歌舞，舞蹈动作复杂多变，能完整跳这种舞蹈的彝族村民已经不多，对该舞蹈的恢复、整理和保护工作已经引起了有关部门的重视。彝族还现存着一些像这样非常古老、有民俗价值的舞蹈，对它们的保护与传承也迫在眉睫。

第二节　脚下跳出一蓬花

　　由于彝族居民主要分布在西南山区，各个相对集中的彝族居住地之间来往、交流不紧密，各居住区都有各自的节庆及聚会场所，以自娱自乐为主要目的所跳的舞蹈各不相同，这就造成了彝族传统群众性民间舞种类繁多、百花齐放的局面，同时由于彝族各个地区地理环境、社会形态和生产力水平差异明显，也使得彝族民间舞蹈形态多样，各具特色。打歌淳厚古朴，阿细跳月激情奔放，烟盒舞灵活多变，罗作舞轻快欢畅，四弦舞轻柔细腻，铜鼓舞刚健粗犷，跳菜滑稽幽默，还有其他大大小小的舞蹈，都以它们或淳朴或灵动、或婉约或阳刚的姿态向人们展示着这个民族能歌善舞的天性。从这些千姿百态的舞蹈中，我们既看到了一个民族对各种舞蹈的热爱和痴迷，也能体会到这个民族精神的丰富的内涵。

　　彝族自娱性群众性的舞蹈繁多，风格各异，即使同一种舞蹈由于地区和支系的不同跳法上也有所差别。这些舞蹈对于彝族百姓来说，是他们必不可少的精神食粮，他们不仅仅在节庆娱乐消遣的时候跳，即使在田间地头闲暇之余，兴之所至也会以跳舞解乏，同时舞蹈还是彝族青年男女交际的最重要的方式之一，他们往往在跳舞中相识、相知、相爱，结婚生子之后，他们又把这些舞蹈传给下一代，在这些舞蹈之中，最负盛名的当数打歌和跳月。

　　打歌又称踏歌，因彝族支系不同，叫法不同，又称跳歌、跳山歌、打跳、踩左脚、叠脚舞等，流行于主要彝族居住区。打歌的历史悠久，许多有关彝族民俗的史书都对此有记载，打歌与古代彝族先民抵御野兽袭击、围着篝火跳舞有关。清代学者曹树翘在《滇南杂志》中言："按滇黔夷歌，俱以一人捧芦笙吹于前，而男妇拍手顿足，倚笙而和之，盖右联袂踏歌之遗俗也。"在云南巍山细奴逻巡山文龙亭的墙壁上，绘有一幅清代画家创作的彝族打歌壁画，在苍劲的松树下，数十人围成一圈，其中一人在吹笙，一人在吹笛，一人在跳舞，壁画栩栩如生地展现了当年彝人聚会打歌的场面，与当今巍山彝族的打歌场面几乎完全一致。巍山被认为是打歌的发源地之一，巍山彝族的打歌早在20世纪50年代就颇负盛名，以打歌形式改编、创作的文艺节目多次参加文艺汇演，并多次获奖，曾被选送到国外表演。在巍山彝族回族自治县活跃着近百支打歌表演团队，有广泛而深厚的群众基础，有利于打歌的保护和传承。

盛大的打歌场面

　　打歌作为一种民间集体舞，是彝族人最喜爱的舞蹈之一，彝族人一般在祭祖祭祀、年节庙会、婚丧嫁娶、新房贺迁等时日就地举办打歌活动，有的地方逢年过节时，全村挨家挨户轮流主持打歌，一村举行打歌，临近村寨的乡亲都来捧场，常常是"一寨打跳，八方相聚"，人声鼎沸，热闹非凡。最著名的是云南巍山和南涧地区的打歌，参与人数众多，场面宏大，威震山野。打歌多在晚间举行，主办人先在舞场中央点燃一大堆篝火，以篝火为圆心，围成一圈或层层叠叠的数圈，有些地方的习俗规定，在一个歌场中，一家人或不同辈分的亲属不能同在一个舞圈中跳舞，也不能对歌，所以往往一个舞场会分为多个舞圈，青壮年、少年儿童各自有自己的舞圈。参与打歌的人数少则数十人，多则数百上千人，一般是男女相间，手拉手围成圆圈，向逆时针方向转动。打歌开始时由芦笙、大小三弦、四弦、月琴、笛子、木叶等乐器演奏起动人的音乐，随着音乐的节拍人们开始翩翩起舞，一般领舞者（歌头）在圆圈中央领唱或伴奏，舞者人数不限，围圈跳舞，也可以站成两排，偶数相对，边对歌边舞蹈。打歌脚下动作十分丰富，有踏、跳、踩、甩、抬腿、跨房等基本舞步，传统的舞蹈动作和名称花样繁多，有三步一踮、六步一花、八脚穿花、十字开花、半翻半转、三翻三转等，还有模仿动物的动作，如孔雀开屏、金凤亮翅、老牛搓背、猴子扯磨、公鸡摆尾、斑鸠饮水、喜鹊登枝、小鸡啄米、苍蝇搓脚等，惟妙惟肖，妙趣横生，另有一些仅限于婚丧祭祀上跳的闪闪歌、三面六等舞蹈动作。在打歌过程中，舞者边唱边跳，有领唱，有应和者，有男女声对唱等形式，舞者所唱的歌曲为打歌调，曲调较为固定，短小活泼，明快爽朗，曲调有喜事调、忧事调、节日调、庙会调等，歌词有五言、六言、七言和长短句等形式，句式有四句、六句、八句、十句、十二句式和少数奇数句式。歌词除传统的比较固定的歌词之外，还可以即兴创作，因事附词，可以一问一答，也可以互问互答，在问答中展现双方的才智和幽默。歌词语言生动朴实，多用比兴手法，多用彝族人喜闻乐见的比喻，很能引起观众的共鸣。打歌到高潮时在场的人都加入打歌的队伍，蔚为壮观，如痴如狂，歌舞雷动，响彻云霄，有时通宵达旦，歌不停，舞不止，充分体现出彝族人狂放、洒脱的民族性格。彝族有谚语说："从早跳到黄昏落，只见黄灰不见脚"、"打歌打到太阳出，一块豆腐两块肉"就是此情此景的形象写照。彝族各地的打歌风格不一，云南马鞍山地区的打歌风格粗犷奔放、热烈激昂，以舞为主，舞蹈的十六步平摆、三翻三转、勾脚等动作颇有特色，五印地区打歌动作优美抒情，歌舞齐美，东山地区的打歌男子雄健，女子优美，刚柔相济，对比强烈，其他地区有的阳刚雄壮，有的轻快欢畅，有的两者兼而有之，不一而足。打歌作为颇有民族特色的舞蹈，在新中国成立之后得到文艺部门的充分重视，曾多次参加国内外的歌舞表演，现在彝族打歌已成为国家级非物质文化遗产得到重点保护和支持。

跳月是彝族支系阿细、撒尼人的一种群众性自娱性舞蹈，最早流传于云南圭山和弥勒山区，现今云南陆良县、石林县的一些村寨还十分流行跳这种舞蹈，因为多在月光下跳舞，所以命名为阿细跳月。跳月又叫跳乐，阿细语为"高斯比"，意为"快乐地跳"，撒尼语称之为"三弦比"，意为"三弦舞"，所以跳月也称大三弦舞。在火把节、春节、端午节、中秋节等大的节日，以及婚礼、寿礼及其他喜事之际，彝族人常常聚集在一起翩翩起舞，阿细跳月是村民最喜欢的一种舞蹈。在平时闲暇时段，三五成群的青年人相约在村寨公房或场坝上，也以此为乐，借此机会交流和交往，有时候兴之所至，会通宵达旦地跳，跳落月亮，跳出太阳，充分体现出彝族人们乐观豪放的性格。阿细跳月的来历有各种不同的传说，相传远古时候，犀牛和山羊打斗，蹄子在石头上飞溅出火花，顷刻间森林变成火海，阿细人都在火灾中丧生，除了一对年轻男女。他们手牵手在刚刚烧过的山地上奔跑，脚被烫得直跳，他们不得不快速地换脚，以免被炭灰烧伤，同时嘴巴里还发出"阿喷喷"的声音。脚下的动作逐渐演化成阿细跳月的最基本的动作，换脚跳三步，空中蹬脚两下。另有传说称，因彝族先民有放火烧山进行耕作的习惯，为了抢时令，往往不等山地完全冷却就开始耕种，还没燃尽的灰土经常烫伤脚底板，人们只好边跳边抖，以免烧伤，这些动作逐渐成了阿细跳月的基本动作。这些传说大多都与火有关，在某种程度上说阿细跳月与彝族人对火的崇拜关系密切。

阿细跳月大多在月亮升起来的时候跳，银月当空，青年人聚集在树林里或大片的场坝上，三五成群的年轻男女弹起大三弦、小三弦，拉开二胡，吹响竹笛和木叶，拍掌起舞，一场热闹非凡的露天舞会就此展开。一般是男子背着大

在图腾柱下纵情歌舞

三弦随着其他乐器的伴奏，自弹自舞，邀请在场的女子上场，女子在大三弦的伴奏下拍手起舞或徒手跳舞，参与的人越来越多，男女面对面，或围成圈，或排成排，少则十来人，多则成百上千人均可。它的基本舞步是跳步和三步乐，跳步的主要套路有弹跳步、跑跳步、转自跳、十字档、弹脚转身跳、摆肩转圈等。脚下动作节奏感强，蹬脚要有韧劲，要快速，收脚要有弹力，要稍慢，整套动作干净利落，收放自如。三步乐舞步由五拍组成，舞步以跳跃为主，一般是跳三步，然后抬脚跳两下，与对舞者碰脚，女子左右摆动双手，抬脚时双手击掌两下，队形随领舞者前进、后退或交错，还可转身或旋转，动作重复进行，常被称为"快三步乐"，这种舞步节奏很快，适合青年人跳，在此基础上有所变化的"慢三步乐"，节奏较慢，适合老年人跳。跳月的舞步可以在三步乐的基础上自由发挥，有时会把脚轻轻抬起在空中边跳边旋转数圈，颇具技巧性，男子步态沉稳潇洒，女子温婉恬静，随着节拍时而围圈齐跳，时而相对起舞，充分展示集体舞优雅而协调的一面。阿细跳月舞风粗犷奔放、热情洋溢，节奏欢快，舞蹈的动作幅度大，场面热烈，激情四射，颇具爆发力和感染力，许多围观的年轻人也会情不自禁地加入跳舞人的行列中去。从青年阿细跳月的舞姿中，我们可以体会到彝族人快乐、奔放、激越的民族特性和浓郁的民族风情。娃娃舞是三步乐的简化，有时把蹬脚改为点步，或把一只脚搭在另一个人的腿脚上，边跳边唱，适合少年儿童娱乐游戏时舞蹈。

新中国成立后，阿细跳月作为彝族优秀民间舞的代表作到各地参加表演和比赛。1954 年，阿细跳月作为中国民间优秀舞蹈，被选送到波兰华沙参加第三届世界青年联欢会上表演，得到世界各国青年的欢迎和专家的好评。现在阿细跳月已成为世界青年交谊舞的传统节目之一，被世界各族青年广泛接受和喜爱。

彝族还有其他一些比较著名的地方性、群众性的舞蹈，其中左脚舞、烟盒舞、乐作舞、四弦舞比较有特色。

左脚舞，流传于楚雄彝族自治州牟定县，是当地彝族最喜爱的自娱性集体舞。左脚舞的历史悠久，据清代《定远县志》记载："每年三月二十八成为南郊东岳庙（今南山寺）赶市，四方远近商贾汉彝买卖衣具货物，至四月初三方散。至晚，男女百余人吹芦笙、弹彝琴、吹口弦，唱彝曲，环围踩左脚，至更余方散。"可见清朝时期，左脚舞就已经是彝族非常喜爱的一种舞蹈形式了。左脚舞又叫跳左脚、跳脚，左脚舞的音乐曲目种类繁多，曲目有 300 多个，词内容涉及彝族生产、生活的方方面面，曲调清新明快，唱腔高亢热情，清脆尖细，调子高昂，伴奏乐器一般为四弦、二胡等。左脚舞以脚下动作为主，脚下动作花样百出，基本步法有直脚、甩脚、垫脚、踩脚、踏脚、踢脚、赶脚、合脚等，技巧动作有串花、翻身等。起舞时先起左脚，垫三脚踢一脚，边跳边唱左脚调。左脚舞的参与人数可多可少，少时十余人，多者成百上千人，特别是在大型节日和集会时节如三月会、二月八等节日，整个街市都是弦乐声声，歌舞阵阵，大街小巷都沉浸在欢乐的氛围之中，人们在歌舞声中获得亲如一家、血脉相连的共同体验。

烟盒舞是彝族支系尼苏波人最喜爱的群众性民间舞蹈之一，也是彝族民间舞蹈最具代表性的一种，流传于云南南部等地，其中云南石屏彝族的烟盒舞颇

节日表演上欢快的左脚舞

有代表性。烟盒舞因跳舞时舞者每人两只手中各拿一个竹质的烟盒或木棉烟盒，用手指弹响烟盒协调节奏而得名，彝族人也称之为跳乐、跳弦、跳三步弦等，许多彝族人特别喜欢这种舞蹈，彝族有谚语称，"听见四弦响，脚板就发痒"，可见他们对此的喜爱程度。据说烟盒舞起初与狩猎有关，彝族先民以打猎为生，为了俘获猎物，人们披着兽皮，打扮成动物的模样混入兽群猎取猎物，后来他们把这些动作当作娱乐时的游戏进行表演，就成了最初的烟盒舞，另一种说法认为，烟盒舞与挑秧苗走路、上山下山的动作有关。最初跳这种舞时只是徒手或拍手打节奏，后来发现可以通过弹烟盒发出的悦耳的声音统一节奏，于是人们开始拿着烟盒边弹边跳。烟盒舞有单人舞、双人舞、三人舞、四人舞和集体多人舞等多种表演形式，舞蹈动作灵活，节奏明快，气氛热烈，身体的头、手、身、腰、脚各个部位配合巧妙，舞姿优美流畅，其中下腰连环翻滚等动作难度系数高，惊险刺激，具有较高的观赏价值，有人统计烟盒舞有两百多种套路和跳法，可谓是千姿百态，花样百出。它最基本的舞蹈动作可归为正弦和子弦两大类。正弦彝族人形象地称之为母弦或弦娘，也称三步弦、簸箕弦等，其他子弦（或称杂弦）都是在此基础上发展衍化出来的。跳舞时先跳正弦，后跳杂弦，正弦只舞不唱，有乐器伴奏但无唱词，形体动作有三步弦、两步半、一步半、斗蹄弦、歪歪弦等十多种舞蹈动作，杂弦一般要又唱又跳，舞蹈内容和形式都比较丰富，有许多神形兼备的形体动作，许多动作明显与现实生活关系密切，如有表现动物姿态的撵秧鸡、鸽子渡食等，有表现劳动场面的踩谷种、哑巴打草鞋、踩茨菇等，有抒情性很强的大小翻身、大理弦、三妹子等，还有其独有的绝活倒挂金钩、猴子扳包谷、仙人搭桥等，共有七八十个动作。一般集体的烟盒舞除围圈跳舞外，还有形式多样的穿花图形，变化多端，动作潇洒流畅，让人目不暇接，另外还有一些歌舞剧和舞蹈小品的元素也夹杂其间，使这种舞蹈的演出效果活灵活现，异彩纷呈，是彝族人非常爱看的一种舞蹈。因为地区的差异，彝族各地的烟盒舞舞蹈步伐、动作和技巧差别很大，形成了山区和坝区不同的风格和流派。山区风格主要是强调杂弦部分，情绪性强，节奏欢快，气氛热烈，坝区风格主要强调正弦部分，以三步弦为基础，派生出其他动作技巧，习惯于二人对跳，多用模仿动物习性的动作，表演技巧突出。烟盒舞一般由清脆明亮的烟盒声打节拍，由四弦（月琴）、笛子、二胡等伴奏，音乐和舞蹈的节奏鲜明，动作灵巧，全身都随音乐起伏，手腕、手臂动作灵活多变，手臂的凤凰点头的动作尤其巧妙生动。烟盒舞一年四季都可以跳，它是彝族男女青年社交聚会的最好的方式之一，彝族谚语称，"是人不跳弦，白活几十年"，充分表达了烟盒舞对人的吸引力。

乐作舞，彝语称之为"栽比"，意为成双成对地跳，因其动作颇像蜻蜓飞舞，又称蜻蜓舞，主要流行于云南红河流域，保留最完整、内容最丰富的地区在红河县的理施、大新寨两地，在红河彝族的有些地区乐作舞还是男女青年表达爱情的特殊方式，接受或拒绝对方都通过当场的舞蹈动作来完成。乐作舞属风俗性广场自娱性舞蹈，多在一些彝族传统节日、祭祀活动和婚丧嫁娶时举行，也可在劳动间歇或社交场合跳，过年过节时常常连跳几天。乐作舞是一种有唱词有伴奏的集体性舞蹈，乐器一般有四弦、三弦、巴乌、二胡、笛子等，舞蹈动作有踩荞调、撵调、三步弦、斗脚、经弦、边边弦、翻身、擦背、游调等，组成一套完整的舞步。乐作舞是将歌唱、舞蹈和乐器三者相结合的一种歌舞，跳舞之前先唱歌，有乐队伴奏，乐队成员不参加舞蹈，随伴奏的节拍晃动身体，并高声帮腔助兴。跳舞的人数不限，但一般是偶数男女搭配围成圆圈跳

花腰彝族歌舞

舞，舞者的膝盖部位伸屈自如，舞动的手臂如同蜻蜓振翅，跃跃欲飞，舞者边跳边唱，忽停忽动，间或拍手，间或互相穿插交错，呈圆圈形翻转，让人目不暇接，有时唱歌和舞蹈交替进行，高潮时还发出"噻、噻、噻、噻"的叫喊声，乐作舞动作优美欢畅，节奏感强烈，颇具艺术感染力，曾多次参加全国民间艺术演出，受到观众的好评。

四弦舞又称丝弦舞，彝语称"叶切比"，意为弹着月琴跳舞，四弦舞流传于云南中部部分地区，多在农闲节假日跳，属于一种自娱性舞蹈，跳四弦舞是彝族男女青年社交的方式之一，许多彝族青年通过跳四弦舞相聚、相识、相知、相爱。四弦舞有固定的曲调，有的曲调有固定的唱词，四弦舞是一种载歌载舞的舞蹈，彝族的谚语"嘴里唱出清脆词，脚下跳出一蓬花"就是对四弦舞的赞美。跳舞时一男子边弹四弦边跳舞，众人随之而动，围成圆圈跳舞，弹四弦的男子作为场上的指挥，可以随时改变曲子、舞步和身体的方位，其他舞者随他的变化而变化。女子拍手打节拍，手部动作变化不多，但脚下动作多种多样，千变万化，有抬脚、踮脚、对脚、踢脚、别脚、串脚、搭脚、压脚、跪月、翻半翻、前后赶等十几个动作，最基本的舞步是抬脚步，其他舞步都由它发展变化而来。四弦舞动作轻盈柔和，节奏相对平缓，与彝族其他舞蹈相比，显得温和柔美，淡而有味，在彝族舞蹈中别具一格。

彝族节日街头表演队

在盛大的火把节上，载歌载舞是必不可少的娱乐项目，火把节上最常见的群众参与最广泛的当数都荷舞和达体舞，两种舞蹈风格迥异，但都从不同层面反映出彝族人的喜庆祥和的节日心态。

都荷舞是流传于凉山彝族地区的一种民间舞，多在火把节期间人们集体跳。彝语"都"为火，引申为火把、火把节，"荷"为唱的意思，都荷即唱火把节，引申为在火把节期间唱歌跳舞。都荷舞是只有妇女参加表演的一种集体歌舞，一般由一人领唱领舞，其他舞者尾随领舞者朝逆时针方向边唱边走，有时候逆时针、顺时针方向交替走动亦可。领唱一句，众人重复应和一句，如此反复表演。舞者右手拿黄伞，左手牵着前面的人的荷包带或前后互相牵着头巾的两端，所有舞者缓缓形成一个圆圈，载歌载舞，领舞者在前面唱，其他人齐唱齐舞，如果参加人数多，场面非常壮观。都荷舞的舞步相对简单，舞蹈为两拍，先不流畅迈出一大步，同时身体微微向前倾，此为重拍，然后右脚向右旁迈一步，同时身体直立，微微后仰，面向圆心或面向前进的方向，此为弱拍，如此反复即可。都荷舞与其他彝族舞蹈相比，显得朴素简单，舞步和队形无多大变化，但它的历史与火把节一样悠久，具有早期集体舞蹈圈舞踏地击壤而歌的特征。相传古代彝族男子狩猎归来，架起火堆烧烤猎物之时，妇女们为了庆贺男人们胜利归来，常常围圈跳舞以示慰问，逐渐形成了都荷舞。又有传说称，妇女们在火把节期间，穿行于男人之间，常有男人喜欢趁机摸她们，妇女们手里都拿一根修好的树棍，以防非礼，这个后来演变成了手拿阳伞作为道具舞蹈。都荷舞的美不在于其复杂的舞步和动人的舞姿，而在于纯朴自然的韵味。在盛大的火把节期间，彝族女子身着盛装，万紫千红，手持黄伞，步态轻盈，低头颔首，时吟时唱，舞蹈的队形像风吹杨柳一样摆动，从中人们体会到生活的快乐、安宁、祥和的诗意。彝族儿女的岁月如同缓慢波动的舞步一样平静而自然地不断重复，直到永远，都荷舞如同一首百听不厌的田园牧歌，用它古老、自然、淳朴的曲调向人们诉说着凉山彝族山寨的亘古不变的日常生活。

达体舞是凉山彝族的一种古老的民间舞。彝语"达体"是跺脚的意思。达体舞种类多样，在不同的地方有不同的名称，其他名称有庄锅舞、对脚舞、踢脚舞等。据《冕宁县志》记载："夷人每逢喜庆事跳庄锅，男女十余人穿新衣、荷包、巾帕之属装束盛饰，牵手围绕而转，且跳且歌，初转徐徐行，再转小跃，行三转大跃，嬉笑追逐良久乃罢。夜间则燃烧松柴一堆，绕火而行，所歌之词各因其事。"这段文字生动描述了彝族跳达体舞的情形。达体舞一般在节日和闲暇之时跳，是彝族青年男女交际的一种方式。一般选择一个平展的场坝或野外草坪，男女排成一行或两行，双手叉腰，手的动作变化较少，以脚部动作为主。先原地起步，向左一步，向外一步，然后向前走三步，向后退三步。达体舞动作简洁明快，热情奔放，活泼欢快，适合群舞，配以优美的音乐，更是相得益彰。达体舞经专家编排成一种集体舞蹈形式，在彝族各区推广，深受广大群众的欢迎，许多地方把达体舞作为一年一度的凉山火把节的压轴舞蹈，把整个火把节推向狂欢的高潮。

第三节 铜鼓舞、花鼓舞与跳菜

彝族严格属于表演性质的舞蹈并不多见，我们从舞者表演的特殊要求及必要的道具上来区分，可以把铜鼓舞、花鼓舞、跳菜和披毡舞等划为表演性舞蹈。

铜鼓舞是彝族最古老的舞种之一，也是云南东部地区彝族人喜爱的民间舞蹈，彝族称之为妻丽。古代最初铜鼓或为炊具或礼器，后用于歌舞。铜鼓是彝族历史最悠久的乐器之一，云南楚雄出土的铜鼓，距今已有 2600 多年的历史，在云南晋宁出土的汉代文物上就有男子击铜鼓而舞的形象，汉族的一些文献资料也多有提及，云南东南部有不少铜鼓流传于后世。铜鼓舞与古代的祭祀和巫术关系密切，与当时人们祀神驱鬼、巫术祛病等法事有关，在当时铜鼓被当作权力的象征物、娱神的乐器和驱鬼祈福的神器使用。铜鼓舞还可能与彝族和其他杂居一地的少数民族的自然崇拜、祖先崇拜相关，铜鼓振聋发聩的声音可以向天神和祖先传递子民的心愿和敬畏之情，也可以驱逐那些妖魔野鬼，给村民带来吉祥平安的生活。彝族、壮族、苗族、水族、布依族都有自己风格的铜鼓舞，现今彝族铜鼓舞主要流传于云南文山州的一些地区。在这些彝族居住区，逢年过节、婚丧嫁娶、乔迁新居、祈雨求收，都要跳铜鼓舞。各地彝族所跳的铜鼓舞形式和风格上有所差别，其中云南富宁木央一带彝族的铜鼓舞颇具代表性。

每年的正月到二月、四月到六月，彝族的上元节、荞年节、打公节等重大节日，在云南文山地区的一些村寨会轮流安排 3—5 天的节庆活动，跳铜鼓舞是其中一项重要内容。一般是把分为雄雌的两面铜鼓分别挂在场坝的树杈上，每只鼓分别由两人敲击，一人敲击鼓面和鼓帮，另一人用铜盆在鼓的另一面时开时合增强铜鼓的音响效果，另有皮鼓、茫锣、小锣等配合铜鼓齐奏。铜鼓的演奏需要专门的技巧，一个杰出的鼓师可以用公、母两面铜鼓演奏出 12 种音调，公鼓代表太阳，母鼓代表月亮，12 种调代表一年 12 个月，显而易见，铜鼓舞积淀着彝族宗教、文化、历史等多重价值。敲打乐器的人边敲边跳，人们跟随其后围成半圆或圆圈，踏着鼓点沿逆时针方向起舞，跳完一组动作再跳另一组动作，有的地区完整保留着 12 套舞蹈动作，表现一年四季 12 个月的不同的生产生活，在大型节庆活动期间，铜鼓舞会持续几天几夜。

彝族壁画《载歌载舞》

铜鼓舞通过鼓手有节奏的击鼓来调度全场，舞者的动作和队形的变化随鼓点节奏的变化而变化，舞蹈队形以男女围成圆圈为主，另外还可以变化成半圆形、一字形、纵队形、四方形和交叉对跳等多种图形，舞者的胸、腰、胯等部位动作幅度大，情绪热烈奔放，舞步刚健有力，舞姿大开大合，酣畅淋漓，跳到高潮时鼓手发出欢快激烈的"嗨嗬嗬"的叫喊声，颇具感染力。铜鼓舞的舞蹈节奏与打歌、芦笙舞、左脚舞等大体相似，应属于同一种舞蹈类型，舞蹈动作以平步进退和晃步错步为主，一步一并脚，向前进或横走，配有双手扇动、开合的动作。舞蹈动作多与生产劳动有关，有点种、栽秧、打谷、剥包谷等耕作与收获动作，也有栽棉花、扯棉花、纺线等与纺织有关的动作，还有打火石、烤火、摸鱼、捞虾等日常生活与劳作动作，这些动作比较典型地模仿了各种生产劳动的场面和生活场景，风格古朴、土拙，乡土气息浓郁。在舞蹈进行到一定时间，有歌手领唱一些歌曲，大体是追忆祖先、迎客送往和爱情婚姻等题材的歌曲，其中彝族长诗《铜鼓王》是唱的最多的一首，因为它的歌词和曲调与铜鼓舞最相适应。彝族铜鼓舞比较典型地反映了彝族先民的日常生产、生活的面貌，是具有明显的写实风格的舞蹈，来源于生产、生活的场景和动作加以形式化之后，成为欣赏的对象，通过舞蹈来反观自己的生产、生活，舞蹈成为生活的一面镜子，是舞蹈的基本功能之一。铜鼓舞被一些专家认为是彝族传统舞蹈文化的代表，但由于时代的变迁、外来文化的冲击，彝族及其他少数民族年轻一代学习铜鼓舞的人数锐减，对此舞种的传承需要政策上的帮扶和支持。

彝族龙灯舞

彝族花鼓舞比较明显地受到汉族花灯戏的影响，但也有自己的特色。花鼓舞，彝族称热波比，流传于云南楚雄双柏县和峨山一带，其中峨山花鼓最负盛名，被誉为彝族花鼓舞之乡，曾多次作为彝族花鼓的代表参加各种大型仪式的表演，另外，云南晋宁市双河乡的花鼓也颇有特色，民众参与度高，组团参加各种比赛频频获奖。一般在逢年过节和办丧事时，请各村专门的花鼓班子来跳花鼓，办喜事忌跳花鼓。从花鼓舞的道具、演员的装扮及花鼓舞的唱词和花灯曲调来看，彝族花鼓舞明显受到汉族凤阳花鼓的影响，彝族花鼓舞一方面吸收了汉族花鼓舞的精华，另一方面也添加了自己本民族的舞蹈动作，尤其是跳乐的基本动作，如对脚、左右打花、翻身点脚、左右前后跺脚等，被大量应用于跳花鼓舞之中，在一定程度上说，彝族花鼓舞是彝族舞蹈与汉族舞蹈相结合的典型的范例。花鼓舞先用锣、镲、钹为前奏，再用震耳欲聋的鼓声制造气氛，把观众的热情点燃之后，舞蹈队员们开始踏着节拍跳舞，花鼓舞一般由 5 人同舞，现在也常有 9 人同舞，阵势更宏大，蔚为壮观。其中一人为领舞者，领舞者相当于舞蹈的总指挥，他手拿木制龙头，上面插有野鸡翎子，还系有红绸扎成的彩球，指挥着其他队员的舞步和动作。打鼓有急鼓和慢鼓之分，急鼓节奏紧迫，热烈奔放，振奋人心，慢鼓沉缓绵软，但柔中带刚。打鼓动作有一定的次序，每套动作都有头步和收步，动作先后顺序及队形变化都有一定之规，都服从持龙头的领舞者指挥，舞蹈在重拍上身体向上弹跳，一拍击一下鼓，舞蹈队员们用绸带系鼓，斜挎在右肩，鼓在左腰间，右手拿鼓槌，左手拿一块白毛巾，边打边舞。舞蹈的基本动作有蹲步、钉子步、剪子步、跳沟步、慢鼓、转鼓等，脚部动作变化多端，有蹬、跳、顿、越、甩收、绕花、蹬转、崴脚等，还有难度较高的吸脚空转两圈、双脚纵步、空中成膝、空中崴脚等动作，惊险刺激，令人叹为观止。由队员穿插组合出来的舞蹈队形有单穿花、三穿花、一窝燕、一颗印、三角尖、五梅花、磨面、裹白菜心、拜堂、龙摆尾等多种图形。由于花鼓舞有些动作难度较高，群众参与性不强，属表演性、观赏性舞蹈。云南新平县磨皮花鼓还把各种古代兵器用以表演，整个表演充满战斗气氛，队形阵势上还模拟战士出征、跋山涉水、摆陈设仗、短兵相接、凯旋而归等情景，整个舞蹈场面宏大，气势雄浑，震撼人心。花鼓舞是歌舞结合的一种舞蹈，但与其他歌舞不同，其他歌舞一般由乐器伴奏或边唱边舞，但花鼓舞是歌舞相间进行，唱一段停下来舞一段，舞一段停下来唱一段，唱时无伴奏，只用鼓槌敲边打节拍，这种表演方式也与花鼓舞动作幅度大，体力消耗大，需要间歇性休息有关。曲谱是花灯调，唱词根据表演场合而定，场合不同唱词和唱调也不同。唱词一般迎合场合的需要，喜闻乐见，朗朗上口。花鼓舞的舞姿刚健有力、粗犷豪放，充分体现了彝族人民勇猛顽强、奔放豪迈的民族性格，在增强民族自信心、自豪感和凝聚力、振奋民族精神方面起到了一定的作用，彝族花鼓舞属力量型舞蹈，一般不适合妇女表演。

彝族的礼仪性舞蹈也源远流长，为了表达对宾客的感谢之情，他们常常在宴席之时以歌舞答谢宾客，南诏时期专门用于礼仪活动的歌舞就达十余种之多，现今比较完整的礼仪性舞蹈有跳菜、捧盘舞、酒礼舞等，这些舞蹈多在红白喜事时表演。这些舞蹈以搞怪逗趣为主，风格诙谐幽默，舞蹈动作变形夸张，主要是为了使宾客在宴饮之余心情舒畅。跳菜是云南无量山、哀牢山一带彝族颇有特色的一种民间舞，也是近些年被学者、专家关注较多的一种舞蹈。跳菜最早起源于宫廷，后在彝族民间流行。据称，跳菜始于唐朝时期，南诏晋京演出的大型歌舞作品《南诏奉圣乐》的舞蹈部分，就有舞者托盘、穿梭在宾客之间的舞蹈，当时这种舞蹈叫"抬菜舞"。跳菜一般在宴请贵客或家中有婚丧嫁娶之时表演，是主人接待客人最高的礼仪之一。跳菜将舞蹈、音乐、杂技等相结合，让宾客在品尝美味佳肴的同时，也饶有兴味地享受舞蹈带来的视觉美感，可谓是饮食文化和舞蹈文化糅杂混搭的一种典范。在饮宴开始之前，通常将桌席沿两侧一路摆开，宾客围坐三方，中间留出一条通道用以跳菜。三声锣响，跳菜正式开始。伴随着芦笙、三弦、木叶、闷笛（横笛）、唢呐和锣鼓的音乐，跳菜人手举托盘，盘里放着刚出锅的菜肴扭着腰肢摇摇摆摆地走了出来。跳菜人将右手拇指、食指和无名指向上推展作鼎状，支撑着菜盘，里面摆着八碗菜肴，左手拿一块方巾，随着节奏舞蹈，脚步忽高忽低，步子时快时慢，脸上做着滑稽的怪相，另一个跳菜人头顶和双臂各撑一菜盘紧随其后入场，菜盘里的菜最多时可达 24 碗。他们一前一后穿梭在宾客之间，边走边舞，间或做马步跪蹲或托盘敬奉的动作，惹得宾客捧腹大笑，另外两位手拿毛巾的搭档，做出种种滑稽搞怪的动作，在其前后左右孙猴子一般戏弄，但实际上是在旁边为他们保驾护航。整个舞蹈过程滑稽幽默，险象环生却平安无事，给人一种热闹、刺激、滑稽的颇具闹剧色彩的审美体验。跳菜因地方不同也有所差异，无量山一带的跳菜粗犷、豪迈，哀牢山一带的跳菜温和、软绵，反映出同一个民族不同的舞蹈个性。这种颇具特色的舞蹈形式被搬上艺术舞台之后，保留了其原生态的朴拙而夸张、张扬而滑稽的审美个性，更具观赏性和艺术性，南涧地区的跳菜舞曾随民间艺术团体到国外演出，深受外国观众的好评。

第四节　古老的舞蹈与新时代的纠结

随着全球一体化进程的加快，民族文化面临被强势文化吞并、淹没的可能，民族文化保护与传承的问题日益突出，迫在眉睫，在对民族舞蹈的抢救和保存、整理与提高的过程中必然会涉及一对矛盾，那就是对这些舞蹈，到底是该原封不动地恢复到它最初、最原始的形态，还是应该对它进行整理、加工和提炼，使之更适合舞台表演？到底是恢复旧貌，还是整容换颜，这确实是一个两难的问题。由于彝族的一些地区在新中国成立之前还并存着多种社会形态和社会制度，使得彝族舞蹈中有一部分舞种还保留着原始舞蹈的风貌，这种舞蹈形式是与比较原始的生产力和生产关系相适应的，有的舞蹈甚至还有原始氏族社会时代的痕迹。例如，流传于云南云龙、永平等县被称为"鲁鲁则"的舞蹈，就是一种极为原始的舞蹈，该舞蹈没有音乐伴奏，全凭不断变化跺脚的节奏来完成舞蹈动作，其内容主要是模仿原始狩猎场面以及各种动物的姿态，舞蹈之时舞者间或会发出"乌、乌、乌"或"切、切、切"的单音节词的助兴的呐喊声。这种无任何音乐伴奏的舞蹈在各民族舞蹈中都是难得一见的，它当属于原始舞蹈的一种形式，呈现出彝族舞蹈某种最原始的形态。彝族舞蹈虽然种类繁多，舞蹈动作千姿百态，但仍有其共同的家族相似之处，如顿足踏跺、击节歌舞、联袂环舞等，这些特点都是彝族舞蹈共有的，都与"鲁鲁则"有某些同根同祖的相似性。

葫芦笙舞也是相当古老的舞蹈，是彝族支系花倮人在当地的荞菜节所跳的一种舞蹈，流传于云南文山西畴县一些偏僻的村寨。它的独特之处在于舞蹈时身体上下随节拍呈 S 形前后曲动。在云南开化出土的古铜鼓图饰上，有 4 个头戴羽冠、穿着羽毛制成的衣服、吹着葫芦笙翩翩起舞的舞者装饰，他们的舞姿正是这种 S 型造型。从这些图案我们可以想见，葫芦笙舞的历史由来已久。与葫芦笙舞相关的传说称，很久以前一场旱灾造成地里的庄稼颗粒无收，花倮人面临死亡的威胁，在绝望的时刻，村里的一个大户人家献出了自己积攒多年的苦荞，他把荞子均分给大家，和村民一道渡过了难关，挽救了村民的生命。为了感谢这户人家的救命之恩，村民们吹响了葫芦笙，跳起了葫芦笙舞，从此每年的这一天，人们都会跳葫芦笙舞以示纪念，这就是花倮人最重要的节日之一"荞菜节"来历的传说。在节日期间，全村男女老幼都穿上盛装，聚集在平展的场坝上唱歌跳舞，舞蹈主要用葫芦笙伴奏，吹葫芦笙的人为领舞。妇女们围成圆圈翩翩起舞，她们头戴羽冠，手拿羽毛，身穿羽衣，排成排，随葫芦笙的节奏起舞，身体从头到足踝，一刻不停的呈 S 形摆动，动作简洁，节奏和美国的迪斯科舞相似，被著名舞蹈家戴爱莲赞誉为"中国式的迪斯科"。葫芦笙舞有"牙虐"（站着跳）、"牙庆"（起步跳）、"牙拉"（移步翻身）、"牙降"（走圆圈）、"牙稳"（穿花）、"牙搞"（对点头）和"牙敢"（前跳后跳）七种不同的舞蹈套路，舞蹈动作主要是对生产劳动的模仿，如种棉、收棉、纺线、织布等，节奏沉缓，动作古朴，葫芦笙舞的每一套路都有不同的葫芦笙曲子相匹配，舞蹈与音乐结合紧密。花倮人长期居住在高山之上，处于两县交界之地，几乎与外界隔绝，比较完整地保持了原始舞蹈的原姿原貌，舞蹈的文化内涵和艺术特点鲜明，但由于地理环境的原因，再加上人口稀少（花倮族统共只有两千余人），有自己的语言，没有文字，同时由于生产、生活方式发生变化、外来文化的冲击和挤压、村民的文化保护意识淡薄等因素，该舞蹈逐渐趋于简单化，会跳这种舞的人也已逐渐减少，此种舞蹈面临失传的危险，对此保护和抢救势在必行。

最为著名的、引起诸多学者关注的彝族古老的舞蹈是撮泰吉。在彝语中"撮"意为人，"泰"意为变化，"吉"意为玩耍、游戏，"撮泰吉"在一起的大致意思为人类变化的戏，或译为变人戏，反映远古彝族从猿变成人之后的种种艰难的经历。这一演出形式始于哪个年代，彝、汉各典籍中无可考证，至今尚无定论，但专家、学者一致认为，它是彝族最古老的舞蹈之一。如今贵州威宁县的一些偏远村寨，一般在每年的农历正月初五到十五表演撮泰吉，它是当地彝族居民祭祀驱祟、祈福纳祥的一种形式。

一般演一出撮泰吉需要 13 个演员，其中 6 人扮演人，3 人扮狮子，2 人扮牛，2 人敲锣打鼓。主要演员有 6 个：山林老人惹嘎阿布，巫师装扮，2000岁，不戴面具，他是自然和智慧的象征；阿布摩，彝族老大爷，1700 岁，戴白胡子面具；阿达姆，彝族老奶奶，1500 岁，戴无须面具；麻洪摩，苗族老人，1200 岁，戴黑胡子面具；嘿布，汉族老人，1000 岁，戴兔唇面具；阿布摩和阿达姆的儿子，戴无须面具。他们的面具颇有特色，通常有一尺长，前额突出，鼻子直长，眼睛和嘴巴部分挖空，用锅烟涂成黑色，再用石灰或粉笔在额头和脸部勾画出各种黑白相间的线条，看起来特别粗朴、神秘而威严。

全戏共分四部分，第一部分是祭祀。戏剧以夸张的方式展开，1700 岁的彝族老人阿布摩带来众人，拄着木棍艰难地从森林里走出来，他们的头上缠着白色锥形的包头布，身体及四肢用白布缠绕假扮成裸体，迈着踉跄的步子弓着身子行走，表现远古人类还未能直立行走，并边走边发出猿猴般的叫声。他们在场上站定，放下木棍，面向西方，向天地、四方神灵和祖先祈祷，演绎着人类早期宗教崇拜的情形。第二部分是劳作，也是戏剧的主体部分。在前半部分，通过舞蹈反映彝族先民迁徙、耕作、繁衍的历程，后半部分反映定居彝族村寨之后的日常劳动与生活场面，最后部分表现丰收之后，粮仓满盈，酒洒大地，村民对上苍、祖先感恩不尽。第三部分是庆贺丰收。人们跳起狮子舞，尽情欢歌，表达内心的喜悦之情。第四部分是扫寨，即扫火星，扫除灾祸，这是整个撮泰吉的高潮部分。正月十五那天，表演者在巫师惹嘎阿布的带领下走村串户，扫除灾难和瘟疫，祝愿每家每户人畜两旺，五谷丰登，给村民带去平安祥和的祝福。他们每到一家，就会坐在那家的火塘边念一段吉祥的祝词，还会向主人索取鸡蛋和麻，走出家门后会在柴堆上扯一些茅草，走到村寨路口，埋三个鸡蛋在土里，点燃茅草，把其余的鸡蛋煮熟分食，边吃边念叨"火星走了，火星走了"，至此，撮泰吉的所有活动全部结束。

撮泰吉与其他彝族舞蹈相比，除了祭祀与祈福等宗教功能之外，还具有神话和寓言色彩，而且它把舞蹈与戏剧结合在一起，具有某种原始戏剧的情节和故事性，是不可多得的原始舞蹈、戏剧杂糅于一体的艺术形式。这对于研究原始戏剧、原始艺术的发生及形态具有非常重要的学术价值，其中有关原始人类的生产、生活方面的表演对人类学、民族学研究也有所启发。撮泰吉的流传区域相对偏僻、闭塞，较少受到外界文化的干扰和影响，这一方面有利于这种舞蹈戏剧形式的原汁原味地保留和传承，另一方面，由于传承这种艺术的人员越来越少，要完整表演这种舞蹈已相当困难。撮泰吉的艺术生态环境非常脆弱，保护和抢救工作就显得特别重要，近年来这种古老的集舞蹈与戏剧为一体的表演已经作为非物质文化遗产受到国家的保护。

彝族还有一些舞蹈在部分彝族居住区流传，在彝族民间本来是纯属宗教性质或自娱自乐性质的舞蹈，但在新中国成立之后，其中一些舞蹈被专业的舞蹈工作者改编、加工成一种舞台上表演的舞蹈。在改编过程中，原先舞蹈的天然性、神秘性、朴拙的一面被削弱，添加了一些观赏性、技巧性的舞蹈元素，这种改编、提炼的方式看似是对民间艺术的提高和升华，但在某种程度上也是对原本舞蹈中民间文化元素的删减和损害。这种用新瓶装旧酒的做法，虽然可以把民族舞蹈推向更大的舞台，获得更多的观众，但也有可能在清洗掉其中的泥土的同时，部分丧失了民间舞蹈最本色的韵味，最典型的例子莫过于对彝族宗教性舞蹈羊皮鼓舞的改编。在 1949 年以前，羊皮鼓舞是凉山彝族巫师苏尼为病人驱邪治病时所跳的舞蹈，跳舞时左手拿鼓，右手拿槌，口中念咒，击鼓时全身颤动，双肩前后快速抖动，略微塌腰翘臀，时而全蹲向左、向右纵跳或向

彝族的图腾虎和图腾柱

上高跳，表现出苏尼在天神的驱使下某种精神迷狂的状态。20世纪50年代，受当时政治、政策的影响，在剔去糟粕、吸取精华、推陈出新的艺术理念的指导下，改编者完全剔除羊皮鼓舞中的宗教成分，去掉跳羊皮鼓舞的苏尼的那种宗教迷狂状态下的非理性状态的癫狂动作，只模仿、保留其中的部分"清醒"动作。经专业舞蹈工作加工、改编之后，其宗教性、神秘性的一面被剔除，仅保留了某些动作和技巧，虽然也具观赏性和审美性，但其宗教意味的丧失如同一个美丽的躯壳一般，失去了舞蹈的内在灵魂。经过改编后的羊皮鼓舞在舞蹈情绪、动作幅度、力度上大大减弱，缺乏民间的羊皮鼓舞那种如痴如狂的激情状态，与民间的羊皮鼓舞相比，显然缺乏强烈的感染力和震撼力。羊皮鼓舞改编上的失误是值得我们深刻反思的。

当然，也有一些改编比较成功的案例。摆手舞是流行于凉山彝族喜德、越西一带的民间舞，多在婚礼上边唱边跳。摆手舞一般为两人一组或四人一组，跳舞时一手上举另一只手下垂，或者和同伴手拉手，脚下多走碎步，用全脚掌走碎步互相交换位置，跳舞的人多时，可以呈横排、斜排或四方形等排队形，队形和动作都随领舞者变化。男子舞蹈时手要高举过头顶，女子的手举到肩部即可，手的摆动有上下摆动、前后摆动和左右摆动等几种形式。摆手时要保持身体的平衡，肩部和肘部的动作幅度不能太大，碎步行走时要保持上身挺直、昂首的姿态。摆手舞动作简洁灵活，手部动作和碎步富有表现力，给人以欢快喜庆的审美感受，著名的表演性舞蹈《快乐的诺苏》就是改编了摆手舞的基本动作后创作的，该舞蹈成为彝族表演性舞蹈的经典之作。

披毡舞也是凉山彝族地区的一种舞蹈，一般在婚礼上表演，多为双人对舞，男女均可参加。披毡（擦尔瓦）是彝族喜爱的衣物，是彝族人们生活的必备品，身披披毡翩翩起舞，表达出一个民族飞鹰般的梦想。舞蹈以披毡为道具，通过双臂的伸展、收拢、摆动、起伏及身体的旋转，来模拟雄鹰飞翔的各种姿态和动作。披毡舞以手部动作为主，跳舞时用双手握住披毡两侧的边缘，上下左右舞动，或者双手交叉从上往下盖，或者一手叉腰，另一只手向里、向外摆动，或者将披毡向前甩动到胸前、向后甩动搭于双肩，时而像孔雀一样高雅优美，时而像雄鹰一样刚健奔放，群舞时舞者披毡展开奔跳像一群迎风而飞的雄鹰，急速旋转时又像层层叠叠怒放的鲜花，给人以雄浑壮观的美感。披毡舞的脚下动作主要是一步一靠、慢走步、小碎步等，脚步扎实稳健，与手上的披毡挥舞动作相搭配，充分展示出整个舞蹈的阳刚矫健之美。披毡舞是彝族具有代表性的舞蹈之一，它被专业舞蹈工作者改编成《红披毡》等舞蹈节目，成为民族舞蹈的代表作之一。

在 50 年代到新时期以前的民族舞蹈的改编状况中，羊皮鼓舞和摆手舞、披毡舞属于两种基本的改编模式，虽然出现了像《快乐的诺苏》、《红披毡》之类的优秀作品，但也出现了不少像改编羊皮鼓舞之类的作品，还出现过一些生硬利用民间歌舞宣传当时方针、政策的作品。现在看来，民族、民间舞蹈的改编、再创作还是应该让民间舞蹈在保持其文化特点和民族特色的基础上进行创新，那种脱胎换骨式的做法是不可取的。新时期之后，特别是 80 年代中后期以来，许多专业舞蹈工作者开始意识到，对民间舞蹈的改编与加工不仅仅是动作和技巧上的规范和提高的问题，更重要的是如何神形兼备，如何在尽可能保留其原汁原味的基础上改编和加工。舞蹈观念的自觉使得民间、民族舞蹈的收集、整理、加工与改编开始走向了良性、持续发展的轨道。

纵观彝族舞蹈，我们可以看出，彝族舞蹈虽因地区和支系的不同千差万别，各具形态，但作为同一民族的身体语言——舞蹈，它们之间也有某些共同的特点和相似之处。第一，它们在起点上多与宗教信仰、图腾崇拜有关，彝族习惯于围着火塘或篝火跳舞，火把节时更是有许多人举着火把挥舞，这反映出彝族人对火及相关物太阳的崇拜，还有有些模仿鹰、熊的舞蹈动作，与对鹰、熊等动物的图腾崇拜密切相关，而那些宗教性舞蹈和由宗教性舞蹈演化而来的舞蹈，与宗教信仰的关系就更密切。第二，彝族舞蹈擅长于动物姿态的模仿，如打歌中的老牛搓背、公鸡摆尾、斑鸠饮水、喜鹊登枝、小鸡啄米等动作、烟盒舞中的猴子扳包谷、鸽子渡食等动作，都是对动物姿态的妙趣横生的模仿，对其生活动作及形态的直接模仿。第三，许多舞蹈动作都来源于生产、生活，烟盒舞中踩谷种、哑巴打草鞋这些舞蹈动作直接与彝族人的日常劳动和生活息息相关，我们从中可以看出，彝族人善于模仿的天性给他们的舞蹈带来了不少灵感。第四，彝族舞蹈体态有富有跳跃性的"一边顺"的特征，同时舞蹈还特别注重脚部的动作，打歌的舞步花样繁多，有三步一踮、六步一花、八脚穿花、十字开花、三翻三转等，让人眼花缭乱，四弦舞的脚下动作也让人目不暇接，其他舞蹈也大多强调脚步的变化。第五，彝族舞蹈风格多样，但以朴拙、阳刚、粗犷见长，大多数舞蹈热情奔放、粗犷豪迈，只有少数舞蹈如四弦舞、都荷舞等相对柔美、温和，从中反映出彝族性格刚健豪爽、热情开朗。总体来看，彝族通过舞蹈向我们展示了他们独特的肢体语言和审美趣味，他们把舞蹈与生活紧密结合起来，在生产、生活中感受大自然和自身的变化、运动的规律，学习和揣摩来自大自然和自身的姿态与节奏，创造性地转化、编排成千姿百态的舞蹈，用美的姿态谱写自己民族特有的艺术人生。

彝族舞蹈和其他民族的舞蹈一样，是一个民族精神的最鲜活的一部分，也是我国重要的非物质文化遗产，如何发掘、保护、利用这珍贵的资源，不仅仅是政府、专家、学者的责任，也是全社会的义务，特别是在全球一体化的今天，这个问题显得尤为突出。在新中国成立之前，彝族舞蹈基本上处在土生土长、自生自灭的状态，这种散漫、无序、原生的状态虽然有它自身的自发性、天然性，但它们如同长在自然界的野花野草，随时都有湮灭的危险。彝族及其他少数民族有不少优秀的舞蹈就这样被时间和历史所埋没，现在基本上无法发掘和整理。新中国成立后，对民族文化的继承和保护工作卓有成效，许多舞蹈被合理改编之后，走出了彝族山寨，走向了全国，甚至远播到国外，但由于指导方针上的偏差，有些与宗教信仰有关的舞蹈被认为是封建迷信和文化糟粕，被禁演和整改，有些与性、生殖崇拜有关的舞蹈被认为是低级趣味、诲淫诲盗，被批判和禁止，把本属于民间的丰富多彩的舞蹈官方化、意识形态化、政治化，有违于舞蹈艺术的规律，极不利于舞蹈自身的发展。新时期以来，随着人们思想观念的变革，从官方到民间都意识到了保护原生态文化、保护多样化文化的重要性和紧迫性，并逐渐加大了发掘、保护民间艺术的力度，但由于少数民族民间舞蹈具有某些"另类的奇观"的观赏效果，有些政府和商业机构瞄准其商业价值和经济利益，过度开发、利用其猎奇性的一面，完全改变其民俗、民间特性，带来许多意想不到的问题，极不利于舞蹈文化的健康发展。我们认为，民间艺术可以适度与商业结合，但必须站在充分尊重、珍惜民间艺术的立场上，发挥、利用其商业价值，如果为了追求商业利益的最大化而不顾艺术本身的属性和规律，这样对民间艺术的损害甚至比它听任自然发展还要大。

所以对于彝族舞蹈及其他民族的民间艺术而言，最好的方式也许是发掘其自然状态下本来的面貌，保护其自然性、原生性的朴拙的美感，整理、加工、提炼其审美因素，使其焕发出灿烂的光华，将之推向全国，推向世界，以其既自然又艺术、既民族又世界的方式呈现在世人眼前，以古老而年轻的姿态迎接中国乃至世界人民艳羡的目光。

第七章　彝族的文学

　　彝族文学历史悠久，内容丰富，题材广泛，体裁和形式多样，其中最有特色、最能代表彝族文学成就的是彝族的民间文学，在某种程度上说，"建国以前的彝族文学史，基本上是一部民间文学史"①。民间文学作为一种无法考证其原始作者或者所谓集体创作的口头传播的文本，是一种不稳定的可以无限展开的开放性文本，是一种不断有意无意地删减或添加、不断变动不居的文本，并且和其他文本之间可能发生杂交、混合或寄生的关系，文本之间的互文性、相互渗透、交织的状况比那些专业作家创作的文本之间的要明显得多，很难找到一个孤立的没有受到其他文本影响、辐射的民间文学文本，并且文本在传播中的变异、嫁接、衍生的状况也经常发生。民间文学在某种程度上是一个过分依赖传播者的文本，文本靠那些民间艺人或听众、观众把它带到四面八方，如同一个游走于乡野的孤儿，靠众多乡亲的周济、供养才能存活、成长，任何一个流传环节上的断裂都可能导致某一个民间文学文本的损耗甚至消亡，而那些能代代相传的经典文本，在很大程度上是这个民族的集体无意识的一种体现，或者是一个民族共同的宗教、源起、梦或潜意识在心灵上的折射。

　　虽然后现代的一些理论家极力否定言语与文字的二元对立，否定言语表达

---

① 　沙马拉毅主编：《彝族文学概论》，山西教育出版社 2004 年版，第 22 页。

优先于书面表达，但是在文字没有被大多数人掌握的时代，在掌握文字还只是某些贵族或统治阶级的特权的时代，言语表达的确在生成、传播、传承文化方面起到了重要的作用。言语在某种程度上说的确是理解语言内在奥秘的一把金钥匙，正如索绪尔所言："语言有独立于文字的口述传统。"要考察一个民族的文学，研究其专业作家的精心创作固然重要，但以言语口传的方式流动、流传于民间的神话传说、民间故事和歌谣等对研究一个民族的原生态文化、文学现象具有不可替代的作用。在民间文学中，包含了一个民族最朴素、最原始的生活形态、哲学宗教、风俗习惯、价值观念、对宇宙自然及自身的幻象以及一个民族的内在奥秘。

彝族民间文学与其他民族民间文学一样，内容大体包含对神秘莫测的宇宙自然、人类起源、存在的荒诞而神奇的想象、对劳动人民勤劳勇敢、聪明智慧的赞美、对爱情热烈而率真的抒情、对不合理的社会制度、生产关系的诅咒和批判、对美好幸福的生活的憧憬与追求等。在许多相似的母题和主题之内，彝族民间文学却有许多颇具本民族特色和地方特色的文学内涵，比如在彝族史诗中，对宇宙与人类起源的想象瑰丽而奇特，以一种超乎想象的方式把我们带到了一个奇幻无比的世界：宇宙是由虎的肢体变化生成的（《梅葛》）；第一代人只有一只眼睛，却好吃懒做，天神因此把他们统统饿死，再造一种新的人类（《查姆》）；大自然初成之时，蛇有地坎那么粗，癞蛤蟆有米囤那么大，智勇双全的鹰之子支格阿龙征服了恶劣的自然，成为彝族家园的守护神（《勒俄特依》）。我们从这些史诗和神话中，能充分感受到彝族先民奇特大胆的想象力，以及对宇宙、对人类自身存在的诗意的遐想。彝族的叙事诗和抒情诗也非常丰富，《阿诗玛》、《妈妈的女儿》（又称《阿嫫尼惹》）等是其中的杰出代表。彝族的一些宗教经典也有不少具有文学性的篇章，尤其是在丧葬场合毕摩所念诵的《指路经》，完全可以当作文学作品去解读。另外，彝族独特的克智和尔比，堪称彝族民间文学的两朵奇葩，深受彝族人民的喜爱，充分体现了彝族人民的语言智慧。

第一节　虎族神话

　　神话是早期人类对宇宙自然的力量与秩序最原始而又最奇幻的想象性的阐释。"不能把神话只看作迷误和荒谬，相反，神话是人类智慧的有趣产物。这是想象的历史，是关于任何时候也没发生过的事件的虚构故事。"① 神话故事通常包含着某些超越人类真实存在的想象与虚构的成分，与人们对自然宇宙的神圣、神秘的信仰和崇拜有关，往往还包含了宇宙万物与人类的创生、灾难、毁灭与拯救等元素。我们通过一些具有代表性的神话可以窥察人类或一个民族的精神或心理的某些特质，同时，神话作为人类最初的文学创作，也是理解和阐释人类创作的动因、想象力、文本结构、文学原型等诸多问题的最好的范本。神话中的神无所不能、为所欲为的超人精神是原始人类欲望、幻想、意志的隐喻式的表达，原始人类虽然在宇宙自然面前显得卑微而低下，但其想象力却能天马行空，上天入地，超越自己的物质局限，创造出充满奇幻、瑰丽、浪漫的神话。人类逐渐进入科学时代后，对宇宙自然的认识日益理性化、科学化，在将宇宙自然祛魅的同时，神话的想象也随之终结，而作为神话的"置换变形"的文学虽部分地保留了神话的功能，却丧失了对宇宙自然的敬畏之情。神话—原型批评家弗莱在《批评的剖析》中非常详尽地探讨了文学原型发生与置换的规律，认为文学是人类走出原始时期以后神话的变形延续，文学的意象世界（原型意象）是神话和神话的变形的产物，被归纳出来的五个文学意象世界对应于五种文学模式，这五种文学意象可以互相转换，它们灵活地构成了所有文学文本的基础。弗莱的研究虽然有结构主义的某种模式化的倾向，但他对神话的精湛的解析的确大大开阔了研究者的视野。

---

① ［英］爱德华・B. 泰勒：《人类学・人及其文化研究》，广西师范大学出版社 2004 年版，第 363 页。

　　彝族神话种类繁多，异彩纷呈，想象丰富奇特，有的在民间口口相传，有的记录于彝文典籍之中。和其他民族一样，彝族的神话类型丰富，有自己的创世神话，如宇宙演化、开天辟地、日月星辰来历的神话，有洪水泛滥、人类再生以及各种动、植物起源的神话，还有一些人类的由来、与宗教、图腾和祖先崇拜相关的神话，以及自己本民族的英雄神话。在神话的世界里，一切不可能的都变成了可能，在看似荒诞、幼稚的想象中寄托了一个民族对宇宙自然和人自身的理解和想象。如在《格兹天神开天辟地》中，老虎成为一种特别的象征符号，"格兹天神觉得人世间太寂寞，便取下虎头做天头，虎尾做地尾，虎鼻做天鼻，虎耳做天耳，虎的左眼做太阳，虎的右眼做月亮，虎须做阳光，虎牙做星星，从此地上有了光明。格兹天神又取虎油做云彩，虎气做雾气，虎心做天心地胆，虎肚做大海，虎血做海水，大肠做大江，小肠变成河，排骨做道路，细毛变成秧苗，骨髓变成金子，小骨头变成银子，虎肺变成铜，虎胆变成铁……从此，世上有了万事万物"。我们从这段文字中会发现，彝族人对虎的图腾崇拜，是和许多神话传说中对虎演化万事万物的描述息息相关的。老虎作为百兽之王，它的威猛、凶悍足以令人敬畏和惊叹。彝族先民从老虎的身上体验到了一种至高无上的威力，一种可以征服一切、凌驾一切之上的霸气，从而把世间的万事万物都想象成是由老虎演化而来，并以此作为本民族的图腾。我们可以推测在彝族先民的心中，彝民族是一个虎虎生威的民族，是一个以王者自居的民族，彝族人的内心深处都有一只笑傲于群峰之上的猛虎，他们的内心既高傲又孤独、既狂热又凶悍，在某种程度上，虎就是彝民族自身的幻象，或幻象的投射物。

　　和其他民族类似，彝族中有关洪水时代、人类再生的神话也非常多，可以推测在人类早期的确经历过一个这样的时期，这些神话也明显与图腾崇拜相关。《虎氏族》神话说，洪水淹没了大地上的一切，唯有一个大葫芦在水上漂流，洪水退后，从葫芦里走出一男一女，他们成了亲，生下7个姑娘，7个姑娘都和一只老虎成了亲，生下9个儿子、4个姑娘，9个儿子各自成家立业，变成了9个民族的祖先。《竹的儿子》称，洪水泛滥淹死了一切生灵，仅有一位姑娘抱住一根大竹子幸存了下来，姑娘在百鸟的帮助下打开竹子，竹子里跳出五个儿子，他们后来成为彝族5个支系的祖先。《葫芦里出来的人》则称，人类是躲过洪水的老三（老大、老二被洪水淹死）和天神的三女儿成亲之后繁衍变化而来。彝族对竹子和葫芦的崇拜由来已久，这些神话明显与彝族有些支系对葫芦和竹子的图腾崇拜相关，葫芦和竹子作为中国南方生殖崇拜的象征从这些神话中可以得以验证。

彝族虎雕塑

彝族史诗中有多部创世史诗，创世史诗一般是在远古神话的基础上发展、演化而来，一般都会包含宇宙天地的创始、人类与万物的起源、洪水洗劫大地、人类重生、万物成长、民族源流及迁徙的历程、农牧业的产生与发展、宗教祭祀的活动、婚丧嫁娶等民俗的形成等内容。目前被发掘出来的彝族创世史诗多达20余部，这个数量从全国各民族收集、整理的情况来看，也是屈指可数的，其中最为著名的是《梅葛》、《查姆》、《阿细的先基》和《勒俄特依》四部作品。

流传于云南楚雄地区的《梅葛》是彝族史诗作品的代表作之一。"梅葛"是彝族的一种民间歌调的名称，因为这部作品用梅葛调演唱，所以把它定名为《梅葛》，根据歌调风格的不同，梅葛调又可分为辅梅葛和赤梅葛两大类，辅梅葛曲调婉转抒情，史诗的前几个部分都用此曲调唱诵，赤梅葛的曲调较低沉、悲伤，《梅葛》的第四部分《丧葬》即用此曲调唱诵。《梅葛》是一部具有彝族根谱意义的创世纪史诗，全诗共 5700 余行，分为创世、造物、婚事和恋歌、丧葬四大部分，每一部分又包含若干章节，每一部分的故事相对独立，可以单独咏唱，它比较全面地反映了彝族先民的神话传说、生产生活、民风民俗以及彝族与其他民族的交往和关系。

《梅葛》第一部分《创世》的第一章"开天辟地"是彝族先民对世界与人类起源的懵懂的幻想。远古时候，没有天地之别，天神格兹用金果、银果创造了天和地。格兹把金果变成 9 个造天的儿子，把银果变成 7 个造地的女儿，让他们去创造天和地。造天地时，小伙子们好吃懒做，把天造小了，姑娘们勤勤恳恳，把地造大了，结果天盖不住地，天神格兹只好请阿夫和他的三个儿子想办法。他们把天拉大，把地缩小，天地平衡了，他们还创造了大地上的山川河流，本以为可以一劳永逸，不料一打雷，天震出了缝，一地震，地陷出了洞，格兹天神让女儿们用彩云补天，用地公叶子补地，但天地还是摇摇晃晃，她们找来巨大的公鱼和母鱼，把大地的四个边角支撑起来，格兹的儿子们又捉来老虎，把虎的四根大骨做成撑天的柱子，把天支撑起来，用老虎的肩膀作东南西北方向，于是天和地稳固起来。天地造好之后，他们又用虎的身体化作了天地间的万物。

第二章"关于人类的起源"是对人类起源的浪漫而大胆的遐想。世间有了万物之后，天神格兹撒下三把雪，落地变成了三代人。撒下第一把雪，变成的第一代人是独脚人，身高只有 1 尺 2 寸长，他们以泥沙为食，怕热，太阳一晒全死了；格兹撒下第二把雪，变成了第二代人，这代人身高 1 丈 3 尺，以树叶为衣裳，以果实为食，住在老山洞里，但这时天上出现了 9 个太阳，把第二代人全晒死了；天神格兹除掉多余的太阳和月亮，撒下第三把雪，变成第三代人，可是这第三代人的两只眼睛朝上生，是直眼睛，格兹撒下种子让他们学习耕作与栽培，天龙教会他们取火，但这代人心眼不好，好吃懒做，"一天到晚，吃饭睡觉，睡觉吃饭"，天神格兹对他们很失望，决定发洪水淹掉这代人，一时洪水滔天，只有心地善良的一对儿女躲在葫芦里逃过劫难生存了下来，在天神的授意之下兄妹成亲，生下一个怪葫芦，妹妹心里害怕，把葫芦丢进河里，天神请动物们捞起葫芦，打开葫芦，从中走出了汉、傣、彝、傈僳、苗、藏、白、回等九个民族的先祖。第三章"造物"主要讲述天神如何教人类学会生活起居、耕作种植、制作和使用工具、采盐、养蚕等活动，人类在这一过程中也充满了艰辛和曲折。

第三部分《婚事和恋歌》是对彝族爱情、婚姻习俗的讲述。第一章"相配"用天地万物来作比喻，告诉人们阴阳搭配、男大当婚女大当嫁的道理，诗中写到，天与地配，地与树配，风与水波配，河配岩，岩配石，连虫草蚂蚁都要相配，男人和女人相配天经地义。第二章"说亲"主要讲彝族人说亲、请客、抢棚、撒种、安家等婚俗。第三章"请客"主要讲男方请媒人到女方家说亲、男女互相斗智、定彩礼、择婚期、吃定亲酒的过程。第四章"抢棚"讲述在新娘快要进门时，村寨里的男男女女在一起跳跌脚舞，欢歌笑语，庆贺新人的结合，这就是彝族的"抢棚"仪式。第五章"撒种"主要是描述成亲第二天早晨要举行撒种仪式，唱《撒种》歌，由男女二人扮演成耕牛表演犁地撒种的场面来暗喻新婚夫妇的房事。第六章"芦笙"主要讲葫芦笙的来历，表达了彝族人对葫芦的生殖崇拜。第七章"安家"讲女方养育儿女、传宗接代、纺线织麻、勤俭持家之事，村寨一派男耕女织的田园生活景象。

第四部分《丧葬》分"死亡"和"怀亲"两章，表达彝族人对死亡的思考。前者告诉人们有生就有死，死亡是天神撒下的种子，无论是谁，都不免一死，谁也躲不过去，只有理解了生死之理，才能直面死亡，后者告诫人们要时常缅怀先祖，怀抱孝悌之心。

《梅葛》内容庞杂，结构复杂，神话与纪事互相错杂，想象大胆新奇，充分显示出彝族人民的丰富的想象力和创造力。这部史诗概括了远古彝族生产、生活的基本面貌，也折射出彝族先民的宇宙观、宗教观及各种习俗规矩，堪称彝族创世史诗的经典之作。

《查姆》是彝族又一经典创世史诗，"查"是彝语来源的意思，"姆"是大

保存于大理市内的滇藏茶马古道起点标志及路线图

的意思，引申为多、丰富的意思，《查姆》的汉语可译为"万物的起源"，意在讲述人类及万物的起源的历史。彝语中的"一查"就是一段、一章或一个故事的意思，相传《查姆》一共记述了 120 多个"查"，但现整理、保存下来的只有 11 个"查"。《查姆》广泛流传于云南哀牢山彝族地区，用古老的彝文抒写，基本上是五言韵文，共 3500 余行，常在当地节庆、祭祀时传唱。《查姆》的上半部《吾查》包括序诗、天地的起源、独眼时代、直眼时代、横眼时代 5 个"查"。

　　《查姆》里讲述远古时候宇宙天地连成一片，无白天黑夜之分，只有茫茫的雾露弥漫宇宙之间。龙王罗阿玛在太空上种了一棵梭罗树，开出了白花，这朵白花就是月亮，神王的长子撒赛萨若埃种了另一棵梭罗树，开出的红花就是太阳，其他的天神造就了星辰、江河湖海，龙王罗阿玛从月亮上找来了各种农作物的种子，并洒下倾盆大雨使地表有了各种形态的地貌。《查姆》用了大量篇幅讲述人类诞生的历程。起初龙王的女儿赛依列授意造出了第一代人类，他们仅有的一只眼睛长在脑门上，这种独眼人与野兽无异，不会说话，也不会劳

作，茹毛饮血，人吃野兽，野兽也吃人，有时候人吃人，他们住岩洞，石头作
工具，树叶作衣裳，无尊长之序，无伦理纲常。神王很不满意这代人类，三年
不下一滴雨，将他们全部晒死，只留了一个学会了劳动的"做活人"，躲在葫
芦里活了下来。神女罗塔纪姑娘用清水洗去了他身上的污垢，独眼人变成直眼
人，他与神女撒赛歇婚配后，生下了60对长着直眼睛的男女，他们配对结婚
成家。直眼人已经有了人类的模样，开始用树枝做椽子，用树叶做瓦片，用
树皮当板墙，已经学会了种植粮食作物，开始过上了人类的生活，人丁兴
旺。但直眼人不讲事理，动辄打斗，不管亲友和爹娘，群神皆怒，降下滔天
的洪水淹死了直眼人，只留了心慈的阿卜独姆（即阿普笃慕）兄妹俩，洪水
过后，天神授意他俩成亲，生下了36个长着横眼睛的娃娃，但都不会说话。
神示意爹妈把砍来的竹子架在火塘上烧，火星噼噼啪啪溅到孩子们的身上，
他们烫得发出各不相同的喊声，叫阿子子的就成了彝族，叫阿喳喳的就成了
哈尼，叫阿呀呀的就成了汉族，他们从此开始了男耕女织、生儿育女的人类
生活。

　　《查姆》的下半部分《买查》包括"麻和棉"、"绸和缎"、"金银铜铁锡"、
"纸和笔"、"书"、"长生不老药"6个"查"，主要叙述发现、发明这些东西的
经历和过程，也含有天文地理、占卜历算、诗歌文学等内容，颇具学术研究
价值。

　　《查姆》所记载的内容丰富复杂，想象奇特，尤其是其中有关宇宙演化、
早期人类生活的描绘，匪夷所思又新颖独特，特别是人类的诞生充满一波三折
的经历，颇具故事性和神奇的魅力，生动地记述了人类不断由低级向高级、由
粗野向文明进化的历程，它还创造了大量的个性鲜明、生动的诸神和英雄形
象，具有较高的文学价值，同时史诗中还包含了彝族先民的朴素的唯物观和辩
证思想，包含了彝族特有的宗教观念和道德观念，彝族远古社会的经济、文
化、宗教、风俗等都在史诗中不同程度的有所反映，从一定程度上来说，它是
古代彝族百科全书式的一部作品。

　　《查姆》早先只在丧葬、祭祀等场合由毕摩吟唱，现在当地彝族逢年过节、

婚丧嫁娶、起屋乔迁、播种收获等重要日子也请毕摩吟唱《查姆》，有的毕摩甚至可以应邀连唱数日。《查姆》常用优美的"阿噻调"来配唱，也可以用大四弦伴奏，边唱边述，还可以载歌载舞。毕摩吟唱《查姆》的声音庄严、深沉，表情肃穆，仿佛把人们带到了洪荒的年代，与祖先一起体验那些传奇的经历。

图书馆书架上研究彝族的专著

《阿细的先基》是彝族阿细支系的创世史诗，"先基"是阿细彝语歌的意思，也是曲调名，因该史诗用"先基调"演唱，故称为《阿细的先基》，"先基"以对唱为主要形式，可以根据场合和情景的需要演唱各部分的内容，主要流传于云南弥勒、西山一带。《阿细的先基》全诗5000余行，内容广博，结构复杂，可以说是阿细先民百科全书式的作品。《阿细的先基》由引子、最古的时候、男女说合成一家和尾声四部分组成，每一部分又分若干章节，最重要的部分是中间两部分。与其他创世史诗类似，《最古的时候》也描述了万物与人的起源、各种自然现象产生的缘由及原始宗教祭祀活动等。该史诗中说，天地产生之前宇宙里只有云雾，轻云飞上去变成了天，重云落下来变成了地，诸神为天空安上了日月星辰，男神阿热、女神阿咪用黄泥和白泥造出了男人和女人，人们开始了刀耕火种的原始生活。后来洪水遮天蔽日，淹没了大地上的一切，仅存的兄妹在神的授意下成婚，他们种下的瓜成熟后剖开，里面有许多活生生的人和动、植物，从此人类又开始了新的生活。后来又出现了 7 个太阳并出烧烤大地的灾象，阿拉则用篮子把 6 个太阳埋进土里，太阳再也回不了天上，大地重新恢复了生机和活力。史诗的后半部《男女说合成一家》，是对阿细彝族婚俗具体生动的描绘，其中穿插了许多情趣横生的小故事，在此部分对阿细人长大成人之后，恋爱、结婚、劳作、持家、生育等各种生产、生活状态都有详细描写，为后代考察阿细先民的生产、生活状态保存了详细的文献资料。《阿细的先基》作为一部创世史诗，在艺术上比较成熟，内容复杂但不芜杂，结构松弛但不散乱，想象奇特，譬喻新颖，从这一作品中可以看出阿细彝族具有某些驾驭复杂叙事的天赋。

《勒俄特依》其汉语意为"历史的书"、"古纪事"，是广泛流传于川滇大小凉山的彝族居住区的一部史诗，除了口头传播以外，还有不同版本的手抄本流传于民间，后经整理出版。该书由相对独立的 12 篇故事组成，全诗 2200 余行。史诗以历史的发展为主线，讲述天地的形成、人类与万物起源与发展、彝族先民的迁徙等历程，还有一些篇目涉及母系氏族社会知其母不知其父的婚俗。《勒俄特依》为学者研究上古时代彝族的历史、文化、宗教、哲学等多方面内容提供了重要的线索和资料。

在这部史诗里，初始的宇宙也是天地不分，瞬息万变，天神恩梯谷兹召集诸神开天辟地，各显神通，创造了山川河流和万事万物。诸神派一对银男金女到大地上造人，结果造出来的人一代比一代高，第五代人有齐天般高，根本无法生活，后来天降大雪，雪落大地变幻成雪族十二支，其中一支演化成人，其他十一支变成了各种植物和动物。有了人类，却还没有日月，阿吕居子在山顶打牛祭天，喊了九天九夜，喊出了 6 个太阳、7 个月亮，结果大地上白天六日同出，夜里七月并升，世上的万物遭到灭顶之灾。彝族英雄支格阿龙射杀了多余的日、月，拯救了人类。远古的人们只知其母，不知其父，石尔俄特在寻找父亲的途中遇到了美丽的施色姑娘，他们结婚生子，生了三个儿子，只有第三个儿子却布居木结了婚，他也生下了三个儿子，只有三儿子居木武吾心地善良，在洪水滔天时受到神的庇护，活了下来，在天神的首肯下娶了天神的女儿兹俄尼拖，他们生下了三个儿子，这三个儿子就是藏、彝、汉的祖先。居木武吾后来又娶了三个仙女做妻妾，各生下了两个儿子，这六个人就成了彝族后来的"六祖"。彝族先祖武吾格子迁徙了三十三个地方，最后来到一个叫兹词蒲武的地方（凉山彝族公认的祖地），这里山川锦绣，水草肥美，如同一个安居乐业的世外桃源，他在此定居下来，繁衍子孙，生生不息。

《勒俄特依》中汇集了彝族大量的原始神话、传说、故事、谚语等口头文学素材，保持着比较原始的史诗形态，史诗想象瑰丽，情节曲折动人，充满了其他彝族史诗少有的原始宗教气氛和巫术祭祀色彩，神话与宗教融为一体，想象与纪实相交错，给人一种亦真亦幻的阅读体验。

彝族的这些创世史诗按照神话—原型批评家弗莱的说法，显然是"春天的神话"，是有关神或主人公的诞生或复活的喜剧，其中充满了一种乐观向上的精神。神话中的神作为天地万物及人的创造者，在类别上明显高于他所创造的一切，彝族创世史诗具有典型的神话特征。

除了这些创世史诗之外，彝族还有一些过渡型史诗和英雄史诗，其中过渡型史诗以《阿鲁举热》（另称为《支格阿龙》）为代表，英雄史诗以《戈阿楼》为代表。《阿鲁举热》是介于创世史诗和英雄史诗之间的具有过渡型特征的史诗，主要流传于金沙江畔云南小凉山诺苏彝族地区。"阿鲁举热"的意思为鹰的儿子，他的身世和经历具有神、人交织的特点，天上的老鹰滴下的血使其母亲怀孕，出生后他不吃母亲的奶，只吃老鹰的奶，吃老鹰的食，穿老鹰的衣，长大以后，他成了救世英雄，射杀多余的日、月，制服恶禽猛兽，为世间除掉灾祸，使人们安居乐业，但最后被偷偷剪去了身上的飞龙马的三层翅膀，坠海身亡。阿鲁举热是彝族的英雄先祖形象，整个故事把创世过程与英雄行为结合起来，既赋予他超人的神力和魔力，又表现了他作为人的性格特征，既包含有原始图腾崇拜的内容，又包含了对人类及万物的同情感生之念，从其时代背景可以看出彝族从原始母系社会向奴隶社会过渡的某些特征。这部作品逐渐脱离了彝族古老的创世纪史诗中那些过于虚幻的影子，开始大量表现人的伟力，这在一定程度上表明彝族文学开始了从"造神"向"造人"的历史转变，对人的肯定、对人的生命的肯定得到加强，人类不再是由神随意制造、随意毁灭的玩偶，他们有自己的救世英雄来与神抗争，带领人们从神的时代走向人的时代。阿鲁举热最终因神力的消失而坠亡，也似乎象征着一个神话时代的结束、一个人的时代的来临，该诗具有较为典型的过渡型史诗的特点，在彝族文学史上占有重要地位。该史诗通过阿鲁举热寻找天界、射掉多余的日月、降雷平地、驯服野兽、制伏妖魔鬼怪等经历，展示他的英勇无畏、智勇双全的品格，塑造了一个果敢刚毅的彝族男子汉的形象，阿鲁举热脚踩马缨花、开弓射日月的伟岸的形象，可以与汉族的后羿射日的形象相媲美，而且更具有浓郁的地域特色和民族风格。

当今云南元谋小凉山诺苏彝族地区，在老人的葬礼上一般会请毕摩来围着死者唱述史诗《阿鲁举热》，表演时，毕摩手持大刀，边喝酒边舞蹈，在场者仿佛看到彝族英雄阿鲁举热纵马奔腾而来，场面充满威武壮烈的气氛，在场的人们常常被此种场景震撼。

英雄史诗《戈阿楼》是彝族史诗《黑提索》中的一部分，故事主要流传于贵州盘县一带。故事讲述了彝族首领戈阿楼带领寨子里的人们开荒寻宝、垦田种地、练兵习武、保卫家园的故事，戈阿楼智勇双全，一次次打退皇帝派来抢宝占地的将士，皇帝见武攻不得，就派人假扮乞丐去行刺戈阿楼，却被戈阿楼识破，皇帝的计谋终以失败收场。《戈阿楼》塑造了一个誓死捍卫自己的家园而赴汤蹈火的英雄形象。

第二节　彝族的世俗女神《阿诗玛》

要谈论中国民间文学和彝族文学，彝族支系撒尼人世代相传的叙事长诗《阿诗玛》是一个绕不开的话题，因为无论就《阿诗玛》的艺术成就还是影响力来说，其都在中国民间文学和彝族文学中占有重要地位。新中国成立后，对《阿诗玛》的汉文翻译及同名电影音乐剧的公映为它的传播起到了至关重要的作用，使之产生了广泛而持久的影响。阿诗玛的故事在中古时代开始在云南彝族撒尼地区石林县圭山一带衍生、传播，除了民间口头流传之外，彝文手抄本也开始在民间散播，但一直没有通行的版本，直到 1953 年在大力收集、整理民间文学的文艺政策的支持下，云南省人民文工团圭山工作组的工作人员在对 20 种流行的彝文手抄本进行比较、鉴别的基础上，整理、出版了四种不同的单行本，后又对其进行修订，整理出版。1985 年中国民间文艺出版社还出版了马学良等人整理翻译的《阿诗玛》彝汉对照本，是《阿诗玛》学术研究在新时期的重要收获。

阿诗玛是彝家儿女完美的化身，在阿诗玛身上，寄托了世世代代的彝族人对美好生活、完美爱情的梦想，在一定程度上说，阿诗玛就是彝族人共同敬仰的世俗的女神，她有美丽的容貌、优秀的品质、聪慧的才华，汇集了彝民族所有美好的情愫。彝族人用理想化、浪漫主义的方式创造了一个可以慰藉其心灵的女神，在贫穷、黑暗、卑微的人世间，阿诗玛以她太阳般光明、温暖、热烈的方式照亮了平凡而贫穷的世俗生活，让普通的彝家儿女有了梦想和期待，虽然他们不可能成为阿诗玛，但他们内心深处存着一个像阿诗玛一样的女儿、姐妹或情人，这就足够让他们心生温暖和快乐。对彝族人来说，阿诗玛就像自己的亲人一样，她就出生、成长于自己祖祖辈辈生活的这片土地，和他们有共同的祖先和信仰，有共同的爱好和习俗，就生活于自己的村寨或者就是自己的邻家小妹，和他们一起日出而作日入而息，和他们一样赶集过节，打歌跳舞……这种想象本身就是一种诗性的审美过程，对构建一个民族的民族性格、审美心理起到了潜在的不可忽视的作用。特别是在口口相传的时代，在大多数人还没掌握文字、不能通过文字阅读的时代，《阿诗玛》作为民间故事，给普通彝民带来的自由而神秘的想象，是巨大而深刻的，对于生活在极端贫困的山野的目不识丁的农人来说，这种漫无目的而自由变幻的遐想，是一种自发的审美活动，一种隐秘的精神性的愉悦的享受，这无疑给世世代代普通的彝族同胞增添了精神的乐趣，它和其他彝族民间文学一起，在对彝族人内在品质的构建上发挥着重要的作用，虽然这些作用不可测量，但对于彝族人来说，心中有阿诗玛，与心中没有阿诗玛，心中有或者没有这样一个文学形象，可以肯定地说，内心状况是不一样的，而生活的诗意、理想、浪漫与想象的乐趣，往往离前者更近，离后者更远。

在 20 世纪 50 年代以前，《阿诗玛》一直作为撒尼彝族的民间叙事诗在当地流传，一些民间艺人用撒尼彝语在一些场合演唱，作为民间说唱的《阿诗玛》大体可以分为南北两个流派，但流派风格特征不是特别明显，大同小异。《阿诗玛》可作为故事讲述，也可以通过曲调演唱，还可以边讲边唱，演唱形式有独唱、对唱、一人领唱众人合唱等多种形式，所应用的曲调有喜调、悲调、哭调、骂调、老人调等，往往根据演唱者的性别或年龄选用不同的曲调。《阿诗玛》以五言诗句为主，语言如同山茶花一样清新自然，明丽多彩，朗朗上口，在艺术上爱用比喻、顶针、夸张、讽刺、双关、谐音等技巧，充分体现了民间文学的特点。《阿诗玛》最常在婚礼上演唱，也在祭祀、节日、葬仪及聚会休闲等场合演唱或讲述，是过去撒尼彝族家喻户晓、百听不厌的故事，阿诗玛和阿黑是其民族性格的典型代表，作为一种民族精神的象征的载体被每一个撒尼人所崇敬和爱戴。但现今，由于社会结构的巨变、人们的娱乐方式的多样化和青年一辈欣赏习惯的变化，能用撒尼语演唱《阿诗玛》的艺人已屈指可数，能静心倾听民间艺人的彝族年轻人越来越少，《阿诗玛》民间说唱的传承与延续成为一个亟待解决的问题。

整理成文字的叙事诗《阿诗玛》全诗约有 1500 行，主要叙述阿着库山上的一穷人家生了个女儿叫"阿诗玛"，从小就聪明伶俐、勤劳知事，无论是做家务活，还是绣花织布，都出类拔萃。她能歌善舞，弹的口弦跟她说话一样悦耳动听，是一个撒尼村寨里人见人爱、百里挑一的姑娘，阿诗玛的聪明、美丽、善良、勤劳成为彝族姑娘优秀的代表。山下的地主热布巴拉家的儿子阿支看上了阿诗玛，请人去说媒，逼着阿诗玛嫁给阿支，遭到阿诗玛的严词拒绝，阿诗玛告诉媒人，"清水不能和浑水在一起"，"绵羊不愿和豺狼作伴"。热布巴拉家依仗自己有钱有势，强行抢走了阿诗玛，把她关在土牢里，威逼利诱想说服阿诗玛嫁给阿支，阿诗玛坚决不从。哥哥阿黑为了营救阿诗玛，和热布巴拉家斗智斗勇，展开了各种各样的较量，阿黑不仅射死了热布巴拉放出来咬他的老虎，还把一支箭射在了他家的祖先牌位上，吓得热布巴拉家胆战心惊，不得不答应放走阿诗玛。阿黑战胜了财主父子，但热布巴拉并不甘心他们的失败，热布巴拉怂恿崖神，在阿诗玛兄妹回家的路上放下洪水，阿诗玛被凶猛的洪水卷走，阿诗玛变成了永远不灭的回声，回响在撒尼人居住的崇山峻岭之上。

《阿诗玛》具有所有民间文学的典型的特征，在民间故事里，一般正面女主人公都是美丽善良、勤劳能干的代名词，她具有人类一切朴素而优秀的品质，一般女主人公都生活在一个贫寒之家，渴望幸福和完美的爱情，却偏偏被那些富裕而粗俗的财主家或官宦家的子弟看中，这些追求者一般具有丑陋的外貌、恶劣的品行，只是被女主人公的外在的美貌所吸引，或者简单地说，只是色欲在暗自操纵他去追求美丽的女主人公。女主人公对这种品行的人一般会采取严正拒绝的态度，但那些可恶的追求者死不罢休，会千方百计甚至采取粗暴的措施去争取成功，女主人公因此陷入某种自身难以解脱的陷阱之中。女主人公身边必有一个帮手（自己心爱的情郎或兄弟）会帮助她战胜困难，化险为夷，如果成功脱险，她和自己心爱的情郎会从此过上幸福生活，生儿育女，白头偕老；如果营救失败，她可能会被黑暗势力所吞没或者自杀身亡以示自己的冰清玉洁。《阿诗玛》的故事典型地体现了民间文学某些类型化的特征。《阿诗玛》诗歌语言清新朴素，节奏明快简洁，比拟生动形象，人物鲜活灵动，诗意盎然，《阿诗玛》把抒情、叙事相结合，把善恶、爱恨相对比，充分体现了民间文学的惩恶扬善、寓教于乐的文学功能，从阿诗玛和阿黑身上，我们见证了彝族儿女坚贞、勇敢、纯朴而智慧的品格。《阿诗玛》汉语译本的出版不仅扩大了阿诗玛民间故事的影响力，而且阿诗玛作为彝族人民的典型代表和最有价值的文学形象，深深扎根于读者的脑海里，并先后被译成英、日、德、西班牙、俄、韩等多种文字，在国外也有一定的影响。1964 年《阿诗玛》被拍成电影，这是中国第一部彩色宽银幕立体声音乐歌舞片，公映以来获得广泛的赞誉。《阿诗玛》还被改编成京剧、滇剧、歌剧、舞剧、撒尼剧等多种戏剧。各种传播手段对《阿诗玛》的传播、为"阿诗玛"形象以及彝族文学、文化、石林地区的旅游等的推广和传播都起到了积极的作用，一种审美形象所产生的多种效应和效益是不可估量和无法预料的，作为公认的民间文学经典作品，汉文版的《阿诗玛》被评为 20 世纪中国百年百种优秀中国文学图书之一，并被编入各种版本的高等院校教材、文学辞典及《中国大百科全书》中国文学卷。在某种程度上说，《阿诗玛》是彝族文学丰碑式的经典作品，必将被世世代代的彝族人和中国人传诵下去。

有学者认为，20 世纪五六十年代在对民间流传的《阿诗玛》的整理、出版过程中，由于历史和意识形态的原因，根据当时的文艺政策，删减了口传《阿诗玛》中的许多内容，不能真实反映民间流传的阿诗玛故事的原貌，使文本打上了时代的烙印。"将二十份异文全部打散、拆开，按故事情节分门别类归纳，剔除其不健康的部分，集中其精华部分，再根据突出主题思想、丰富人物形象、增强故事结构等的需要进行加工、润饰、删节和补足。"①

"在 50 年代的整理过程中，原来流传的长诗中的民间的暧昧复杂的因素被有意识地遮盖，而将之改造、简化为一个符合 50 年代的时代共名的阶级斗争故事……这就不能不在相当大的程度上扭曲了非汉民族的历史记忆。"② 这种

① 广西师范学院中文系编：《中国当代文学研究资料·阿诗玛专集》（内部参考资料），1979 年版，第 19 页。
② 陈思和主编：《中国当代文学史教程》，复旦大学出版社 1999 年版，第 130 页。

云南石林阿诗玛

现象的确在某种程度上损伤了口传《阿诗玛》的原创性，但是需要指出的是，阿诗玛故事在民间的流传过程中，并无一个"标准"版本，都在基本故事框架下不同程度上增添或删减了某些故事情节或细节，这种增添或删减被一些学者认为是不可避免的、情有可原的。20 世纪 50 年代所整理的汉文版本《阿诗玛》基本的故事框架和最大的主题并没有实质性的改变，在整理过程中，并没有完全偏离故事的主线和主题思想，却被认为是一种扭曲和遮蔽，这种看法似乎有些过分苛求。我们认为，作为民间故事，每一个时代都可以有自己的增添或删减，50 年代有 50 年代的《阿诗玛》，21 世纪的今天，也可以有 21 世纪的《阿诗玛》，来源于民间的故事其实可以根据时代的需要，甚至个人的喜好，增添或删减某些内容，只要保持了其内核，就应该有它存在的价值。在任何时代，作品并没有一个绝对的孤本，尤其是来自民间的口传文学作品，其版本的差异性是必然的，根据整理者、出版者的倾向性和个人趣味，在不完全损害故事内核的前提之下，或增或减一些内容，是情有可原的，也是在所难免的。在政治和艺术环境相对宽容的当代，如果有学者在民间考察的基础上重新整理、出版"另一个"版本的《阿诗玛》，也是一件值得期许的事情，从更广义的范围来说，每一个时代应该都有每一个时代的《阿诗玛》，如同每一个时代都是每一个时代的哈姆雷特一样，是值得称道而欣喜的事情。

彝族的抒情长诗也不少，多在"苦调"的基础上发展而来，以控诉不合理、不幸的婚姻为主，也有一些揭露黑暗世相的作品，作品调子沉郁，情感浓烈，颇具艺术感染力，其中影响力比较大、较有代表性的作品有《妈妈的女儿》、《逃到甜蜜的地方》和《五兵歌》等。

《妈妈的女儿》，彝语称"阿嫫尼惹"，是一部具有广泛影响的抒情长诗，流传于大小凉山地区。诗歌分序歌、出生、成长、议婚、订婚、接亲、出嫁、哀怨、怀亲、明志 10 章，1680 余行，大体可分为回忆童年、临嫁哀怨和婚后忧思三个部分。诗歌抒写了尼惹（女儿）的成长历程，尼惹从小就受苦受难，七八岁时，身穿一件烂蓑衣，头戴一顶破斗笠，放羊时跟着羊群后面跑，收割时麦穗碰着头，长到十二三岁时，辛辛苦苦去放猪，天黑才能回家，长到十七八岁时，婚姻不能自主，父母想把女儿嫁出去，哥哥想赚妹妹的彩礼钱。在男权为主的社会里，女儿的地位低下而卑贱，"哥哥是主人，妹妹是客人，哥哥是家养的羊，妹妹是托养的羊，哥哥是留存的财产，妹妹是使用的零钱"。女儿是"小鸡欠了鹰的帐，躲在墙角下也没有用，羊儿欠了狼的债，躲在草坝上也没有用，鱼儿欠了水獭的债，躲在河底也无用，姑娘欠了婆家的债，躲在房内也没有用"。女儿看清了身为女人的种种无路可逃的宿命，她最终也逃不过被父母包办嫁到远方，她哭诉道："血已换成酒喝，肉已换成肉吃，骨已换成钱用，女儿不走不行了，冰冻三尺也得走，狂风顶天也得走"，"雾起来送雨，雾已返回天上，雨却落在黑土里，弓起身来送箭，弓已回到弓房，箭却插在土地上"，"哥起身来送妹妹，哥哥已回到父母身边，妹妹却丢在婆家，永远不能回去了"。诗歌如泣如诉地表达了别离亲人之后的心情。在婆家她对远方的亲人倍加思念，"思念父母团团滚，思念妹妹昏沉沉，思念哥哥弟弟泪长流"，她甚至因此埋怨父母的狠心，"虫儿没有爹，泥土当作爹，飞蛾没有妈，树根当作妈"，"将马拴在阴山角落里，有草无草都不管"，"将女儿远嫁偏僻的地方，过好过坏也不管"。女儿在婆家不仅要承担各种家务，还要不时被男方家人及众人讥讽嘲笑，精神上受到巨大的折磨，她发出质问："难道人间女儿最渺小？""难道世上女儿最低贱？"她渴望回到自己父母身边，摆脱不幸的夫家生活，"女儿若能回到家，嬉戏在父母身边，三年不穿一件也好，三年不吃一顿也好"。我们从这部作品中可以看到，在男尊女卑、重男轻女、包办婚姻等不合理的思想观念和社会制度的压迫之下，彝族女性在家庭中的地位是卑贱的、渺小的，婚后的生活也是任他人摆布的。该诗歌语言朴素优美，比拟新颖奇特，情真意切，一唱三叹，颇富有感染力，受到广大彝族同胞尤其是年轻男女的喜爱，这首诗歌对研究彝族远古时期的婚姻状态和社会形态都有重要的参考价值。

《逃到甜蜜的地方》是一首对唱体的长诗，流传于云南石林、圭山一带，是撒尼彝族的长篇抒情诗，全诗共1000余行，分"序曲"、"活是一条心，死是一堆土"、"不管你走到哪里，妹妹都跟着去"、"走到了水塘边"、"别人喜欢啊，我们也喜欢"、"生了男孩女孩"、"尾声"七部分。该诗大胆地表现了相爱的男女如何反抗包办婚姻，最后终于逃脱苦海，逃到了甜蜜的地方，过上了吃不完、穿不完、男耕女织、生儿育女的幸福美满的生活。姑娘有自己心爱的情人，却被迫嫁到父母之命的夫家，但没有爱情的生活让她痛不欲生，她偷偷与情人相会，互诉衷肠，但情人一无所有，无法为女子赎身，只能铤而走险，选择私奔。第一次逃婚失败，被夫家追回，关进黑房，"白天棍子打，晚上棍子打"，但是"关在黑房里，关不住人心"，姑娘再次逃走，经过千难万险，终于和情人相会，经历种种磨难，最后在一个世外桃源的地方，找到了自己的安生之所，有情人终成眷属。这是一个颇具反抗性的故事，女主人公不为钱财所动，一心只想和心爱的人在一起，哪怕是死也心甘情愿。这种古典式的带有殉情意味的爱情，在农业时代非常具有浪漫传奇色彩，也是许多渴望纯洁爱情的少女和已有不幸婚姻的少妇梦寐以求的理想爱情，尤其是在偏僻的乡野，在爱情没有自由的地带，婚姻不能自主的时期，逃到甜蜜的地方，自由自在地恋爱，跟有情人恩恩爱爱地过完平凡而幸福的一生，成为一种无法实现的奢望。

《逃到甜蜜的地方》在一定程度上说，是一个令平凡的彝族女人们心驰神往的白日梦，大多的女人会在没有爱情的婚姻的困境中苟延残喘，而那些把爱情看得比生命还重要的一些女人，可能会效法长诗中的情景，和情人一起义无反顾地私奔，有的可能得到自己想要的幸福，但大多数最终可能会绝望。

《五兵歌》（又称《招兵歌》）流传于云南西部地区，相当于汉族的边塞诗，全诗分招兵、赶兵、送行、征战、回家五部分。它写出了那些穷兵黩武时代彝族青年应征入伍、离别、征战、归家时的种种遭际及心情，出征前的生死离别、归家时的家破人亡的场景，是此诗中最感人的章节，很容易让人联想到杜甫笔下反映战争带给人们巨大灾难的诗歌的场景，具有感人肺腑的艺术魅力。

第三节 归去来兮《指路经》

彝族有许多宗教典籍，它们在彝族宗教生活中起着重要作用，大多是供神职人员毕摩主持各种祭祀、法事之时应用，在彝族民间传播最广、影响最大的宗教典籍是《指路经》，因为它是彝族人在每一个死者葬礼上必能听到的由毕摩念诵的经文，它如同一首最后的挽歌，在安抚生者、告慰逝者、超度亡灵等方面起到了重要的作用，它也是彝族宗教典籍及宗教文学的代表之作。

《指路经》是彝族流传久远、影响深广且风格独特的宗教经典，它还有其他的名称，如《指阴路》、《开路经》、《教路经》和《阴路指明》等，其内容纷繁复杂，除了祭祖祈神、招魂指路、驱魔除祟、占卜禳灾等宗教教义之外，还包括民族历史、天文地理、文学艺术等方面的内容。由于彝族支系众多，几乎每一个支系都藏有自己的《指路经》，版本各有不同，它们是研究彝族宗教信仰、风俗习惯、历史源流等的重要史料之一。

《指路经》是在彝族人丧葬时候由毕摩所念的经文，是引导亡灵如何历经千难万险回归祖界的一部指南。在毕摩的指引下，亡灵一路上跨越山川大河，战胜妖魔鬼怪，放下俗物杂念，历经艰辛终于到达祖界，使自己得以与祖灵相会，在极乐世界得以栖息。《指路经》在亡灵的丧葬仪式上被毕摩抑扬顿挫地吟诵，在这种特定的环境下，特别容易调动在场族人的追忆之情和敬畏之感，似乎所有在场的族人都重温了一遍自己民族从古至今的艰辛的历程，它对激发族人的民族认同感、增强民族寻根意识起到了极大的凝聚作用。

《指路经》首先是一把打开彝族"历史记忆"之门的钥匙，它对彝族追溯本民族的起源、发展、迁徙的历史具有"向导"的意义，特别是对彝族"六祖分离"之后的历史过程的追根求源意义重大。众所周知，彝族历史上，六祖分离之后，彝族各支系开始进入相对独立、自由发展的时期，各支系之间纷争不断，仇杀肆虐，各自为了自己的利益兵戎相见、互相残杀，一幕幕悲剧不断上演，此起彼伏，而在彝族丧葬仪式上，毕摩用庄重而顿挫的语调念诵《指路经》，一方面是在引导亡灵回归祖先居住之地，另一方面，对于在场的生者，无疑是一次重新唤醒他们的民族意识、血缘意识、同根同源意识的精神上的洗礼。《指路经》是一本平时束之高阁但又事关生死的经典之书，在丧葬这种特定的场合与氛围，针对特定的人群（同族同宗），由特定的人员（毕摩）念诵，对唤醒彝族共同的历史记忆、民族根和魂的意识、增强民族认同感等都起到了重要的作用，相对于日常的利害关系的计较与纷争，在这样的特殊场合和氛围之下，《指路经》作为宗教和灵魂之书，其强大的凝聚民族情感和民族意识的力量在此得以彰显。

同时，《指路经》还是考察彝族原始宗教、礼仪文化及风土人情的重要典籍。祖先崇拜是彝族宗教的最重要、与日常世俗生活联系最密切的形式，《指路经》如同一座联系阳间与阴间、生者与死者、祖先与后辈的桥梁，通过《指路经》祖先崇拜这种祖祖辈辈所信奉的宗教观念得以继承、延续。祖先崇拜把同一祖宗、同一家支的族人紧密、牢靠地凝聚在一起，虽然由于迁徙、自然灾害和战争等原因，同一祖宗、同一家支的人被分散开来，遍布西南地区的崇山峻岭、千沟万壑之间，但是彝族的家支谱牒很容易就能追溯到一个人的来龙去脉，也很容易建立起血缘性的认同感，这种法祖敬宗的宗教意识在彝族许多重要的场合和时段会以各种形式表达出来。《指路经》作为在丧葬时专用的经书，更是强化法祖敬宗意识的最典范的教科书，人们一边哀悼亡者，一边聆听毕摩的吟诵："纳铁书夺山，有一和确居，那座和确里，爷死归那里，奶死归那里，父死归那里，母死归那里，妻死归那里，夫死归那里，儿死归那里，囡死归那里，孙死归那里。同宗归那里，同族归那里，姊妹归那里，兄弟归那里，人人必同归。"因为这条路是祖祖辈辈都要去的路，是同宗同族人共同的家园，所以亡灵不必悲伤，不必留恋亲人，也不必留恋村寨里的一切，带着亲人们敬献的饭食，"朝着太阳路，快去寻祖先"。彝族对死亡的态度庄重而宁静，由于彝族宗教相信人有三个灵魂，活着的时候附于人身体之内，死亡只是身体的毁灭，人的灵魂永远不会死，人死后其灵魂离开了身体，一个埋在坟墓里，一个依附于灵牌，由子孙供奉于家中，另一个由毕摩指路，返归祖界，亡灵魂归世世代代的祖先居住的祖界，灵魂遂得以安宁。如果没有毕摩念诵《指路经》帮助其灵魂回返祖界，他的灵魂会永远得不到安宁，就可能变成恶鬼，在阳间祸害人畜。可见《指路经》对于彝族葬礼具有非凡的意义。

彝汉对照的《彝族指路丛书》

《指路经》所言的祖界被描绘成了一个世外桃源，山清水秀，鸟语花香，牛羊满山，鸡鸭成群，水清鱼肥，五谷丰登，这里只有繁花似锦的春天和果实累累的秋天，虽然阳间社会的阶层、职业、地位等差别依然存在，也有必须遵守的宗教礼仪和习俗，但是人们过着丰衣足食、其乐融融的生活。祖界的"社会结构"显然是对阳间社会结构的模拟，但它在很大程度上剔除了人世间极端的压榨与剥削、矛盾与对立，虽然也可能有纷争、有怨怼的时候，但它比阳间幸福快乐，它是小农时代在人们能想象的范围内所构建的一个幻想中的天堂。《指路经》作为彝族宗教经典，它所设想的彼岸世界没有其他宗教所设想的彼岸世界那么玄妙奇特，如梦似幻，但它能给普通彝族人们提供一个可以再生的想象的空间，使那些食不果腹、衣不蔽体的普通百姓能获得某些精神上的想象性的抚慰，宗教作为一种世俗生活之外的精神的幻觉，它所起的心理和精神作用是不可低估的。《指路经》和其他彝族宗教经典，与其他民族、其他地区的宗教经典一样，为人们提供了超越世俗生活之外的可供想象、可抚慰人心的精神空间。

在一定程度上我们还可以把《指路经》当作一本文学作品，一本具有浓厚寻根意识的诗化小说来看待。彝族是一个喜欢追根求源的民族，在彝族古代文论中，许多学者和作家都谈到了根的重要性，在他们看来，语言文字、历史宗教、文学艺术乃至工艺器皿都有它们自己的根。所谓的根，其实质意义上说，就是一个民族的渊源、历史、文化、宗教传统。《指路经》以毕摩为向导，引领亡灵从故乡出发，跋山涉水，翻山越岭，去寻找彝族先祖居住的祖界。亡灵游走于先人曾经走过的每一寸土地，感受先人们曾经经历过的艰难险阻，最后达到祖先们居住的地方，与他们共同守护这片世世代代生活热恋的红土地，亡灵也会因为终于找到了祖界、栖居于祖界而灵魂得以安宁而不朽——这对于一个普通的信教的彝族人来说，无疑是一个巨大的安慰。活着无论多么辛苦卑微，但死后可以回归祖先栖居的祖界，和他们一起尽享子孙后代的孝敬和崇拜，这实在是一件值得庆幸的事情，尤其是在死者葬礼的现场，《指路经》的吟诵不仅告慰着逝者，而且也安慰着在场的本族同胞，给他们在精神上指明了一条通向彼岸世界的幽冥而光明之路。个体肉身的死亡虽然是一件令人伤痛的事情，但是肉身的死亡并非一切的终结，而是另一种生活的开端，亡灵最终回归祖界，完成了一个个体向整个家族、民族的回归和圆满，汇入了永恒与不朽，这又是一件值得欣喜的事情，"祖界乐土意味着人生归宿的最高境界，因此，死者之灵要奔赴理想的世界——到达祖界，与祖界之灵团聚。对祖界的信仰，在彝族意识中，表现为回溯民族发祥地的欲望。正是这样，我们可从他们的祖界观中，读出现实与信念的相互重叠"①。死者的葬礼由于《指路经》的超度转悲为喜，悲喜交集——对沉痛哀悼他（她）的家支亲友是悲，对于已经故去的死者是喜。《指路经》的宗教功能通过文学寻根的形式得以表达，或者说，《指路经》的文学性使其在宗教意义之上披上了一层浪漫而美丽的面纱，使生者和死者都因此而慰安。

《指路经》中有对逝者生前的赞美之词，书中把逝者生前的业绩比喻成光辉的太阳，品行像月亮，勇猛如虎豹，勤劳如春蚕，用生动而形象的比喻来赞美世俗人生的各个方面，表达了对生命和世俗生活的肯定。同时又用许多美好之词来形容祖界的完美，借此表达对彼岸世界的赞美。从中我们可以看出，彝族的宗教或者《指路经》并不嫌弃世俗生活，不排斥世俗生命的享乐，它不像其他宗教那样，一味强调世俗人间的苦难与罪恶、宣扬彼岸与来世的美好，用对比、对立的方式来让人放弃世俗享乐，追求无欲无求的宗教境界，从这个意义上说，彝族的宗教，与其他宗教明显不同，它既赞美现世人生，又称颂彼岸世界，它是一种乐生的同时也是"乐死"的宗教。

《指路经》以五言一句的诗体形式写成，五言诗是彝族传统诗歌的主要形式，这种形式使整个经书显得文辞简练，且易于记诵。由于彝族支系众多，分布广阔，不同支系、不同地域的《指路经》呈现出不同的支系和地域特色，这也是和其他民族的经书很不一样的地方。除了主体部分相同或相似之外，不同的地方根据支系或地域的需要，当地毕摩都会把本地域的景观、风土人情等

---

① 巴莫阿依、黄建明编：《国外学者彝学研究文集》，云南教育出版社 2000 年版，第 215 页。

"本土元素"加入其中，一般都会从本地的山水地貌写起，然后叙述丧葬礼仪、追溯家支渊源，等等。每个支系或地区的《指路经》中亡灵所经过的地点各不相同，途中所遇到的妖魔鬼怪也千差万别，但每一部《指路经》都会涉及彝族"六祖"曾饮水的"葡萄井"（今云南昭通市郊，邵阳八景之一），虽然各地经书音译不同，但所指完全一致，这一方甘泉曾滋养了彝族的先祖，也成为彝族子孙后代念念不忘的生命之源。由此可见，彝族怀旧寻根的意识是何等强烈，其民族认同感何等深厚。

《指路经》其实质上是通过亡者的阴间行程来追溯彝族宗教及道德的起源，它以神话的庄严、神圣的方式讲述一个民族的产生、迁徙、发展的历程，揭示出一个人和整个民族的关系，虽然其中的一些故事带有某种神话幻想的成分，与其他民族的宗教神话相似，但其意图显然是为了确立一个民族的神圣性、神秘性的起源，通过追溯每一个彝族人的来龙去脉，由此来确立彝族每一个人、每个支系之间的同源性、同一性，增强彝族每个人及各支系的彼此的认同感。与其他民族的经书一样，《指路经》是一种历史主义的有关民族自身起源的幻象，它和彝族的其他经书一起，构建起一个民族对此生——来世、此岸——彼岸的想象性的空间，成为紧密维系彝族各支系、每个同胞之间的关系的精神纽带。

《指路经》可以说是一种双重的文本，它既是宗教的文本，又是文学的文本，既指向此岸，又指向彼岸，既是对逝者的引领，又是对生者的启示，既是彝族丧葬时毕摩吟诵的经文，又是可供人们随时研读的宗教典籍，既是一本书，又在不同的彝族居住区呈现不同的版本和样貌，《指路经》是每一个彝族人在生命终点必将聆听的一本福音书。

第四节　彝族语言的奇葩克智与尔比

彝族颇有本民族特色的语言现象是克智（另写作"克哲"）。克智又称"克使哈举"，彝语的意思是"言语比赛"，它是彝族民间独具一格的文化、文学现象，被誉为彝族的诗体口传文学，是彝族人们在长期的生产、生活中形成的一种民间文化形式，在彝族传统民间生活中占有重要地位，具有广泛的群众基础和影响力。一般是在婚丧嫁娶、逢年过节这些聚会之际，宾客亲友之间进行克智活动，当场展开一场言语上的比赛和交锋，主客双方如同演讲比赛的选手，都拿出自己的看家本领，口若悬河，妙语连珠，他们比知识、比智慧、比口才，所比的内容涉及广泛，大到天文地理、神话历史、社会生活，小到家长里短、柴米油盐、花鸟鱼虫，海阔天空，无所不包。为了战胜对手，还可以自由发挥、即兴创作，完全是一种现场的不打腹稿、即兴发挥的脱口秀，参加克智活动的那些人必须具有充足的知识、文化、口才上的功力，才可能在这种智慧的比拼中胜出，赢得人们的赞誉和口碑。

克智风俗的形成可能与彝族的"歌场制度"有关。相传早在两千多年前，以谈理论道、互相辩驳为形式的歌场制度就在彝族贵族中开始兴起，当时彝族部落之间战争非常频繁，而在部落之间游说的说客，都以他们的口舌之巧，来发动或制止战争，古代彝族出现过许多有名的论战。同时，毕摩之间为了祭祀礼仪的正统与非正统、规范与非规范等也常常会舌战辩论。可以说，彝族从官方、宗教到民间自古以来都十分推崇辩论，代代相传，在此基础上逐渐形成了克智文化现象。人们通过这种现场辩论的方式，来弘扬本民族的文化和历史，重述本族的神话与宗教故事，明辨事理，传播奇闻逸事，寓教于乐。克智是一种集知识性、说理性、趣味性、娱乐性为一体的民间文化、文学的综合体，具有其他民间文化、文学形式不可替代的优势。

克智在说唱的形式上，有一人吟诵、一领一随、一领多合等形式，从吟唱技法和曲调上而言，有五种基本形式。第一种是吟唱，一般是在节庆聚会场合，由一个人面对对方而坐，用押韵的字句、和谐的节奏、顿挫的音调说唱出一连串的对偶、排比句，先声夺人，让对方产生敬畏之情。第二种是央，说唱者以高腔假声来表演，声音尖细、清脆，扣人心弦。这种形式流行于凉山西南地区。第三种是和，一般是双方对唱，可一对一，也可以多对多，可以是男女对唱情歌，但更多的时候双方以互不相让的姿态调侃、戏谑对方为乐。第四种是尔，这种克智表演性质比较强，表演者一般是当地能歌善舞之辈，唱腔优美，音韵和谐，细腻委婉，丝丝入扣，回味悠长。第五种是佐，这种克智的比赛竞争性质明显，曲调自由，唱法多样，多以战胜对方为目的。为了获胜，克智的修辞手法无不用之以极，场面热闹火爆，是一场高强度的智趣双全的比赛。

克智的语言表现形式多种多样，抒情、叙事、议论可以灵活应用，在克智活动中，夸张、比拟、讽喻、排比、设问等修饰手法被大量、广泛地应用，使整个克智活动充满了趣味性、娱乐性，特别是夸张、变形、荒诞等手法的应用更是带来了滑稽、幽默、戏谑的效果。在克智活动中，双方都以最大的热情投入到智力、口才的比拼当中，上场的辩手必须灵活多变、时攻时守、虚实相生、动静有致才能战胜对方。克智最基本的要义是双方言语的对抗和智力的比拼，所以有关论辩的各种技巧都会大显身手，无论是例证还是引证，无论是考辩还是反诘，只要是能战胜对方的一切辩论技巧，都会轮番上场，各显神通，直到分出胜负。

克智虽然相当灵活，但也有章可循，一般克智按表演的惯例可以分为嘎基和嘎哈前后两个半场，前半场嘎基部分主要是进行即兴辩论比赛，后半场嘎哈部分主要进行史诗表述。如果辩手在辩论中难分胜负，一般用猜谜语"阿色色格"来判定谁最后得胜。上半场的嘎基部分一般都会有开场白、论说与雄辩、入题述源、设问辩诘等几个阶段，在论辩过程中，可以引经据典，也可以用尔比尔吉、诗词歌赋、寓言谜语等多种民间素材，语言上要张弛有度，有问有诘，时而粗犷豪迈，时而温文尔雅，时而雷雨闪电，时而和风细雨，在对方辩手措手不及之时，以压倒的优势使对方无还言之力，方能出奇制胜，所以辩手的灵活机敏、即兴发挥显得尤为重要，充沛的知识、智力的准备和良好的辩说技巧是制胜的关键所在。下半场嘎哈部分以史诗演述为主，一般先讲述史诗的来源，然后演述史诗，最后讲述史诗叙谱。上场的辩手必须具备充足的史诗知识储备，熟悉本民族多个经典史诗及其渊源，并能以绘声绘色、声情并茂的方式演绎，才能胜出。

　　辩手一般都是本乡本土出类拔萃的人物，都是通今博古的高手，他们引经据典，头头是道，谈古论今，洋洋洒洒，他们随口都能吟诵出史诗神话、诗词歌赋，风流飘逸。辩手都有高超的演说和辩论技巧，既可以信手拈来引用各种经典片段，又可以欲擒故纵，诱敌深入，然后出奇制胜，既可以理直气壮、气吞山河地雄辩，也常常趁其不备，旁敲侧击，以柔克刚。克智现场就是一个看不见刀光剑影，但时时处处都充满火药硝烟的语言的战场，所谓唇枪舌剑莫过于此，只有智勇双全的斗士才能赢得最后的胜利。

　　克智的语言非常具有本民族的特色。因为克智是"现场直播"式的表演，如何赢得在场听众的好评和赞誉就显得相当重要，所以一般参加克智的辩手都深谙其中的奥妙。他们都是深爱彝族语言文化的奇才，都能采用通俗易懂、喜闻乐见的口语演说形式，多用朗朗上口、便于记诵的押韵、对偶、排比、顶针等句式宣讲，加上讲述的内容多为本民族的历史典故、神话传说、寓言故事，很容易调动在场观众的情绪，现场效果热烈火爆，每到高潮处会赢得在场观众的阵阵掌声。克智是彝族人在一起分享语言与智力的游戏，从中获得精神上的共鸣和情感上的愉悦的一种民间文学盛会，备受彝族人民的喜爱。在克智现场或者其他说书讲古现场，表演者与观众彼此没有严格的界限和区分，两者在同一时空共同完成表演，这种充分、直接在场、身临其境、身在其中的交流环境，彼此的交流互动、共鸣共振是最直接也最有效果的，而且在场的人是同一民族、同一村寨或同一家支的熟人，都有相同或相似的成长环境、文化背景、宗教信仰和价值立场，所以从大范围、长时间来看这种场合就是本族文化养成、熏陶、传承的最佳场所之一，它们与彝族的宗教祭祀、节庆歌舞、场坝集市等一起构成了彝族文化的"教育基地"。

　　克智所涉及的内容有一定的稳定性和继承性，有些唱段代代相传、经久不衰，但随着时代的发展，也有许多新的唱段出现，经过克智艺人的加工、提炼，也会流行一时，而更常见的是克智选手的现场即兴。克智善于逗趣、赞美和夸耀。比如这一段克智："你们这一家，来得够辛苦。茫茫森林过三回，东张又西望，我看像个贼，险些被我打一枪；陡峭山路过三条，胆战又心惊，锦鸡一样跳，险些被我抓一个；绵延山坡过三匹，走走又停停，我看像刺猬，险些被我捉一只；平坦坝地过三块，踉踉又跄跄，我看像老牛，险些被我拉一头；来到屋檐下，原是我的大亲家，起身来迎接，吉祥平安先问候，香烟美酒随后敬。"

这段克智把亲家不辞辛劳来拜访自家的情景用戏谑、逗趣的方式表现出来，在轻松幽默的氛围中，融洽了主客双方的关系，并对自家的住处偏远、路途崎岖表达出某种歉意。农民那种朴素而幽默、淳朴而机智的话语艺术从中得以充分体现。

克智从不吝啬对他人的赞美之词。虽然那些段落与民间故事里的言词有相似之处，但克智通过音韵和节奏组织起来以后，别有一番风味："你们这一家，炼金作锅庄，炼银作门槛，炼铜作屋柱，炼铁作横梁，丝绸搭屋顶，绵花垫鸡圈，绸线搓牵绳，听过没见过，原来是你家。"在那种欢歌笑语、其乐融融的时刻，这些溢美之词为聚会增添了喜庆、吉祥的氛围。

克智是一种具有一定固定格式的诗体文学样式，有些类似于汉代赋体诗，其音韵上的抑扬顿挫、铺陈上的天马行空、汪洋恣肆、抒情上的热情奔放、语言上的华丽夸张、艺术手法上的灵活多变，都是其他民间文学中罕见的。克智的表演活动因为多在婚嫁或节庆之时，其必然以浓墨重彩、热烈火爆的风格才能与这种气氛相配合。克智表演是以语言为主要媒介的现场展演活动，也注定了它要尽可能地发挥口语的优势，辩手在语言选择上多采用韵体诗的形式来演绎。克智的语言音韵和谐、句式整齐、多押尾韵，在参差变化中求统一，使语言富有音乐性和表现力，很容易调动现场的气氛。克智辩手为了克敌制胜，都竭尽全力将语言的潜在能量发挥到了极致，各种修辞格都被灵活应用。有人做过统计，一场比较大的克智展演辩手所用到的修辞格多达二十余种，不仅有演讲常用的比喻、夸张、对偶、排比、比兴等，还用顶针、双关、设问、反复、叠韵、拟声等修辞格，一场大型的克智活动就是彝族口头语言艺术的盛会，辩手以语言为武器，十八般武艺，样样俱全，唇枪舌战，妙语连珠，落地生花，全方位展示彝族语言文化的魅力，在场的宾客不无惊叹于辩手的奇思妙想，敬佩辩手的语言天赋。在诸多修辞手法当中，辩手应用最多、最为突出的也最能激发在场宾客想象力的是夸张的手法。辩手常常把某一事物凭主观想象任意放大或缩小，来表达自己对该事物的看法或态度，许多事物经过辩手夸张、变形地表现，产生一种意想不到的滑稽、荒诞、戏谑的艺术效果。比如这段克智：

> 谁知我思我想有多少？莫笑我思也太奇，我想也太怪。阿依木嘎我一个，晴天欲随白云去，抓住白云当作斗笠戴；阴天欲随浓雾去，捉来浓雾当作蓑衣披；白昼欲随太阳去，伴随太阳走遍彝区与汉地；夜晚欲随月亮去，伴随月亮游尽四面和八方。我欲捉来赤虎作马跨，穿越九片莽莽林；我欲跟随蜜蜂飞，攀上九层峭险峰；我欲擒来鱼君当坐骑，嬉尽九条江河水……

我们从这段名为《怪想》的克智中体会到那种异想天开的超拔、奇妙的想象力，那些才华横溢的克智辩手如同浪漫主义诗人一般，任凭自己天马行空的想象力穿梭于天上地下，来往于古今。在克智的说词中我们不难发现，即使生活在穷乡僻壤的彝族乡民，大山的重重阻隔并没有阈限他们的想象力，反而在某种程度上更刺激了他们飞跃高山峻岭的想象，人在深山，心在天外，彝族人的想象力如同雄鹰的翅膀，带着他们飞翔在广袤的蓝天之上。

克智在语言上也呈现出某些狂欢化的特色。它善于以诙谐幽默的语言，极尽夸张之能事，把真情实意与肉麻吹捧、把能言善辩与夸口逞能、把赞美与挖苦、严肃与戏谑、真情与假意混合、混淆在一起。为了战胜对手、获得在场观众、听众的支持，他们充分激活了语言的各种修辞手法，在唇枪舌剑之间时而刀光剑影，时而机关暗设，时而风声鹤唳，时而萧萧马鸣，在场的观众如同享受语言的盛宴，甜酸苦辣麻五味俱全，那种因语言的色香味带来的语言上的快感，外加表演者的表情、动作所共同形成氛围，带给人们充分、刺激、火爆的快乐，会使每一个在场的人都沉浸其中，不能自拔，如同沉湎于一个酣畅淋漓的梦境。毫无疑问，克智表演是彝族语言艺术的一朵奇葩。

赋比兴手法的应用也是在克智表演中常见的，辩手都善于铺陈事物，习惯于用一系列的排比句式，把相关、类似的事物并列，形成结构大体相似、音韵和谐的句群，既像押韵的散文，又像用散文写成的诗，吟诵起来朗朗上口，听起来如诗如歌，气势非凡，气氛热烈，大大加强了克智的艺术效果。辩手也特别擅长用一些彝族人常见的花草树木、鱼虫鸟兽等事物起兴，然后引申到所要表达的事物身上，再用新奇、鲜活的比喻来表现，这样层层递进地渲染、烘托、强化，在场宾客不无被带入辩手营造的氛围之中，与辩手一起分享语言的盛宴。

除了常见的修辞手法之外，克智表演中还常常用"盘"和"绕"的特殊的艺术手法。所谓"盘"就是在辩手双方互问互答时，多次反复，一唱三叹，调动在场宾客的情绪和增强其注意力，所谓"绕"就是辩手把该说的情节先搁置起来，故意绕向别的故事，绕得又远又长，然后再回到本事上来，使故事情景跌宕起伏，饶有趣味。盘绕手法的应用使克智表演能充分调动在场观众的兴味与好奇心，增强互动效果，使台上、台下都沉浸于这种探寻智力迷宫式的游戏之中。

克智的题材广泛，想象丰富，辩驳兼备，言辞夸张，形成了单纯、豪放、雄阔而幽默的艺术风格。克智作为一种口头现场创作的文学形式，多以口传心授、边听边学的方式传播和承继，现今虽然有一些编成书籍的克智读物出版，但是作为一种鲜活的口头民间艺术，最好的方式还是应该在民间文学的现场去学习和模仿、继承和创造，民间克智辩手必须具备深厚的彝族文化底蕴、熟稔的口头表达能力、绘声绘色的表演才能，才能在激辩中胜出。作为民间口传艺术的不可多得的典型形式，克智活动需要政府及相关机构加大扶持和保护的力度，现今在彝族村寨，能上场表演克智的年轻辩手越来越少，克智的传承有后继乏人的危机，对年轻有为的克智辩手的有意识的栽培应该有计划地进行，克智的保护和传承任重道远、势在必行。

尔比尔吉，简称尔比，彝语的原始意义是"说比喻"，相当于汉语"格言"

彝族壁画《喝转转酒》

和"谚语"。尔比是彝族民间文学的结晶，是彝族人民从生产、生活中获得的知识、经验、感悟与认识的概括与提炼，它的话语形式虽然短小，但内容丰富，上至宗教哲学、天文地理，下至民俗民风、道德伦理，无所不包，语言精练，具有鲜明的民族特色和本土特色。

尔比虽然与我们所熟知的汉族的格言、谚语、成语有某些相似之处，但它产生的社会环境、所包含的文化内涵却不尽相同，它在彝族的日常生活中被使用的频率、程度远远超过后者。每个彝族人在从小到大的成长过程中，长辈们都会用尔比来言传身教，尔比是成长中的孩子的品德教育中不可或缺的重要内容，它所阐发的事理被普遍应用于彝族各种事务之中。尔比具有汉族格言、谚语等俗语不具备的某种严肃性和权威性，彝族人共同维护着它的品质，彝族在处理社会矛盾和家庭邻里纠纷时，常常通过引用尔比来进行协调和说理，惩恶扬善，它在这类事情中起着特别重要的作用。

尔比对彝族民间生活具有某种约定俗成的类似习惯法的效力。由于彝族在漫长的奴隶社会没有形成一套完备的法典来规范人们的行为，尔比在一定程度上充当了不成文的法规准则条款，行使着它特有的社会功能。比如，尔比有言：兹命不说价，诺髻九头牛。兹是彝族最高等级的贵族，其生命是无价之宝，若被杀害，再多的钱也赔偿不了，只能抓到凶手让他陪葬了事；诺是彝族的高等贵族，等级略次于兹，其发髻是尊贵的标志，农奴和他人都禁止触摸，否则要用九头牛作为赔礼。再如，尔比有言：养女的义务在母亲，嫁女的权力在父亲，吃钱的权力在哥弟。这一则尔比表明了彝族社会父权家长制下的权力与义务的关系。在以前的彝族人看来，哺育儿女是母亲应尽的义务，但女儿的婚配权却牢牢掌握在父亲手里，只有父亲有权决定女儿嫁给谁，而嫁女儿所得的彩礼则可以被女儿的兄弟们使用，这些都是天经地义不容置疑的事情。

　　尔比作为彝族民间文学的一种特殊形式，与彝族农牧业生产、生活方式密切相关，是长期农牧活动经验的总结，蕴涵了许多真知灼见，是小农经济时代普通百姓生产、生活智慧的结晶。比如，"贫富的变化，常在一头母猪身上，冷暖的变化，常在一群绵羊身上"。这一简单而朴素的尔比，道出了经济贫穷时代牲畜的喂养与一个家庭的温饱、冷暖的关系。从尔比的一些精粹的句子中，我们能感受到彝族人思维、性格及民族心理上的一些特点，比如彝族先民很早就有朴素的辩证思维的观念，对事物的个性和差异持宽容、平和的态度。"鸟类一样，但叫声不一样"，"人类三种三样，虎豹三花三纹"，"马走马道不失蹄，牛走牛路不失足"，既然事物千差万别，那么只有尊重事物的个性和差异，使之在自己的能力、条件许可的情况下发挥自己的特点，才能称心如意。尔比在规范人的道德情操方面发挥着重要作用，它以朴素而生动的方式告诫人们弃恶扬善、德才兼备才能做一个真正受人敬重的人，它在青年人立志、修身、人格成长过程中有一定的影响。比如，"獐子因有麝香而名贵，人因有知识而受尊敬"、"不劳动者不得食，不节俭者不可富"、"壮士途穷不卖剑，彝人饿死不讨饭"、"想攀悬崖，别怕坡陡，要涉河水，别怕浪急，要创大业，别怕失败"等。尔比在对待亲情、爱情、友情等方面也有许多金玉良言。如"夫妻和睦，胜过金银"、"妻子扯烂丈夫的裤子，麻烦落在妻子手里；丈夫打破煮饭的铁锅，苦恼落在妻子的身上"、"花香不一定好看，漂亮不一定能干"、"松树皮粗糙，内中怀松明，胸怀宽广的人，所到之处得友"、"青蛙和蛇打伙，青蛙白送命，羊与豹子交友，羊子自找死"等。尔比也对现实的冷酷、人情的淡漠等负面的社会现实起到一定的批判、讽喻的作用。由于彝族长期生活在农奴时代，奴隶主的残忍自私与奴隶的悲惨无告形成鲜明对比，如"主子住的碉楼，是奴隶的白骨砌成的，主子喝的米酒，是奴隶的血泪酿成的"，这字字带血的句子是对奴隶主毫无人性的嘴脸的揭批。尔比中有大量的此类言辞，反映出那个人压迫人、人吃人的时代最黑暗的一面。

尔比是集审美性和实用性于一体的特殊的文学样式，在处理现实生活方方面面的问题的时候，应用生动、精辟的尔比来表达自己的意见和看法，不仅能使人心服口服，而且会得到在场人的敬重和佩服。尔比是彝族世俗生活智慧的结晶，是彝族语言中的盐，它的使用场合十分广泛，在节庆聚会、婚丧嫁娶、调解家庭矛盾及民事纠纷之时，都会频繁地用尔比说理论事。

彝族除了丰富的民间文学和宗教典籍之外，也有不少文人的创作，但由于历史的原因保留下来的比较少，流传下来的大多是明清时代文人的作品。1949年以后彝族文人创作进入了一个崭新的阶段，出现了一批作家，新时期以来彝族作家更是人才辈出，在少数民族文学史和中国当代文学史上留下了许多华美的篇章。

第八章　彝族的美术与建筑

　　彝族有悠久的绘画与手工艺传统，在彝族居住区的一些崇山峻岭的石壁和山崖上发现不少不同时代的绘画作品，有的反映了彝族的宗教信仰和神话传说，有的反映了当时的世俗生活、劳动场面、战争场面及娱乐歌舞等，彝族岩画为我们考察古代绘画留下了丰富的资料，具有重要的艺术价值和考古价值。另外，在大量彝族古籍和宗教典籍中留存有不少由毕摩绘制的图画，它们是彝族文人绘画的重要代表，这些为了诠释宗教教义而绘制的图画，能形象地说明宗教教义，兼有宗教性和艺术性，有些图画为毕摩在祭祀时插神枝起到指导作用。彝族的民间绘画也很丰富，有些地区、有些支系有民间绘画的传统，到了现代以后被发扬光大，创作出许多富有民间特色的优秀作品，有些作品被选送到国外展出。彝族在工艺美术方面也有自己独特的地方，彝族的漆器堪称一绝，仅用黑、红、黄三种颜色就能勾画出不同形式与风格的漆器。彝族漆器单纯而繁复、朴拙而华美，兼顾实用性和艺术性，受到彝族各阶层的人们的喜爱。彝族银器的雕刻也有自己的特色，银饰是彝族女性普遍爱好的装饰品，银匠对银器的打磨、制作也格外讲究，各种图案、造型的银饰与色彩艳丽的衣服配搭在一起，使彝族女人的服饰格外明艳动人。刺绣是彝族妇女的业余爱好之一，在爱好里却寄托了她们对美好生活的热爱之情，她们把大千世界所有美好的事物都织绣在服饰上，将它们戴在头上，穿在身上，只为了祝愿自己和家人过上吉祥、富足、安康的生活。另外，彝族的木刻、雕塑也工艺不凡，丰富多样，彝族的面具造型特别，常在节庆聚会歌舞时戴，为节日增添了一份别样的色彩。

建筑与人们的生活密切相关，彝族的宗教信仰、风俗习惯、生活方式、审美观念都在民居中有所体现。彝族多生活在山区或半山区，民居的建造必须因地制宜，同时要考虑到多雨、湿度重的气候因素，利用本地易取的材料因材致用，才能建造出适合居住的民宅。彝族民居总体来看都比较简易朴素，以土木结构为主，受当地经济条件的限制，民居主要以实用性功能为主，装饰性较少，仅多在门面上有些装饰，且随着历史的变迁，受外来文化尤其是汉族建筑文化影响深刻，各地、各支系彝族因地制宜，就地取材，在保持基本传统的基础上，在房屋样式及民居信仰上都有不同的表现。彝族还有不少流传下来的亭台楼阁和名胜古迹，这些古代建筑的杰作在青山绿水的掩映中显露出她们历久弥新的风姿，吸引着不少的中外游客前去观光瞻仰。

第一节　把灵魂画下来

彝族绘画的种类可分为岩画、彝族传统人文绘画、现代民间画等。

彝族岩画多集中在南盘江两岸，其中，石林、宜良阿陆笼、弥勒金子洞坡、邱北狮子山等地的岩画较为著名，岩画内容大多与自然崇拜、生殖崇拜等有关。云南昆明石林地区的绘画历史悠久，位于石林风景区东南大约 300 米处的丛林盆地内，在险峻的石林石壁上有一处崖画，画幅高大约 3 米，宽约 2 米，由于年代久远，许多图像已模糊不清。尚可辨认的图像有 30 余个，多为星、月、人、兽等图案，形态各异，粗犷古朴，正中主题部分是一个长、宽约 20 厘米的人头图，人头夸张变形，无颈项，亦无身体，人头平右边有用芒纹装饰的太阳，其他部分有或佩剑，或手持长刀，似战斗冲杀的人像，还有舞蹈、杂要人像等，这幅岩画据推测似不同时代创作叠合在一起，创作动机似与古代的狩猎、祭祀相关。据专家考证，其中有些图像是东汉以前绘制的，其人物形象朴拙，与广西左江崖画极为相似，还有一些图像是晚期绘制的作品，与彝族的原始宗教有关。

宜良阿陆笼岩画的主体是一个光芒四射的太阳，此处岩画据推测是古代人类太阳崇拜祭祀的场所。弥勒金子洞坡岩画的中心部位是一个闪烁着光芒的太阳，周边围绕着6个代表星辰的圆圈，这幅画也与日月星辰的自然崇拜相关，另一幅图像上画有由20多个圆圈连成的穹窿状的图形，下面是6个舞者的模样，似表现彝族歌舞的场景。邱北狮子山岩画用红色颜料绘成，可辨认的图像是三只人形鸟，人头、四肢、躯干都用线条表示，手臂上画有两组羽毛装饰纹，头部画有冠状羽毛，纹样不对称，表现鸟人在空中翻飞回旋的动感姿态。从头部和整体上看，或是对神鹰的模拟，与早先人类对鹰的图腾崇拜相关。这些岩画作品，除宜良阿陆笼岩画为唐宋时期的作品，其他岩画据推测大都是新石器时代的作品。

毕摩画是彝族传统绘画之一，是古代彝族毕摩的绘画作品，这些画存留在彝族古籍和毕摩教经书中，这些绘画用比较原始的绘画工具绘制，其中一些绘画是用来阐释经书教义，使经书图像化，有些是毕摩摆神枝的示意图，有些绘画则起到装饰版面的作用，这些画风格独特，生动形象，兼有宗教性和艺术性，是彝族绘画的重要组成部分。

毕摩画的历史可以追溯到以图为字、以图为文的象形文字时代。由于毕摩从原始社会后期父系氏族开始就已经在从事相关的宗教文化活动，所以大致可以推测，毕摩以图为字、为文的历史应该在彝族文字发明之前，比彝族文字的历史还要悠久。毕摩画大体可以分三类：一是有关宇宙万物的起源及彝族神话传说的绘画；二是毕摩所用经书中有关插神枝的示意图等；三是经书中的解释性和装饰性的插图和尾花等。第一类绘画题材大多来自有关创世英雄支格阿龙的神话传说，支格阿龙在彝族史诗《勒俄特依》中被描绘成因其母亲百褶裙上滴了鹰血而受孕的神奇的人物，他是鹰、龙、人三位一体的化身。从这一神话中，我们可以看出彝族远古先民对鹰、龙等图腾的崇拜。支格阿龙长大后智勇双全，武艺超群，骑着双翼神马，斩妖降魔，为民除害，射掉多余的日月，杀死作恶多端的恐龙，使天下太平安康。支格阿龙千百年来都是彝族人心目中的英雄，毕摩画家以此作为题材，创造了大量的绘画作品。在画面上，头戴铜盔、身穿铠甲的支格阿龙左手持弓，右手持叉，骑着神马，威风凛凛，救民于水火之中。值得注意的是，有的画上还袒露着支格阿龙的硕大的阳具，这在一定程度上反映了彝族先民的生殖崇拜心理。这些画大多用自制的毛笔和竹签绘制，用锅烟灰、动物血或赤土等做颜料，以单线勾勒或单线平图点线结合的方式绘制而成，造型怪异别扭，朴拙原始。这些画不是以客观物象为蓝本，而是根据毕摩画师的主观想象进行创造，在某种程度上，它们是有关宗教教义的图式化的表意符号，能绘其神即可，却不太注意绘其形，是某种图解宗教经书为旨归的创作。

龙凤图也是毕摩经书中常见的画幅，这与彝族先民对龙、凤的图腾崇拜相关。龙和凤是中国古代各民族绘画中常见的图案，各民族对龙凤的描摹上大体相同，一般都注重对龙凤的羽毛、根须、鳞片、指爪等外观和色彩上大加渲染，突出它们神奇而华贵的造型，但彝族毕摩绘制的龙凤图以线条为主，点线结合，注重对龙凤内在的骨骼结构的勾画，不注重外在形象的渲染和粉饰，这种从里往外、重里轻表的画法在绘画史上是不多见的。在龙凤图上，凤在上方飞舞，龙在下方欢腾，二者相互呼应，阴阳相生，龙凤呈祥，表达了彝族先民对龙凤的喜爱和崇拜之情。这些龙凤图上还配有古代彝族文字书法，图画与文字搭配和谐，颇有人文画的趣味，可以称之为彝族宗教人文画。

插神枝示意图是毕摩画中最常见的图画。插神枝是彝族毕摩在超度亡灵时特殊的一种宗教仪式。在送灵祭祖仪式中，毕摩根据天象星座把树枝摆成某种星座图形，或用其他一些材料扎成人物神、动物神形状的宗教法场，以便做法事。有些重大的超度亡灵的法事，插神枝占地面积多达数亩地。插神枝示意图就是毕摩实地插神枝时候的图纸，这些图纸严格意义上说，不能算是艺术作品，只是供各地毕摩摆神枝时候的示意图，具有宗教价值，一般不具备艺术价值。另外，经书上还有不少插图和尾花，常常插在经书文字段落和段落之间，

博物馆展出的毕摩世传的早期彝文图画

起到分隔作用，同时也起到了填充空白、美化装饰书页的作用。

毕摩画是彝族宗教意识的反映，在图解、形象化宗教理念的同时，也在一定程度上反映了古代彝族的某些绘画理念和审美理想。它与远古时代中国其他民族的绘画有明显的区别，许多画面的线条显得主观、随意，甚至扭曲，它们不是立体的、透视性的艺术，而是在二度平面上以自己的想象来完成的作品，以写实主义的标准来看，感觉非常不真实，甚至歪曲，但以抽象主义的标准来看，它们却显得朴拙生动，繁简错落，阴阳相济，具有某种抽象、灵动之美感和独特的线性艺术的韵味。

毕摩画的审美功能在那些与宗教神话有关的图画中体现出来。在看似粗略的线性勾勒当中，我们可以看到笔触的活泼与洒脱，看到毕摩对宗教的热情与痴迷，看到这些虚构的神话故事、枯燥的宗教教义在毕摩的笔下变成了颇有生活气息和美感的生动画面。它们虽然还称不上精美的、个人风格突出的艺术精品，但其中的宗教意味、人文志趣和审美价值是毋庸置疑的。

毕摩画作为彝族宗教经书的插画，对经书的内容起到了形象地阐释的作用，它是依附于经书、为经书服务的。经书有了这些附图之后，增加了经书的阐释能力和可信度，经书中许多离奇的宗教故事有了某种可以直观的形象符号，因为有图为证，人们相信经书中的故事确有其事，使经书的经文更具有某种非凡的魔力，能满足人们逢凶化吉、有求必应的愿望。这些图画比枯燥的宗教经文更具有感染力和渗透力，对过去识字不多的广大彝族同胞来说，图画的魔力在某种程度上比文字的魔力更大、更神秘，对他们的心理影响更直接也更持久。

值得一提的是，20世纪30年代著名学者杨成志先生曾收集到一本《云南昆明西郊彝族生活图谱》，该书是绵纸版面，全书共61页，除3页受损以外，其他58页保存完好，书中有彝文7000余字，汉文200余字，插图58幅，较全面具体地反映出彝族生产生活、风俗习惯等内容，画幅技巧比较成熟，有较高的学术价值和艺术价值。其中的《屋内祭祀图》形象地描绘了彝族人家在堂屋内祭祖的情形，画幅上方供奉着祖神像，左边有一身穿法衣的毕摩，手持法铃在专注作祭，右边一家人在烧香拜祖，神情俨然，从画幅上可以看出彝族人对宗教毕恭毕敬的态度。其他作品也能生动具体地反映彝族生活的其他方面的内容。该书与诸多彝族古籍文献上的单色、跳跃装点式的插页不同，前者每页都配有图画，如同现代的"连环画"，而且多为彩色图画，画面上黑、红、黄、绿、蓝、紫各色彩齐备，且交叉使用，绘画技巧趋于成熟，可以看作是近代彝族民间绘画的早期代表作。

彝族民间绘画也有自己的特色。云南石林彝族悠久的绘画传统，对该地区的民间绘画起到了良好的影响，在许多居民宅的墙壁上、屋檐上，随处可见雕刻得非常细致精美的装饰性图案。新时期以来，在石林地区形成了数百人的民间绘画创作群体，他们的作品质朴细腻、刚柔相济，多次参加各级美展和大赛，多次获奖，并有多幅作品被选送到国外展出，其中彝族农民画家毕文明所画的《撒尼人》以清新的线条和深情的笔触描绘出撒尼彝族人淳朴、爽朗的民族性格，于1988年获全国农民绘画大赛一等奖，毕文明被誉为"红土状元"，彝族农民画家毕文贵的《收麻》、《闹婚》等作品也多次获奖，深受好评。石林撒尼彝族农民绘画作品中有5件被收入《中国现代民间绘画》画册，4件被中国美术馆收藏。1988年石林县被中国文化部命名为"现代民间绘画画乡"，充分肯定了石林撒尼彝族民间绘画的成绩。

第二节　三色一世界

彝族的民间工艺有鲜明的本民族特色，彝族的漆器、银器、刺绣、彩绘及家纺在民族民间工艺中都出类拔萃，尤其是漆器、银器制作在国内外享有盛誉。现保存于故宫博物院的皮胎漆葫芦是彝族清代漆器的代表作之一，葫芦内装有多套染术质盘、碟、杯、碗，从中我们可以一窥彝族漆器艺术的精细而华美的品质。

彝族漆器制作工艺精美，造型多变，笔法细腻，色彩对比强烈，主次分明，繁简错杂，通体绘纹，给人以精美大方、华丽绚烂的审美感受，颇受国内外顾客的青睐。彝族作为游牧民族的后代，为了迁徙的方便，很早就采用与其生活相适应的木、皮、漆、角之类的物件作为自己的日常生活必备品。在四川大小凉山等彝族地区，很早就开始应用漆器，其中髹漆应用技术已有一千七百余年的历史。如今在相关政策的扶持下，漆器工艺制作得到较好的保护和继承。彝族各地漆器风格差异很大，或精细，或粗犷，或柔和，或奔放，展现出不同的审美追求，其中四川凉山喜德县和云南禄劝是彝族漆器制作最负盛名的地方。

彝族漆器工艺历史悠久，它产生的确切年代还有待进一步考证，彝族神话中把漆器的发明者阿火且且和一些神祇相提并论，可见漆器在彝族人心中的地位。在彝族的一些文献资料和文学作品中，多有对漆器的记载和歌颂之辞，有关彝族黑漆的发现、发明民间有很多说法，彝族文献中也有三色漆器由阿火且且发明的记载，大多数彝族人接受了这样一个故事：传说有一天，一个叫阿火且且的男子在山上砍柴，突然有一滴白色的黏液滴在他的裤子上，时间长了变成黑色，这种液体是从他砍下的一棵树上滴落的，他回家之后，怎么洗也洗不掉，用开水烫洗也无能为力。第二天他来到昨天砍树的地方，发现附近的石头上、枯树枝上也粘有不少的黑色液体，这种液体只要粘上一点，不仅无法擦掉，而且越擦越光滑，越擦越明亮。他取了一些这种液体带回家，用火烤热之后上在自家的木质家具上，他发现这些家具变得光滑而耐用，但他得了一种奇怪的病，脸上像被烧烫了一般难受，且出现无数的小疙瘩。他把自己的发现告诉了他的两个兄弟，他们一起到山上找到那些流黏液的树，并用瓦罐收集这些液体，熬制后涂抹在自家的家具上，反复刷过几遍之后，家具变得黑亮透明。村寨里的人也一传十、十传百地知道了这个秘密，开始用黑漆刷黑自己的家具，从此黑漆被彝族人广泛地应用开来。这个民间故事显然有许多想象的成分，但同时也说明，很早的时候彝族人就开始采用漆树黏液制漆，掌握了黑漆制造的工艺，阿火且且被当作古代彝族漆器的发明者和行业神加以崇拜。后来彝族人又在一些石头中提取了颜色鲜亮的石黄、石红，用来涂刷家具和其他器皿，经过反复实践，以黑、红、黄为基本颜色的彝族漆器涂料开始被大量应用，绚烂多彩的彝族漆器进入了繁花似锦的时期。

漆器工艺最初的应用是由于生活的需要，彝族人很早就发现漆染过的物品具有耐高温、耐酸碱、不变形、不开裂等特性，于是自然把它们应用于与他们生活息息相关的物品上，如酒具、餐具、马具、兵器、神职人员毕摩、苏尼专用的神具，另外也用于茶筒、花瓶等日常用品。漆器的胎骨可分为木胎、竹胎、皮胎、角胎，另有少数竹木、皮木混合胎。碗、盘、杯、勺等餐具多用木胎，也有少量的皮胎制碗，盔甲、护肘、箭筒等兵器多用皮胎，箭筒、弓矢、口弦筒等多用竹制胎骨，酒具、储藏种子、火药的用具多用牛羊角制成，酒杯、箭筒、毕摩所用法器多用竹木黏合胎骨，毕摩用具主要是"擒克"和"乌吐"两种法器，马鞍、盾牌等多用皮包木翘成的胎骨，附饰物一般用动物的爪、蹄（鹰、雁、野猪等）。

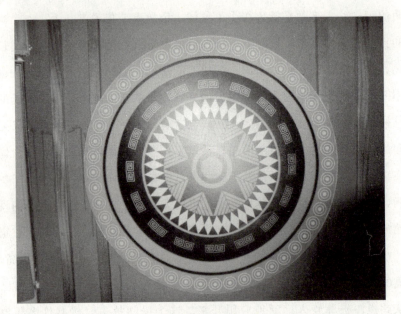

彝族精美的漆器

彝族长期的游牧生活和经常的迁徙使他们在日常用具的制作中很自然地选择了轻便且不易破碎的木质生活用品，随着时代的发展，其他质料的漆器才慢慢发展起来，漆器的品种与样式逐渐丰富起来，在漆器上添耳附柄或其他附件逐渐增多，都与方便实用有关，至今木质漆器仍然在日常生活中占主导地位，这也与彝族大多数生活在深山老林，取材方便有关。

彝族的漆器与其他器皿一样，也带有一定的宗教性特征，除了毕摩、苏尼等神职人员用的法器之外，彝族漆器的宗教性特征主要体现在它的鹰爪杯、牛角杯、猪蹄杯上。彝族先民崇拜鹰，把鹰当作神鸟和图腾，彝族史诗中的射日英雄支格阿龙就是鹰血和人的结合体，现今的毕摩的法器中还有鹰爪，也与彝族的神话传说有关。在阶级统治的时代，使用鹰爪杯是权力、地位、身份的象征，只有土司、奴隶主和权势显赫的人家才拥有这种器皿，还有些彝族的酒壶上的造型如宝塔，暗含着对神权的崇拜，体现了彝族的等级观念，而以牛角、野猪蹄做酒杯底座的造型，也与彝族对这些动物的崇拜和敬畏相关。远古的人们在狩猎丰收之后，在满足自己食欲需要的同时，总是喜欢以占有某些凶猛动物的身体的某一部分，来获得心理上的优越感和满足感，认为戴在身上或拥有它们能镇灾辟邪，逢凶化吉。当然鹰爪也好，牛角、野猪蹄也罢，它们作为装饰品所表现出来的粗犷、原始的美感也是毋庸置疑的，彝族的漆器与其他的艺术品一样，都凝结着本民族的历史、宗教和文化因子，积淀着本民族的特殊的审美意识和审美理想。

　　除了上述一些物品上漆之后依然作为生活用品使用之外，随着时代的发展、人们生活水平的提高，一些脱离了实用价值的物品也开始上漆加以装饰，而且做工比那些实用品精细、考究，演变成具有相对独立审美价值的艺术品。虽然大多数生活用品染漆加以美化，但其主要目的还是为了结实耐用，它们的审美价值依附于它们的实用价值，而当一些物品被当作纯粹欣赏品加以精雕细刻地漆染、制作之后，它们的审美价值已远远大于其实用价值，甚至完全不再具备实用价值，仅仅是为了赏心悦目、供人观瞻和把玩的物品，最为完全的审美对象漆器就出现了，那些在富有的贵族之家摆放的一些仅供欣赏的漆器物品就可以看作是已经脱离了实用价值的艺术品。

　　彝族木质漆器在材料的选择上很有讲究。松树、桉树等树种质地松脆，容易开裂，涂上漆料之后疤痕明显，但有些树种如杜鹃树、白杨树、黄树、核桃树等质地细腻，木纹较一致，涂上生漆之后显得光滑、细腻，也经久耐用，所以名贵的彝族漆器多以杜鹃树为原材料，尤其是喜德、昭觉一带的杜鹃木最为有名。不仅如此，在原材料的砍伐时间上也有讲究。在选好树料之后，一般在这一年的 11 月到第二年的春节前这段时间砍伐为宜，其他季节砍伐的树质地疏松，一般不被采用。砍下来的树经过粗加工后，一般有三种处理方法：一是用铁锅烧开水煮三个小时，冷却、干燥之后即可使用。二是埋在散发蒸汽的羊粪堆里，三个月之后再取出来使用。三是深埋在地下，一年之后再取出来加工使用，显然这样长时间的储藏之后的材料，制成的漆器具有其他方法储存的漆器不具备的各种优点，这种材料制作的漆器毫无疑问是漆器买卖市场上价格不菲的名品。

彝族漆器的色彩不外乎黑、红、黄三种颜色，从古到今都没有太多变化，其他饰物也以这三种颜色为主，究其原因，大概是因为这三种颜色对于彝族人具有特别的象征意义。众所周知，彝族是尚黑的民族，彝族各地、各支系的自称"诺苏"、"尼苏"、"纳苏"、"涅苏"等其中的"诺"、"尼"、"纳"、"涅"都是汉语"黑"的意思，彝族一直有以"黑彝"为贵，"白彝"为卑的传统，黑色象征着尊贵、庄重、肃穆，暗含某种贵族和权威的无言的威严，是每个彝族人向往的颜色。红色是热情、勇敢、坚定、活力的象征，红色是血与火的颜色，彝族人自古都对火有无限的崇拜和狂热的迷恋，在彝族人家里，火塘是最温暖的地方，火塘上方的位置是最尊贵的位置，彝族在一些重要时节都喜欢用与火有关的事物来表达，著名的火把节就是这样崇拜的仪式的延续，说彝族文化是一种火文化一点儿也不为过。黄色象征着阳光，是光明、温暖、幸福的来源，是万物生存之本，人类存在之依，彝族人对它的喜爱也是心驰神往，彝族人认为黄色能给人带来吉祥、幸福、富足的生活，在彝族一些重要节日，彝族姑娘往往身穿节日的盛装，打着一把把黄色的油纸伞款款而行，如同一朵朵盛开的鲜花，成为节日里一道亮丽的风景线。这三种颜色交叉、搭配使用，会给人以华贵、艳丽而鲜明的视觉冲击力。

漆器的纹样和图案有的是对日月星辰的想象，有的是对自然和生产生活的描摹，经过加工提炼，抽象变形，逐渐形式化、艺术化。漆器纹样大致可分为自然纹样、动物纹样、植物纹样、生产生活纹样等类型，其中动物纹样是主要纹样。自然纹样多以日月星辰和其变体为图案，这与彝族的自然崇拜密切相关。动物纹样多以虎、蛙、熊、羊及变体为图案，虎纹样源于彝族对虎的图腾崇拜，蛙纹样与彝族原始生殖崇拜相关，有些支系以熊、羊等动物为崇拜对象，也反映在漆器图案上和植物纹样大多是彝族人习见的花草抽象化后的图案，这种图案在彝族漆器中不占主导地位，之所以以动物纹样为主，可能与彝族先民长期的游牧生活多狩猎活动有关。生产生活纹样多是生产农具变化后的图形，这些纹样和图案应该产生在彝族定居下来，开始农耕生活之后，这种纹样在彝族漆器中只占极少数。

彝族漆器纹样多为象形性、抽象性纹样，一形多义、一义多形是其显著的特点，比如圆点型图案在酒器上象征星星，在碗钵上象征食物，在储藏种子的器皿上象征种子，而现实中的某一实物，可能会用不同的符号在表现，比如鸡，在彝族漆器上可以用鸡冠、鸡肠形纹样和图案表现，这种以部分来代表整体、以少喻多、以简驭繁的方式，使得彝族漆器在造型上虽简单，意蕴却丰富，虽朴拙，却暗含复杂多义的象征和文化内涵，给人带来无限的遐思。彝族漆器的基本图形有圆日、弯月、山形、水波、鱼泳、马翔、动物的弯角、昆虫的爬形等，这些图形经过工艺美术师巧夺天工的安排与组合，会创造出千变万化的奇妙的图案。

漆器的上色方法也颇有讲究，一般先在底色上勾画结构，再画纹饰轮廓，最后再片涂铺色，彝族漆器一般无渐次色和混合色，这种上色方法，与先铺色再根据不同的物体绘出不同的颜色形貌相比，略显简单、粗略，层次感不强，但它也有后者不具备的优点，红、黄两种颜色在黑漆底色上形成鲜明的对比，冷暖、强弱、明暗对比强烈，形成一定的空间感和韵律之美。在那些技艺高超的工艺师的笔下，漆器纹样繁简错落有致，粗细疏密协调，色彩华贵绚烂，造型简洁大方，充分体现了彝族本民族的美学追求和审美理想。

彝族漆器的图案结构也有一定的规律可循，器皿如果绘单方块图案，一般以一个圆为结构中心，其他图案向四周扩散，如果是两方连续的图案，一般作等距离勾绘，形成对比、对称图案，视觉效果鲜明。在图案细节布局上，多以单一纹样为单位进行有机的排列组合，除中心图案外，器皿的边缘部分和色块、图案的间隔部分，多用水样纹、鸡冠纹、火镰纹状的带纹装饰。二方连续图案多用于器皿鼓腹部位的装饰，如盘、钵、盉的鼓腹部多以牛眼二方连续图案作装饰。单元纹样一般由两部分组成，即由中心图案及其周边的辅助图案组成，多用于碗、盘、钵等器皿中心的装饰。常规的组合多以太阳纹或钱纹为中心，周边配以花蕾、尖角、南瓜子等图案装饰。

博物馆展出的各种彝族漆器

彝族漆器纹样和图案的整体布局还与器皿的大小、形状有一定的关系，小型的器皿图案以繁复精致为上，大型的器皿图案以简洁大方为佳，纹样之间有一定的间隙和空白，反而给人视觉上更多的想象空间。筒状的器皿一般以横向纹样居多，鼓腹形器皿纹样多向鼓腹部集中，用横向纹样分层，还有些纹样和图案在长期的实践中已基本定型，形成一定的套路和程式，如木钵腹部一般绘山形纹，木盉腹部多绘鸡肠纹等，这些较为固定的套路和程式便于漆匠学习掌握，也逐渐被人们的审美习惯接受和认可，成为民族审美心理的一部分。彝族漆器在专攻漆艺的能工巧匠们的长期实践中，形成了一整套独立的富有本民族特色的审美观，他们在兼顾实用的基础上绘制出千变万化、异彩纷呈的花样和图案，在三色世界里尽情挥洒自己的聪明和才华，这些来自民间的足不出

"山"的艺术家在实践中学习，在学习中实践，创造出足以让世人惊叹的精美绝伦的漆器工艺品，除了赞美这些漆艺艺术家的聪明才智之外，更应该归功于彝族悠久深厚的文化底蕴。

彝族漆器酒具颇为讲究，造型别致，有鹰爪杯、雁爪杯、牛羊角杯、野猪蹄杯，民间还多用木质酒杯、皮质酒杯，酒杯有高足的、矮足的、禽足的和二连的等不同规格，所谓二连杯即讲两个酒杯杯底部连在一起，两者都可以使用。禽足杯即在酒杯底部留一凹陷的空间，将鹰、雁等飞禽的足爪插入凹槽内，然后将其上部用胶水固定，再把禽足展开，最后上漆着色，这些酒具直接取材于动物的足爪，经磨制、黏合而成，保留了动物原生态的质感和美感，造型因材赋形，天然古朴，别具一格。之所以选择这些凶猛的动物的足爪做装饰，这与彝族早先为游牧民族有关，这些动物原初本来为彝族人所敬畏，现将它们俘获利用其足爪做酒杯，表明自己已经战胜、占有了原先敬畏的生物，从中显示出自己的能力的强大和身份的高贵，但随着时代的发展，这些心理因素渐渐淡化，其质朴、粗犷的美感成为许多彝族人和外地人喜欢这种器皿的重要原因。

值得一提的是奇妙的彝族酒壶"萨尔博"，它的形状多为圆形、禽形或扁形，酒壶上端没有掺酒口，而是把它设置在酒壶的底部，需要饮酒时，从壶的腰部插一根细竹管到壶内即可饮用，需要添酒时，把酒壶倒置掺入，然后倒过来放桌上使用，不用担心酒是否会从底部掺酒孔滴漏，这种造型的特殊性就在于此。彝族人很早就能自觉应用大气压强的原理，因为当酒缓缓进入萨尔博的时候，壶内的空气被排出，装满酒之后正放于桌上，壶内的酒由于重力的原因，壶底小孔处的大气压和酒所受的重力形成了一对平衡力，酒被封在酒壶里，不会因为掺酒孔倒置而滴漏。饮酒的吸管伸入酒壶中时，因为吸管内同时有酒占满吸管，不会把空气漏入壶中，也不会导致酒渗出。当然如果大力摇晃，酒可能会从底部遗漏，人们需在酒壶内设置另外一根竹管来维持壶内的压力。萨尔博是用上下两个木胎缝合而成，用膏灰把之间的缝隙刮平，然后上漆，一件神奇而别致的工艺品制作完成。萨尔博酒壶的造型主要是为了减少酒

彝族上漆酒壶"萨尔博"

气的散发，使酒能长久保持原汁原味，尤其适用于游牧生活和长期在外生活劳作的人携带、饮用，彝族人定居从事农耕之后，因为山区可耕作的空地稀少，农田大多在山坡上或洼地里，一般离家很远，耕种收割来回极不方便，萨尔博便于携带的优势就派上了用场，可见日常生活的需要是这类物品得以产生、延续的根本动因。这种造型的酒壶唯彝族独有，堪称一绝。

　　漆器在彝族人的日常生活中占有重要地位，它不仅仅是日常生活的实用之物，而且是招待嘉宾贵客时必备的器皿，家中是否摆设了贵重的漆器往往是体现主人财富多寡、权势高低的重要象征。在一些重要的宗教、过年过节、婚丧嫁娶等仪式上，质地优良的漆器器皿也被看作是庄重、吉祥、富裕的象征，漆器和银器在彝族心目中所占的地位一样是不言而喻的。

第三节　银装艳裹分外妖娆

　　银器在彝族人生活中也扮演着重要角色，彝族银器工艺具有较高水平，大多彝族人居住区都有专业或兼职的银器工匠，除了战时的兵器、富裕家庭的器皿和毕摩、苏尼的法器之外，彝族的银器大多用来做身体和衣物的各种佩饰品。彝族银制品的雕刻方法一般有阴刻、镂空、镶嵌三种，除了一般银制品牌、环、链、柱、针、泡、须等形态之外，还可以根据需要打造各种别致的形状图案，常见的自然纹样主要是各种花卉、动物及日月山川等，人文纹样有金鱼龙门、二龙抢宝、刀枪梭矛图案及福禄寿囍等文字纹样，装饰类纹样有条条纹、吊子纹、弯纹等，银制品的各种纹样、图像只求形似、神似，不求逼真，自然纹样和装饰性纹样得到较好的协调，刻画细腻流畅，明暗处理恰当，抽象与写实、表现与再现错杂，虚实相生，亦真亦幻。特别是在盛大节日时，妇女身上的各种银饰品配搭在一起，走起路来玎玲作响，摇曳生姿，给人以银光闪耀、光彩夺目的视觉效果。彝族以穿金戴银为贵，为了美观，身体的各个部位都可以加以装饰，彝族人尤其是彝族女子的头、耳、领、胸、背、手腕、手指等部位都是佩戴银饰品的重点部位。头部主要佩戴各种缀有银泡的红丝带，耳朵佩戴各种样式银制的耳环、耳坠，领口部位多佩戴各种银牌，胸前一般佩戴长 1 公分的 7 到 9 个独立的大小不同的银饰，用银链把各个饰物勾连成一个整体，背部一般用一块长方形的红布做衬底，上面镶有日月等图案的银片，红白相配分外亮丽夺目，这种装饰一般在女子出嫁时穿戴，手腕和手部主要戴银手镯、银手铺和银戒指。在日常生活中，彝族人穿戴简单朴素，繁复的银制品一般不佩戴，但在盛大的节日和特殊的仪式场合，彝族人尤其是彝族的妙龄少女、富家少妇都会盛装出席，会把自己最贵重的银饰和最漂亮的衣服展示在同胞面前，一个个争奇斗艳，光彩夺目，都希望自己满身的银饰和华服引起在场的同胞的赞叹和羡慕，年轻女子漂亮流丽，少妇华贵冶艳，中老年妇女稳重端庄，美不胜收，这种场面，简直就是一场奢华而精彩的银装华服时装秀。

彝族刺绣的历史也很悠久，也是彝族传统手工艺中颇具自身特色的一种。彝族有谚语称，不长树的山不算山，不会绣花的女子不算彝家女。彝族妇女很早就掌握了刺绣工艺，在云南晋宁石寨山发掘的彝族先民墓中，一件青铜器的盖子上铸造着这样一幅画面，10 个女奴在一个女奴隶主的监督下捻线和织布，在另一件青铜器的人物服饰上，能辨认出有刺绣花纹的印迹。早在诸葛亮南征时期，孟获等人参政蜀国，其夫人在蜀国学会了汉人的刺绣手艺，回到故乡将手艺传给当地的百姓，据传说孟获夫人曾在曲靖卡基山中纺纱织绣，一夜之间绣完了一件精美绝伦的龙衣，彝族儿女尊她为刺绣女神。公元 8 世纪初，因战争之故南诏王掠走数万刺绣女子到南诏，并带回大量的蜀锦原材料，在大理、昆明和曲靖等地生产加工，加速了彝族刺绣工艺的发展，彝族根据自己民族的喜好，加工、改造了刺绣工艺和图案花样，与汉族刺绣相比，色彩更浓烈，对比更强烈，构图更单纯简洁。宋、元、明、清几代，彝族刺绣持续发展，图案、花样、质料更加丰富多样，本民族的特色愈加鲜明。彝族妇女大多心灵手巧，一般十来岁的女孩就开始接触学习绣花手艺，成年后技艺娴熟，一般都是母亲传授给女儿或是女伴之间农闲时互相学艺。改革开放之前，除了国营的刺绣针织厂以赢利为主外，一般民间刺绣都是自产自用或赠送给亲友使用，改革开放后，随着旅游业的发展，彝族刺绣也开始作为民族旅游商品出售，获得国内外游客的赞誉。石林地区的阿诗玛绣品厂的织品阿诗玛刺绣包因其精美的设

彝族各种首饰

计曾获中国国际技术产品展览会金奖，成为到石林景区旅游的游客争相购买的
工艺品。

　　古代彝族刺绣的内容多是日月星辰、山水花鸟、飞禽走兽、图腾字符等，
有的是模拟原始纪事的象形文字和符号，有的刺绣把本族的历史事件绣织在服
饰上，有的把一些劳动生活场景织绣在服饰上。公元 10 世纪，彝族哀牢山人
把汉字诗文绣在木棉布上，被称为"蛮布弓衣"，曾流行于宋朝的一个时期。

正在专心刺绣的彝族妇女

据《天启滇·物产》一书记载，大文豪苏轼曾买了一件绣有梅圣俞的弓衣给欧阳修，因为梅圣俞是欧阳修的好友，欧阳修把这件弓衣当珍宝收藏。在彝族刺绣中绣织最多的是与本民族图腾相关的图案与符号。龙或虎的图案及其象征符号是彝族刺绣最多的图案之一，这显然与彝族先民的龙、虎图腾崇拜有关，彝族民间有"无龙不成衣，无衣不绣龙"的说法。古代彝族男穿龙袍、女穿龙衣是尊贵的装束，不过阶级和身份不同，龙的神态、大小也不一样，达官贵人、名门望族穿着绣有华贵艳丽的张牙舞爪的气度非凡的蟒龙，平民百姓的服饰上一般绣的是文静素雅细鳞长身的蛇形的龙，即文龙或小龙，新婚夫妇的喜被也多绣龙凤呈祥的图案。虎图腾的刺绣品更是遍及彝族各居住区，自称虎族的彝族对虎的崇拜无以复加，虎被当作彝族的保护神，旗帜、衣服、帽帕、挎包、鞋袜，凡是能绣的地方都绣有虎的标志，特别是战旗上，更是绣有威武的飞虎或黑虎，许多土司坐虎皮、穿绣有黑虎的龙袍，以示自己是虎族真正的传人，借此炫耀自己至高无上的地位。彝族民间还有绣"四方八虎"图的习俗，即用"＋"、"×"两种基本符号排列组合成外大四方形套内小四方形，内四方形中绣一束扶桑花，两边绣相向对立的老虎，四方共八虎，外大四方形内各绣一束马缨花，两边绣相向对立的老虎，整个图的正中心位置绣太极图。学者普遍认为，四方八虎图喻示着彝族的虎宇宙观和哲学观。

彝族精美的绣品

布谷鸟图案也是彝族刺绣常用的图案，在彝族神话传说中，布谷鸟是神异之鸟，能呼月唤日，故称"太阳神鸟"，曾拯救彝民于水深火热之中，给人们带来福祉。彝族刺绣把它绣在服饰上，四周用桃、李、杏、梨、兰花等作陪衬，以表达他们对布谷鸟的崇敬之情。白鹤图案也是彝族刺绣常用图案，一般是用蓝色布料作底色，上绣红、白、黄色作云霞状，下绣山海，山高浪急，一对白鹤在蓝天上比翼双飞。以白鹤做图案也与彝族传说有关，据传一对夫妻为了百姓免遭涂炭化作白鹤除暴安良，化险为夷。

鹰一直是彝族不少支系的原始图腾，彝族人对鹰崇拜有加，不仅表现在刺绣上，而且在漆器、雕刻、绘画等领域都有鹰或象征鹰的装饰品。彝族喜欢在鞋子上绣鹰的图案，称"鹞子鞋"，有的在宽衣长袍上绣双鹰或群鹰，多用红、白、黑、黄等色绣织，鹰的神态要凶猛、矫健、锐眼、利爪、钩嘴、矫翅必不可少，配以飞云、巨浪、旭日、弯月等装饰，画面显得雄壮粗犷，威风凛凛。鹰在彝族传说中是能震慑那些邪恶势力、给百姓带来光明的神鸟。彝族人认为，穿上有鹰图案的衣物可以起到辟邪安魂的作用。碧鸡图腾也是彝族常用的图案，所谓碧鸡，即汉语凤凰的意思。地处昆明、楚雄、红河地区的年轻女子，成年之后，结婚之前，都要戴碧鸡帽（也称鸡冠帽），戴上这种帽子，不仅能辟邪驱鬼，而且还能赢得男子的青睐。戴碧鸡帽与当地碧鸡神的传说相关。传说昆明国王死后被封为碧鸡神，每年农历的三月初三，昆明人倾巢出动都到碧鸡关祭祀。有一年祭日正午时分，一只鹰口里叼着一只凤凰飞来，看见祭祀场坝上人山人海，那戴碧鸡帽的姑娘如同一大群栖落在滇池边的凤凰，蔚为壮观，吓的老鹰一松口，凤凰掉落到滇池里。人们都跑到池边准备抢救凤凰，却发现凤凰变成了一个如花似玉的姑娘，人们把她救上岸，原来她是碧鸡神公主。公主为了感谢人们的搭救之恩，赐福于滇池地区的人民，让他们年年五谷丰登，鱼虾满仓，六畜兴旺，至今"三月三耍西山"还是昆明市及周边地区的一个风俗。还有些彝族支系用鱼的图案做帽子或头帕的装饰物，也是与美丽的神话传说有关。

刺绣工艺一般有三种形式，挑花、绣花和镂空。挑花一般选择纹路分明的布料作绣布，织绣时顺着布料的纹路，手工织成两针相交的十字形状，由十字向各方向衍生出正方形、长方形、菱形等几何图形，或织成花、鸟、草、虫及其他图案。绣花线一般选色彩鲜明的毛线或丝线，挑好的绣品可以织在衣服的领子、袖口、前胸、后背上，也可以作为壁挂挂在房间里或用作其他日用品的装饰，这些挑花绣品设计简洁，色彩鲜明，简便实用。绣花是先用纸剪出花样，贴在绣布上，用不同的彩线照花样绣织，色彩根据自己的喜欢配搭，彝族的绣花主要是用作衣物的装饰，只是在绣布的局部绣花，花纹多为花朵和叶子，一般绣花用作小孩的帽子、女子的包头、挂包、鞋子的装饰。镂空是先把黑色绒布贴上厚厚的纸板，晾干后剪出所需的花样，多是花、云等图案，然后将这些图案贴在不同颜色的布上，用手工沿剪口用金线和银线把这些不同花色的布缝合在一起，这些镂空的绣品一般镶嵌在妇女的衣襟前、围腰上或男女的挂包上，这些镂空饰品有一种立体的浮雕式的美感。

自古以来，彝族妇女大都擅长挑花刺绣，古代彝族有一款被称作"猩红女嫁衣"的服饰，被誉为"传家宝衣"。据称是用猩猩的血染织而成，鲜红艳丽，光彩照人，近代以后改用茜草染织。彝族先民以红色为美，将白色羊毛染成猩红色，在衣边上镶白边，配以绿色绣枝叶藤蔓、黄、橙色绣花瓣、花蕊，整个嫁衣庄重华贵，绣饰淡雅明快，对比强烈，这种嫁衣按彝族习俗一生只能穿四次，即结婚典礼、新娘回门探望父母、翁丧守灵（站堂）、为夫亡送葬。另外，传说中的彝王长媳世袭衣刺绣，更是一件神圣、神奇之物，上面不仅绣织了无数繁复精美的图案，还佩有各种玉石珍宝，浓墨重彩，美轮美奂，此物只有彝王长媳才有资格穿戴，一生只在婚礼仪式上穿一次，通过在婚礼上穿戴来表明自己的特殊的身份和权力，在向在场宾客展示一遍之后便立即脱下放回衣箱珍藏，等将来再传给自己的长媳。据说这件宝物还有制止部落战争的特殊功效，按彝族当时的习惯法规，如果遇到战争，双方势均力敌、伤亡惨重之际，长媳穿上此物上阵，振臂一呼，战争必须马上停止。这件神奇的嫁衣被赋予了非凡的功能，反映出彝族长期母系氏族社会女尊男卑的思想遗迹。

现今在彝族聚集地区，在重大节日之时，彝族妇女都会盛装参加集会。她们个个穿得花团锦簇，争奇斗艳。彝族妇女服饰一般在胸襟、肩背、袖口甚至整件衣服上绣花，颜色多用红色、黄色、紫色、绿色等配搭在一起，非常艳丽夺目，花纹、图案可根据自己的喜好和当地的习惯来定。彝族妇女的头帕、衣襟、坎肩、衣服的下摆、裤脚、裙边和腰围、腰带上都有绣花，绣花色泽明亮抢眼，图案别出心裁，做工繁复精细，美不胜收，过目不忘，一件件衣服堪称精美的艺术品。彝族妇女个个心灵手巧，很小的时候就在母亲的引领下开始穿针引线，长大之后技艺更是突飞猛进，平绣、绉绣、缠绣、帖绣等各种针法，挑花、补花、镶嵌等各种技巧，样样精通。每到彝族重大节日，就是彝族姑娘们比穿戴的时刻，精美的服饰、巧妙的搭配、得体的姿态是吸引众人目光最好的方式，会引来同伴们羡慕的目光，更能吸引异性的青睐，那些穿戴出众的姑娘自然成为彝族小伙子们追求的目标，他们会当场表达自己的爱慕之情，或者四处打听姑娘的一切信息，请媒人上门去提亲。一个彝族姑娘即使长得很漂亮，但不会绣花织朵，也会黯然失色，另一个姑娘即使长相一般，如果她心灵手巧，手下能百花争艳、万紫千红，就会招来众多优秀小伙子的追求，并能从中挑选自己最爱的如意郎君。结婚之时，一件或多件精美华贵的嫁衣及佩饰，是彝族长辈、客人及小伙子衡量这个姑娘是否秀外慧中的重要嫁妆，新娘会因为能织善绣、心灵手巧获得婆家长辈、家族的一致赞誉和尊重，为她即将来临的称心如意的婚姻生活铺平道路。

彝族面具制作也颇有特色，彝族居住区各地都有善于制作面具的手艺人，云南弥勒、禄丰、南涧及师宗等地的面具各具特色。弥勒西山阿细彝族的面具有人面、兽面和鸟面三类，最有特色的是人面面具，他们擅长以夸张、滑稽、怪诞的方式处理面具表情，如滑稽婆娘、红脸庞、黄眼眶、麻脸颊、咧嘴露牙、似笑非笑、歪嘴怪人、瘦长脸、脸颊和五官极度歪斜，还有长脸女人、秃头怪人、醉汉等形象，这些面具多用于歌舞表演，不过其他如阿细姑娘、撒尼姑娘等面具眉清目秀，展现的是一种清新淡雅之美。禄丰面具多用于火把节送火把仪式表演，表演内容多为三国时的战斗场景，诸葛亮、孟获、关羽分别戴白色、黑色和红色大面具（高约 1 米），上面绘有代表各种身份、性格符号的图案，其部下也如法炮制，但面具小。南涧面具形状古怪狰狞，一般是当地二月八跳"哑巴会"所戴，目的是驱赶使女人生哑巴孩子的哑巴鬼。师宗面具多用木雕刻而成，上绘彩画，用于丧葬和其他节日游戏，面具形象较为写实。

第四节　山腰上的风景

彝族的建筑有自己的特色，它与彝族的宗教、历史、文化、经济、地理、气候等密切相关。由于彝族大多居住在山区或半山区，以农牧业为生，所以他们选择的居住地大多是在半山腰或斜坡上，有些村落择水而居，多选择向阳面。每个村寨住户不多，超过 100 户的村寨稀少，大多二三十户为一个自然村落，有的甚至只有两三户人家，且村寨之间距离遥远，来往不是很方便。

彝族由于受宗教信仰的影响，在选择住宅地基时有相宅和卜宅的习俗。虽然彝族各地、各支系有差异，但在选择住处时基本上遵循依山傍水的原则，因为这种地方"上边有坡养牛羊，下边有田种粮食"，彝族人的这种选择与他们农牧业兼顾、有粮有羊的小农理想相匹配。在住宅周围环境的选择上，有茂盛的树木和竹林的地方为上，忌讳门前的山上寸草不生，他们认为这种地方不吉利、没财运，选择时会尽力避免，同时希望房前有水塘或河流，便于吃水和灌溉农田，但忌讳房屋背后有水，担心引起山洪暴发。在一些与汉族杂居之地，由于受到汉族风水学的影响，在选择地基时也会考虑风水龙脉，以祈房屋带来人财两旺的好运。

地基选址基本确定以后，还需请毕摩卜宅。一般是毕摩根据日月星辰和主人、主妇的生辰八字、岁位命宫推算，还要用一些物件（如鸡骨、羊胛骨、鸡蛋、鸭蛋等，各地不一）占卜预测住宅将来的凶吉利害。如果宅址吉利，就地兴建，如果显凶兆，必另择新址。

凉山彝族建房特别注重开工的时日，普遍信奉"马日不建房，建房不可住"，也忌讳成年妇女上屋顶做事，认为成年妇女不洁，会给房屋带来晦气。建房时候，亲朋乡邻不请自来，同心协力，分工合作，数周就能完成一栋房子的建设。

彝族普通人家的院落

  彝族在六祖分离之后，各支系由于地理、气候及交通等原因来往稀少，各地在住宅的类型上及审美趣味上各有不同。在过去比较贫困落后的地区，经济因素直接影响建筑的样式，大多居住的比较简易，没有多少装饰，以经济实用为主要目的。凉山彝族早期有住岩洞避风雨的习惯，后来采用树枝搭建棚屋，或用竹子编造房屋，小凉山地区采用圆木纵横交错搭建成的井干式的房屋，已经是比较成熟的家居建筑，这种房屋被称为"木罗罗"，它是凉山地区比较典型的传统住宅样式。凉山地区用石头砌房的历史也比较久远，现在还能找到相关的遗迹，但凉山彝族最为典型的家居房屋当数瓦板房。这种房子以木板瓦封盖房顶，墙身采用土、木或竹等材料，土木结构的瓦板房在凉山地区占绝大多数，也最具代表性。瓦板房一般分上下两层，上层用以储藏柴火，下层用来居住，室内结构也颇具本民族的特点，堂屋巨大，火塘锅庄是堂屋的中心，三块锅庄石为分界点，三根顶梁柱为界限，把室内分为主位、客位、内房、左房四个主要活动部位。主位在火塘左前部，供家庭成员享用，白天就坐晚上就寝之地，靠墙部位设有神台，是全家人拜祖祭祀的神圣之处。火塘右边是客位，供来客就坐或就寝，如家有女儿，女儿换裙成人之后也住这边，待之以客。房屋左边通常设有一个长方形的大房子，供存放贵重物品或粮食，右边也有面积相对小一些的房子，以便堆放杂物，或做马厩、羊圈之用。

　　云南彝族地区最普遍的平民住宅为平顶土房，俗称"土掌房"，属土木结构，一般为两层，上层为人的住宅，室内的各部位的分工与凉山地区的室内基本一致，下层为猪牛羊圈，现在许多家庭已经把下层当作堂屋、卧室、厨房来用，厩舍在屋外另建。土掌房的平顶可以晾晒谷物，也可作为夏天乘凉和孩子们玩耍的场所，当然也有不少屋顶盖瓦片的土掌房。土掌房可根据家里的人丁及经济条件来规划，房屋及院落可大可小，有些自然村落全村的房屋都在半山腰的斜坡上依山势而建，层层叠叠，错落有致，在青山绿水的映照下，形成一道独特的风景线。

彝族墙壁上画有牛头的土掌房

　　在红河哀牢山地区，由于常年雨水充沛，空气湿度大，不适合建土掌房，当地经济相对贫穷，旧时常用茅草或竹子做盖房的材料，现在随着经济条件的改善，这种房屋已很少用作居住。

在云南大理、巍山等地，流行三房一照壁的建筑形式，这种房屋一般依山而建，中间为堂屋，两边各有一耳房，前面有一照壁，多为土木结构，这种房屋结构明显受到白族传统建筑的影响。其他与汉族杂居的地区，由于深受汉族影响，房屋建筑已经与汉族没太大区别。

总体来看，彝族建筑多根据当地的地理、气候条件，就地取材，材质多为竹、木、石等，少用砖瓦，建筑虽有当地特色，但样式不够丰富，挡风御寒、防盗防兽是主要目的，房屋的装饰性主要侧重于大门和屋檐。彝族常在大门上刻画各种图案，门楣上画有鸟兽图案，屋檐板上刻有锯齿形、波浪形或其他形状的图案，这些图案有的与原始图腾有关，有的则仅仅是为了装饰效果，彝族对门的装饰体现了人们对一个家庭门面、外在荣誉的注重。

彝族地区还保留了不少古代建筑，也颇有本民族和地方特色，特别是云南巍山作为历史上南诏政权的发祥地，保存了较多的古迹与文物。南诏时期在巍山各处建有不少的庙宇，庙中供奉的南诏王称为土主神，一般当地人称之为土主庙。在巍山县城南十余公里处的巍宝山风景区，保存了大批的古建筑群。古建筑群可分前山和后山两部分，共有近 20 座风格各异的建筑，各建筑层层叠叠星罗棋布于花草树木之间，其中龙潭殿是巍宝山风景区的中心所在，著名景点"龙池秋月"和"彝族踏歌壁画"就在此处。龙池秋月以她的古雅清幽为特色，而彝族踏歌壁画更是作为著名的文物，吸引各地游客前去探访。巍山另一处景观是巍山县城中心的古楼，该楼建于明代洪武年间，距今有大约 600 年的历史，城楼的南面、北面分别写有"魁雄六诏"、"万里瞻天"八个大字。古楼长 47 余米，宽 24 余米，高 23 余米，楼架由 28 根大柱支撑，整个古楼壮观巍峨，气势雄伟，是彝族居住区最有名的古建筑之一。

参考文献

方国瑜：《彝族史稿》，四川民族出版社 1984 年版。

马长寿：《彝族古代史》，上海人民出版社 1987 年版。

马学良：《云南彝族礼俗研究文集》，四川民族出版社 1983 年版。

王昌富：《凉山彝族礼俗》，四川民族出版社 1994 年版。

林耀华：《民族学通论》，中央民族大学出版社 1997 年版。

林耀华：《凉山夷家》，云南人民出版社 2003 年版。

韦安多：《凉山彝族文化艺术研究》，四川民族出版社 2004 年版。

云南省民族事务委员会编：《彝族文化大观》，云南民族出版社 1999 年版。

巴莫阿依：《彝族祖灵信仰研究》，四川民族出版社 1994 年版。

巴莫阿依、黄建明编：《国外学者彝学研究文集》，云南教育出版社 2000 年版。

钟敬文：《民俗学概论》，上海文艺出版社 1998 年版。

白兴发：《彝族文化史》，云南民族出版社 2002 年版。

廖国强、何明、袁国友：《中国少数民族生态文化研究》，云南人民出版社 2006 年版。

王霄冰主编：《仪式与信仰——当代文化人类学新视野》，民族出版社 2008 年版。

钟仕民、周文林编：《中国彝族服饰》，云南美术出版社 2006 年版。

汪民安主编：《文化研究关键词》，江苏人民出版社 2007 年版。

弗雷泽：《金枝》，中国民间文艺出版社 1987 年版。

〔英〕爱德华·B. 泰勒：《人类学·人及其文化研究》，广西师范大学出版社 2004 年版。

〔奥〕弗洛伊德：《图腾与禁忌》，中央编译出版社 2005 年版。

李泽厚：《美的历程》，安徽文艺出版社 1994 年版。

费孝通：《乡土中国》，生活·读书·新知三联书店 1985 年版。

李泽厚、刘刚纪：《中国美学史》，安徽文艺出版社 1999 年版。

陈炎：《中国审美文化简史》，高等教育出版社 2007 年版。

彭修银：《东方美学》，人民出版社 2008 年版。

刘守华、巫瑞书主编：《民间文学导论》，长江文艺出版社 1993 年版。

李鸿然：《中国当代少数民族文学史论》，云南教育出版社 2004 年版。

沙马拉毅主编：《彝族文学概论》，山西教育出版社 2004 年版。

陈思和主编：《中国当代文学史》，复旦大学出版社 1999 年版。

董晓萍主编：《全球化与民俗保护》，高等教育出版社 2007 年版。

陈东有主编：《现实与虚构：文学与社会、民俗研究》，江西人民出版社 2006 年版。

上海文艺出版社编：《音乐欣赏手册》，上海文艺出版社 1981 年版。

中国彝族网 http：//www. yizucn. com/

中国彝学网 http：//222. 210. 17. 136：81/zgyx/

彝学网 http：//222. 210. 17. 136/mzwz/index. htm

彝族人网 http：//www. yizuren. com/

中国民族文学网 http：//iel. cass. cn/

后　记

　　本书的写作首先要感谢中南民族大学文学与传播学院的首席教授彭修银先生，及他所主持的湖北省人文社会科学重点研究基地——中南民族大学中南少数民族审美文化研究中心。彭先生希望我能写一本有关少数民族审美文化方面的专著——那是 2010 年夏天，当时我刚刚从俄罗斯回国休假，蒙彭先生不弃，我欣然接受了这一任务。在选择写哪个少数民族的书的时候，我没怎么多想就选择了彝族，大概源于我对《阿诗玛》诗歌、电影及电影中的歌曲的喜爱，因为凭直觉我觉得能产生这样优秀诗篇的民族绝对是一个优秀的民族，肯定有许多东西值得我写，但真的开始着手写作的时候，发现这一任务对于我来说是一个巨大的挑战，特别是一个外族人去写另一个民族的文化，真的有些雾里看花、水中捞月的感觉，当这部拙著几已定稿之时，我依然不后悔自己当初的选择，甚至感谢我自己当时的直觉。在写这本书之前，虽然也涉猎过一些少数民族文化方面的专著及论文，也写过有关少数民族文化、文学方面的论文，但真的要潜心研究某一民族的历史与文化，还是决心从写这本书开始。在这两年多的时间里，我的大部分时间在俄罗斯符拉迪沃斯托克国立经济与服务大学任教，教学之余一边阅读带到国外去的有关参考书，一边在网上收集一些资料，也开始写作一些章节的内容，回国度假的时间也多花在阅读参考书、收集资料和写作上，就这样来来回回不知不觉两年过去了，一本书的初稿基本成形。2012 年 6 月底我终于结束了国家汉办公派出国任教的任务，返回自己所在的学校继续任教，教学之余继续一些章节的写作与修改，2012 年年末这本有太多遗憾的书终于要交付给出版社了，个中的甘苦可能只有自己能体会。

为了增加书的可读性，彭先生希望由他主编的这套丛书能有一些插图，希望最好是实地自己拍摄的作品。2010 年夏天我在彝族火把节期间去了云南，在昆明、石林、楚雄、大理等地考察采风，拍了不少照片，但由于本人摄影技术欠佳，照片的质量纯属业余水平，只能希望读者见谅。在给书配插图时，发现有些章节比如美术章节还欠缺必要的插图，幸好我的学生习明锋、施勤二位同学热心相助，提供了不少非常有价值的照片，才勉强能给每一章节添上有关插图，在此表示真诚的感谢。因为采风的时间和地域的限制，不能得到自己特别想要的照片，有些图片可能与有关章节搭配不很切合，只能以后想办法弥补了。

还有许多亲朋好友及单位的领导、同事对本书的顺利完成提供了帮助与支持，在此一并表示真诚的感谢。最后还要感谢中国社会科学出版社的郭晓鸿老师，她热心、细致、勤勉的工作态度给我留下了深刻的印象，对她为该书的顺利出版付出的劳动表示真诚的感谢！

由于本人学疏才浅，加之时间仓促，书中谬误、疏漏及不妥之处难以避免，还请各位专家、学者批评斧正。

彭卫红
2012 年年末于武昌南湖清水源